SOUVENIRS

D'UN

SEXAGÉNAIRE.

TOME PREMIER.

SOUVENIRS
D'UN
SEXAGÉNAIRE,

PAR A. V. ARNAULT,
DE L'ACADÉMIE FRANÇAISE.

Verum amo, Verum volo dici
PLAUTE. *Mostellaria*

PARIS.
LIBRAIRIE DUFÉY, RUE DES MARAIS-S.-G. 17.

1833.

INTRODUCTION.

Des Mémoires en général, et de quelques Mémoires en particulier.—Du but que je me suis proposé en publiant ces Souvenirs.

Quel est le sens précis de ce mot *Mémoires*? veut-il dire voilà ce dont je me souviens, ou voilà ce dont il importe qu'on se souvienne?

Dans ce dernier sens, tous les ouvrages qui portent ce titre n'auraient pas droit de le garder, et il y a eu pis que de la vanité aux auteurs à le leur donner.

Pour me mettre à l'abri d'un pareil reproche, j'ai cru devoir intituler ce livre *Souvenirs* : c'est au lecteur à juger si ce qui se trouve dans ma mémoire mérite d'être conservé dans la mémoire des autres.

Ce titre me semble plus précis que *Mémoires*, et il répond parfaitement au mot *Réminiscences*, titre que des Anglais ont donné à des ouvrages de la nature de celui-ci.

Il est un rapport néanmoins, et cette petite discussion le démontre, sous lequel ces mots *Mémoires* et *Souvenirs* sont tout-à-fait synonymes : c'est qu'ils annoncent que dans le livre en tête duquel ils se trouvent l'auteur parlera beaucoup de lui ou de soi.

Parler de soi fut de tout temps une manie assez générale, et jamais elle n'a été plus en vogue qu'aujourd'hui. On trafique aujourd'hui de tout et même de soi; et quand le soi physique ne peut plus servir de base à spéculations, on spécule sur le soi moral, et, se débitant sous une forme nouvelle, on donne sur soi des Mémoires qui ne sont pas toujours de soi. Un des éditeurs les plus accrédités des romans qui se publient journellement sous le titre de *Mémoires* disait, en achetant le manuscrit d'un auteur qui avait travaillé sur soi, et lui témoignait l'intention de revoir son travail : « C'est moi que ce soin regarde; laissez-moi faire, je vous arrangerai cela ; je ferai pour vous comme pour les autres ; car, en fait de Mémoires, soit dit entre nous, *je ne publie que ceux que je fais.* »

En publiant ses Mémoires, fait-on toujours une chose utile à la société? La question serait superflue s'il s'agissait des Mémoires de Sully, de ceux du cardinal de Retz, ou des *Commentaires* de César, le plus ancien livre connu qu'un auteur ait laissé sur lui-même.

Qu'un des hommes portés par un génie supérieur à la tête des affaires publiques ou au commandement des armées entretienne la postérité de l'art auquel il a dû son importance ou sa gloire, de l'art de commander, d'administrer ou de gouverner, il en a le droit : ce sont des secrets qu'il lui révèle; un franc exposé de ses principes, de ses hauts faits, de ses fautes même, ne peut offrir aux lecteurs que d'utiles leçons, que de nobles exemples.

Ainsi en est-il des écrits dont certains moralistes se sont faits l'objet. Saint Augustin et Jean-Jacques ont eu droit de parler d'eux, et l'on ne lira pas sans profit les *Confessions* même du dernier, si on sait les lire. Mais les utiles leçons qui se mêlent aux étranges écarts avoués par Rousseau, qui ne s'en croit pas moins le *meilleur des hommes*, se retrouvent-elles dans beaucoup de Mémoires ?

Quel fruit peut-on retirer, par exemple, des *Mémoires du comte de Gramont*, Mémoires rédigés par Hamilton, sur des notes fournies par son beau-frère ? Que vous apprennent-ils, sinon que leur héros n'avait pas, à beaucoup près, dans le cœur, la délicatesse que son interprète avait dans l'esprit, et que telle est la différence des mœurs de notre siècle à celles du sien, qu'aujourd'hui un bourgeois se croirait diffamé s'il était accusé des espiègleries dont se glorifie ce seigneur ?

Modèle d'élégance et de grâces quant à la forme, et monument de dissolution quant au fond, ces Mémoires sont néanmoins de la morale la plus innocente, comparés à certains Mémoires publiés tout récemment.

Qu'est-ce, en définitive, que les *Mémoires du comte de Tilly?* Un recueil de faits plus scandaleux les uns que les autres. La corruption a-t-elle jamais inspiré de projets plus pernicieux, la perversité de combinaisons plus atroces? En vain leur détestable auteur affecte-t-il de blâmer ce dont il s'accuse; on sent qu'il y a plus d'orgueil que de repentir dans ses aveux, et qu'il prend la scélératesse pour du génie. L'hommage qu'il semble rendre à la morale ne saurait compenser le dommage qu'il lui porte par ses confessions mêmes. Son livre est élémentaire en matière de crime. Nulle part on n'a développé avec plus d'impudence de plus odieuses théories. Voilà un livre vraiment mauvais, un livre où l'on n'apprend rien que le mal; c'est un procès-verbal d'atrocités, en trois volumes.

C'en est un de sottes fredaines, que les Mémoires de ces femmes qui, publiant dans leur confession-générale la confession de tout le monde, avouent avoir fait une sottise avec mille et un complices, ce qui fait mille et une sottises pour le compte de l'héroïne. Elles croient, en publiant ces faits, n'avoir dit de mal de personne : ne médisent-elles donc pas des gens dont elles disent du bien, par cela même qu'elles en parlent ? **En se déshabillant, ne déshabillent-elles pas aussi les autres ?** Henriette Wilson, pour la nommer, Henriette Wilson en dévergondage, comme le comte de Tilly en dépravation, ne rivalise-t-elle pas avec les romanciers les plus éhontés ? L'un et l'autre se vantent d'avoir effectué ce qui avant eux n'avait été rêvé que par des cerveaux en délire. Quelque plaisir que de pareils Mémoires puissent donner aux gens qu'ils n'instruisent pas, ne serait-il pas à souhaiter que ces deux rudimens du vice n'eussent pas vu le jour ?

Que pensez-vous donc des *Mémoires de Vidocq ?* me dira-t-on. Si les mœurs dépeintes dans les aveux ingénus de la *femme libre* vous répugnent, quels sentimens celles que vous dévoilent les confidences d'un forçat libéré ne soulèvent-elles pas en vous ?

Pas un sentiment qui ne me soit pénible,

mais pas un sentiment qui soit dangereux; bien plus, pas un sentiment qui ne soit utile.

Ce n'est pas sans profit pour la société que le moins honnête de ses membres lira cette confession qui lui dénonce des mystères qu'autrement il n'eût pu connaître qu'en s'y faisant affilier, ce procès-verbal d'une autopsie qui lui montre à découvert les parties les plus ignobles du corps social dans l'état de putréfaction où le vice les a réduites. Le vice là est si peu aimable, il est accompagné, dans ses succès même, de tant de tortures, ses inévitables conséquences sont si épouvantables, qu'il n'y a pas à craindre que les aveux de ce pécheur repentant pervertissent personne. Je les crois, au contraire, de nature à convertir plusieurs; je crois de plus qu'ils offrent au législateur plus d'une leçon de haute morale : une courte analyse suffit pour le prouver.

Le héros de cette histoire était incontestablement un mauvais sujet; ses penchans le faisaient tel; mais il n'était que cela : la justice des hommes a pensé en faire un scélérat. Il n'était détenu que pour un de ces délits qui ne sont passibles que de peines correctionnelles, quand, sur une accusation calomnieuse, à laquelle certaines circonstances donnaient un caractère de vraisemblance, il fut condamné à une peine infamante, les travaux forcés.

Traité dès lors comme les scélérats auxquels il est enchaîné, que d'efforts ne lui faut-il pas faire pour ne pas devenir semblable à eux? Il ne peut recouvrer sa liberté qu'en se faisant aider par eux, et ne peut se faire aider par eux sans contracter l'engagement tacite de les aider dans leurs plus exécrables projets.

Dans quelle affreuse dépendance cette nécessité ne le jette-t-elle pas! C'est pour vivre en honnête homme qu'il s'est échappé; c'est pour reprendre leur vie de scélérats que ceux-ci s'échappent. Placé, par son évasion, entre les atroces exigences de ces suppôts du crime et l'impitoyable surveillance des suppôts de la justice, que de peines il lui faut prendre pour se sauver des uns et des autres! Sa vie se consume entre ces deux terreurs; et, malgré la probité avec laquelle il exerce successivement plusieurs métiers, il n'a véritablement que l'existence d'un brigand, parce qu'un jugement injuste, mais irrévocable, lui a imprimé le sceau de la réprobation.

Il me semble que ce tableau des misères où Vidocq a été entraîné par son inconduite, loin de rien offrir d'immoral, doit provoquer aux réflexions les plus salutaires des hommes dont les principes ne seraient pas encore déterminés.

De plus, ces Mémoires donnent sur le régime des prisons et des bagnes des renseignemens de la plus haute importance. On n'y verra pas sans trembler à quel degré les surveillans de ces infâmes ateliers poussent l'insouciance. Occupés uniquement de deux intérêts, tout ce qui ne tend pas à favoriser l'évasion de leurs prisonniers, ou à augmenter les odieux profits qu'ils font sur ces misérables, n'est pour eux qu'un objet d'indifférence ; ce que font les forçats dans leur chaîne, pourvu qu'ils ne les brisent pas, ne leur importe en rien. Aussi, loin d'être des maisons de correction ou d'amendement, ces maisons ne sont-elles que des écoles normales en matière de crime, écoles de perfectionnement où, pour la plupart, les pervers qu'on y plonge achèvent de se dépraver.

•

Quand on lit les *Mémoires de Vidocq*, on serait tenté de croire qu'il y a aux bagnes une classe de gens plus atroce que les condamnés qu'on y retient, que les réprouvés qui y vivent ; ceux qui en vivent.

Un criminaliste trouvera dans ces Mémoires plus d'un sujet de grave méditation : loin d'en croire la publication dangereuse, je la tiens donc pour utile, pour salutaire même.

Mais en est-il ainsi des Mémoires dont j'ai parlé antérieurement? Est-il certain qu'ils convertiront tous les vicieux et ne corrompront aucun des innocens qui les liront? Caricature du *Don Juan* de Molière, *le Comte de Tilly* n'a voulu, en publiant ses *Mémoires*, que se faire législateur, ou tout au moins professeur en matière de *rouerie*. Comme son modèle, il est mort dans l'impénitence finale; point de pardon pour lui.

Moins odieuse, mais non moins vicieuse, la

Phryné moderne a quelque analogie avec la Madeleine, mais non pas avec la Madeleine pénitente : elle est moins tourmentée du regret d'avoir commis tant de péchés que du regret de n'en pouvoir plus commettre, faute de complices; anathème aussi à son livre, mais indulgence pour celui de Vidocq. Les regrets de la Madeleine m'édifient peu; mais je ne suis pas moins sensible que Dieu aux remords du bon larron.

En général, les Mémoires dont on se fait l'objet sont plutôt un sujet de vaine curiosité que d'utile instruction pour le public, parce qu'il est rare qu'ils soient écrits de bonne foi, et que l'auteur ait l'importance qu'il s'attribue.

Mais lorsque l'histoire de l'historien se trouve liée à celle d'un homme qui, par sa position et par son caractère, a joué un grand rôle dans le monde, d'un homme qui, tel que Frédéric, Voltaire ou Napoléon, a exercé sur les destinées humaines une influence qui se perpétue après sa mort, c'est chose différente. Recommandable par l'objet, sinon par l'écrivain, ces Mémoires-là méritent d'occuper l'attention de quiconque tient à ne prononcer sur les grands hommes qu'en connaissance de cause, qu'après avoir recueilli toutes les dépositions et lu toutes les pièces relatives au procès qui s'instruit à l'occasion de leur apothéose, qu'après avoir entendu l'avocat du diable comme celui du saint.

Cela explique l'intérêt qu'ont excité tous les Mémoires relatifs à Napoléon, et particulièrement ceux de M. le duc de Rovigo, de M. de Bourrienne et de M. Constant; l'un ministre, l'autre secrétaire, et le dernier valet de chambre de cet homme prodigieux.

Ces écrivains ont vécu tous les trois dans l'intimité du grand homme, mais chacun d'eux lui porte des sentimens différens : le duc de Rovigo l'admire; M. de Bourrienne l'abhorre; M. Constant l'adore. Que de renseignemens curieux ne doivent pas renfermer des écrits dictés par des intérêts si divers à des hommes qui ont vu le même homme de si près, et l'ont envisagé sous des rapports si dissemblables !

Écrits sans art, mais non pas sans talent, écrits avec la pointe d'une épée, les Mémoires du ministre de Napoléon sont une histoire complète de la vie politique et privée de ce prince, depuis sa campagne d'Egypte jusqu'à son départ pour Sainte-Hélène. Il est difficile, en les lisant, de ne pas partager le sentiment qui règne dans ce livre, parce que ce sentiment y est continuellement justifié par l'exposition des principes qui dirigèrent Napoléon, et par les intentions qui l'ont jeté dans celles même des entreprises que la fortune s'est plue à réprouver, parce qu'il y est démontré que ces projets, qu'on attribuait à une ambition insatiable, n'étaient véritablement que la conséquence des positions périlleuses où la politique anglaise avait l'art de replacer son irréconciliable ennemi à l'instant même où il venait d'y échapper, et que c'est toujours à son corps défendant qu'il a repris les armes que les coalitions n'ont jamais posées que pour se ménager le temps de se refaire de leurs fatigues, de réunir de nouvelles ressources, de réparer leurs défaites et de tenter de nouveau la fortune dont ils espéraient lasser la rigueur.

Ces observations sont applicables aux causes qui amenèrent les deux guerres avec l'Autriche, et la guerre avec la Prusse ainsi que l'occupation de l'Espagne, et l'expédition de Russie, dans lesquelles Napoléon fut engagé presque malgré lui.

Les *Mémoires du duc de Rovigo* ne sont peut-être pas exempts d'erreurs; mais ils sont certes exempts de mensonge. On est d'autant plus fondé à le croire que les plus graves réclamations qu'ils ont excitées portent moins sur des faits controuvés que sur des faits avérés. La vérité n'est pas toujours bonne à dire.

La véracité domine dans ces Mémoires, tout empreints qu'ils sont de la plus vive reconnaissance. On n'en peut pas dire autant de ceux de M. de Bourrienne : c'est sous la dictée de l'envie et de la haine que ceux-là sont écrits; ces passions s'y manifestent dès les premiers chapitres. En retraçant, non sans complaisance, les détails d'une liaison qui a pris naissance au collége, M. de Bourrienne a grand soin de présenter les faits de manière à ce qu'on en conclue qu'elle était tout au profit du jeune Corse qui, sous le rapport de l'esprit et sous celui du cœur, était bien loin, si l'on en croit son intime ami, d'apporter dans ce commerce des avantages égaux à ceux qu'il en retirait. On y voit que M. Bonaparte réussissait à peine dans quelques facultés, tandis que M. Bourrienne, génie universel, accaparait tous les prix et fatiguait, par la multitude de ses succès, *la main qui distribuait les couronnes*. A en juger par ces renseignemens, un lecteur qui ne connaîtrait pas les faits ultérieurs, et à qui on annoncerait qu'un de ces deux écoliers a été le premier homme du siècle, s'imaginerait-il que ce ne soit pas M. de Bourrienne ?

Il paraît pourtant que M. Bonaparte, ou de Buonaparte, n'était pas inférieur en tout à son brillant condisciple. D'après un programme des exercices publics qui terminèrent, en 1782, l'année scolaire à l'école de Brienne (*a*), programme que j'ai sous les yeux, le jeune Corse aurait concouru pour le prix dans quatre facultés différentes, l'histoire, la géographie, la géométrie, et, ce qu'il y a de plus singulier, la danse, art dans lequel toutefois M. de Bourrienne excellait aussi, puisqu'il est inscrit sur cette honorable liste parmi les danseurs qui figurèrent dans la *Monaco*, ou dans le ballet qui a dû clore la solennité.

XX

Les mêmes sentimens se reproduisent dans le tableau que M. Bourrienne fait de ses relations avec son ancien camarade qu'il retrouve dans le monde en 1792; il ne nous laisse pas ignorer que, plus riche alors, ou, disons mieux, moins pauvre que son intime ami, il payait quelquefois pour deux; il ne nous laisse pas ignorer non plus que cet intime ami se trouva si dénué de ressources après le 10 août, qu'il fut obligé d'emprunter sur sa montre chez M. Fauvelet, frère de M. Bourrienne, homme obligeant, qui avançait de l'argent sur nantissement aux émigrans, et que M. Bonaparte a l'indignité d'appeler *marchand de meubles*, quand il n'était que prêteur sur gages.

Entré dans la diplomatie à cette époque, M. de Bourrienne se trouvait dans une position plus heureuse que son camarade le lieutenant d'artillerie. La fortune les classait, sans contredit alors, en raison de leur mérite; il faut voir avec quelle complaisance il le fait sentir. Mais ce bel ordre ne se maintint pas long-temps. Après le siége de Toulon, il fut interverti. Devenu capitaine, le lieutenant, franchissant à pas de géant les grades intermédiaires, fut fait général, et le secrétaire de légation, inscrit sur la liste des émigrés, se vit arrêté dès le premier pas dans la carrière ouverte à sa vaste capacité. Cette injustice du sort altéra sensiblement l'humeur de M. de Bourrienne, et aussi sa tendresse pour son intime ami, qui pourtant n'en pouvait mais.

Cependant cet intime ami avait été nommé au commandement de l'armée d'Italie; la prospérité ne l'enivra pas. L'empressement et l'obstination qu'il mit à appeler près de lui son ancien camarade, dont il obtint ou plutôt dont il exigea la radiation, est remarquable; on y reconnaît toute la chaleur d'une affection de jeunesse.

o

Il s'en faut de beaucoup qu'elle se retrouve dans le sentiment avec lequel l'émigré radié rend compte de ce fait. On croirait, à la manière dont il en parle, que c'est contre son gré qu'il recouvra une patrie par les soins du condisciple qui l'associait à sa haute fortune en l'admettant dans son cabinet.

L'histoire de ce cabinet, où le secrétaire

entra dans de pareilles dispositions, n'est pas écrite avec une grande bienveillance, comme on se l'imagine. Est-elle écrite avec fidélité? il est permis d'en douter. Les erreurs qu'elle contient en donnent le droit (*b*). On est fondé à croire que celui qui se trompe sur ce que tout le monde sait, peut tromper tout le monde sur ce qu'il dit n'être su que de lui; on est fondé à croire qu'ayant à expliquer son expulsion du cabinet consulaire, où tant de motifs semblaient devoir le maintenir à jamais, il n'a dû négliger aucune occasion de noircir la réputation de Napoléon, chaque imputation dont il charge la mémoire de celui-ci lui paraissant une justification de la sienne : la justesse de cette conjecture n'est, au reste, que trop évidemment démontrée par les deux volumes de réfutations dont les *Mémoires de M. de Bourrienne* ont été l'objet (*c*).

Un ami de la gloire de Napoléon ne doit donc pas trop se fâcher de la publication des *Mémoires de M. de Bourrienne*. La discussion qu'ils ont provoquée a fait jaillir la vérité dans tout son éclat. Ce n'est pas, après tout, la première fois que la calomnie a tourné au profit du calomnié. Ajoutons que dans l'intention de donner du crédit aux inculpations qu'il n'épargne pas à son ami, M. de Bourrienne le disculpe victorieusement sur certains chefs d'accusation qui passaient pour fondés (*d*). C'est toujours quelque chose.

Souhaitons que M. de Bourrienne fasse un jour dans son propre intérêt ce qu'il a fait dans celui de Napoléon, et qu'il réfute par des démonstrations les reproches qu'on lui adresse et auxquels il n'oppose que des dénégations.

Ses Mémoires contiennent sa propre histoire autant que celle de Napoléon; cela devait être. Quand on publie un *factum* à l'occasion d'un procès où l'on est impliqué, il est difficile de ne pas parler beaucoup de soi.

Il n'en est pourtant pas ainsi des *Mémoires de M. Constant*. C'est presque uniquement de Napoléon que cet autre commensal de Napoléon nous entretient. Il avait aussi un procès à soutenir devant le public, et prenait la plume dans un intérêt assez semblable à celui qui l'a fait prendre à M. de Bourrienne. S'il n'a pas été renvoyé par son maître, il l'a quitté. Le public lui demandait par quels motifs, au moment de la mauvaise fortune, il s'était séparé du grand homme qui l'avait appelé auprès de lui au temps de sa prospérité.

On n'attend pas d'un domestique toute la délicatesse qu'on exige d'un secrétaire, en conséquence, on eût vu sans surprise celui-ci justifier cet abandon aux dépens de son patron; et comme un héros ne l'est pas pour son valet, on comptait sur des révélations qui auraient montré sous un aspect un peu moins louable dans sa vie privée l'homme qui dans sa vie publique commande si fréquemment l'admiration; on s'attendait à ce que cet ennemi *intime* ferait voir un tyran domestique dans le despote qui asservissait l'Europe : c'était une consolation pour l'envie. Malheureusement il n'en a pas été ainsi; et des serviteurs de Napoléon qui ont écrit de lui, M. de Bourrienne est le seul pour qui le proverbe précité ne soit pas en défaut.

Loin d'être d'un ennemi, les révélations du valet de chambre sont de l'ami le plus dévoué et donnent du maître l'idée la plus favorable.

Elles démontrent que personne n'était plus traitable dans son intérieur, plus doux avec ses gens que l'homme qui fut si terrible aux rois; que si sa tête était ouverte à toutes les ambitions, son cœur n'était fermé à aucune affection tendre, et qu'il était accessible aux sentimens d'humanité qui semblent le plus incompatibles avec les habitudes de la politique.

Cette histoire de la vie intérieure de Napoléon est complète, trop complète peut-être. On y voit que la galanterie était un délassement pour cet empereur, comme pour tant de personnages qui l'ont précédé sur le trône, et qu'en faiblesses même, il ne lui manquait rien de ce que nous divinisions dans nos rois. Mais s'il ressemble aux plus grands d'entre eux sous ce rapport, du moins est-il un point sous lequel il en diffère : c'est qu'il ne tirait pas vanité de ses faiblesses, c'est qu'il n'appelait pas l'attention publique sur ce que le public devait ignorer, c'est qu'il respectait assez la morale pour tenir secret ce dont la morale pouvait s'offenser, c'est qu'il ne prétendait pas obliger le peuple à honorer les femmes qu'il eût déshonorées par cette injurieuse exigence.

Son confident ne l'a pas tout-à-fait imité dans sa réserve. Mais encore ne fait-il qu'entr'ouvrir le rideau de l'alcôve impériale; et s'il ne se tait pas sur les faits, se tait-il toujours sur les noms. Cela est louable à une époque où tant de chroniqueurs spéculent sur le scandale, où les réputations sont continuellement sacrifiées à de vils intérêts de librairie, où tant de faiseurs de Mémoires exploitent surtout la diffamation, ingrédient non moins favorable au succès d'un livre que le fumier à la fertilité d'un champ, et s'emparant de l'honneur des gens, de leur vivant même, en usent avec eux comme ces apprentis de Saint-Côme avec le chien vivant qu'ils soumettent au tranchant du scalpel.

Joints à ceux de M. de Bourienne et à ceux du duc de Rovigo, les *Mémoires de Constant*, qui embrassent l'histoire de Napoléon depuis son avènement au pouvoir jusqu'à son abdication, ne laissaient guère à désirer que des détails plus circonstanciés sur la partie de sa vie antérieure à son élévation.

Cette lacune vient d'être remplie en partie

par les *Mémoires de Mme la Duchesse d'A-brantès*. On y trouve des détails précieux sur l'enfance et l'adolescence de cet homme si extraordinaire, qui, d'origine grecque, annonçait en lui dès l'âge le plus tendre *un homme de Plutarque*, comme le disait Paoli. On y voit l'instinct de la supériorité se manifester dans les passions de ce jeune homme qu'on accusait de bizarrerie et de morosité, parce qu'il était tourmenté de ce malaise qu'éprouve une âme impatiente d'employer de hautes capacités; un génie qui, comme l'aigle emprisonné dans une cage, se débat dans une condition médiocre, jusqu'au moment où il lui est permis de briser les obstacles qui enchaînent son essor, et d'aller prendre dans les régions les plus élevées sa véritable place.

Ce mérite se retrouvera, je crois, dans une partie de mes *Souvenirs*. Il y est souvent question de Napoléon, sous des rapports où il n'a pas été donné à tout le monde de l'observer, et qui n'ont pu être saisis que par une personne admise dans sa familiarité.

Napoléon, sans être l'objet spécial de ce livre, y règne donc, mais comme dans le siècle qui conservera son nom il y règne entouré des hommes qui ont coopéré à sa grandeur, et dont la grandeur est son ouvrage. Il est peu de ces hommes-là que je n'aie connus avant leur élévation, et avec qui je n'aie été sur le pied de l'égalité la plus parfaite, égalité qui, depuis, a cessé avec plusieurs, mais non pourtant avec tous. Quelques uns, et je le dis à leur honneur, se sont obstinés à ne voir qu'un camarade dans celui que la fortune a moins favorablement traité qu'eux, et à qui ses forces, son insouciance, ou les circonstances, n'ont pas permis de grimper comme eux jusqu'au faîte du mât de cocagne, au pied duquel il est retombé, après s'être à peine élevé à la hauteur où peut parvenir un homme de lettres qui, hors le moment du danger, ne fut guère que cela.

On trouvera ici, sur ces hommes-là, des renseignemens précieux et neufs; on en trouvera de pareils aussi sur d'autres hommes qui se sont fait remarquer à d'autres titres pendant la longue période qu'embrassent ces souvenirs qui s'étendent des trente dernières années du XVIIIe siècle aux trente premières années du XIXe. Peindre les individus à mesure qu'il les rencontre, caractériser les événemens à mesure qu'ils s'accomplissent, et tout cela, le faire d'après ses propres impressions et non d'après les préventions d'autrui, voilà à quoi l'auteur de ces *Souvenirs* s'engage. On peut ainsi faire, sur des sujets déjà traités, un livre neuf.

Il faut le dire toutefois, c'est moins l'histoire des événemens qu'on trouvera dans ce livre que celle de l'influence qu'ils ont exercée sur la société, que celle des modifications si singulières et si contradictoires qu'ont éprouvées les habitudes françaises par suite des vicissitudes auxquelles notre organisation sociale a été soumise pendant les diverses phases de la révolution. Personne peut-être n'a été plus à même que moi d'en juger. Placé dans la classe mitoyenne, je n'étais ni assez au-dessous de la classe supérieure, ni assez au-dessus de la classe inférieure, pour ne pas voir ce qui se passait dans l'une et dans l'autre.

Homme de lettres par goût, homme politique par circonstance, mais homme du monde plus que tout autre chose, c'est moins l'histoire des lois que celle des mœurs, moins l'histoire de l'état que celle de la société, que j'écris.

Cette histoire, trop souvent dédaignée des historiographes, c'est aux hommes du monde à la recueillir. C'est dans les registres où, sous la dictée du hasard, s'inscrivent les faits à mesure qu'ils se produisent, se consignent les opinions à mesure qu'elles se manifestent, c'est dans ces procès-verbaux de chaque journée qu'on doit la trouver.

Pour qu'on puisse leur accorder quelque créance, il faut toutefois que la fidélité de ces procès-verbaux soit garantie par la signature dont ils sont souscrits. Cette garantie, qui manque à tant de Mémoires anonymes ou pseudonymes, fabriqués dans on ne sait, ou plutôt dans on sait bien quel atelier, cette garantie se trouvera, j'espère, dans la signature que portent ces *Souvenirs*. Ce ne sont pas des romans fabriqués avec quelques faits avérés, mais noyés dans un fatras de caquets où la vérité est immolée à des intérêts de parti ou de coterie, à des calculs de politique ou de commerce; c'est un recueil de faits attestés par l'écrivain qui les raconte et qui les publie sous la responsabilité de son honneur.

En résumé, ce n'est pas tout-à-fait mon histoire que je donne ici, mais ce n'est pas non plus uniquement l'histoire des autres; c'est quelque chose de tout cela; c'est ce dont je me souviens de moi et des autres.

Quand ma vie s'est trouvée en contact avec celle de quelque personnage célèbre à quelque titre que ce soit, ou avec quelque événement mémorable, quelle qu'en soit la nature, je n'hésite pas à tout raconter; l'importance des hommes ou celle des faits supplée alors à la mienne. C'est d'eux que je parle à propos de moi. En tout autre cas, je ne crois pas pouvoir être assez sobre de détails. Je ne suis pas un héros d'histoire.

Je crois surtout devoir m'abstenir de parler de certaines aventures dont ma vie n'est pas plus exempte que celle de tant de gens qui n'ont écrit que pour en raconter de semblables. En fait de sottises ou de folies, un galant homme n'a le droit de révéler que celles qui lui appartiennent tout entières. *Jean-Jacques,* disait une femme spirituelle qui se croyait en droit d'accuser ce moraliste de quelque indiscrétion, *Jean-Jacques peut bien faire ses confessions, mais devait-il faire les confessions d'autrui?*

Je ne me prévaudrai ni de l'exemple de Jean-Jacques, qui pousse quelquefois la sincérité jusqu'au cynisme, ni de celui de Marmontel, qui, dans un livre dédié à ses enfans, porte dans ses aveux la fatuité presque aussi loin que le chevalier de Faublas. Je ne livrerai, en fait de secrets, que ceux qui sont à moi sans partage; si je n'ai pas la prétention d'être un héros d'histoire, je n'ai pas non plus celle d'être un héros de roman.

Si les agitations auxquelles ma destinée a été livrée, et qui m'ont conduit soit en Angleterre, soit en Italie, soit en Espagne, soit en Hollande, se reproduisent dans ce livre, on y trouvera du mouvement et de la variété : qu'alors on n'ait pas regret à l'intérêt qu'il obtiendrait; ce serait celui qu'on ne peut refuser à des sentimens vrais et à des récits véridiques.

Cela dit, j'entre en matière.

SOUVENIRS

D'UN

SEXAGÉNAIRE.

LIVRE PREMIER.

1766—1783.

CHAPITRE PREMIER.

Réflexions générales. Enfance de l'auteur.—Premières impressions. — Mort de Louis XV. — Ses funérailles.— L'Éducation domestique.— Le collége.

Je suis né le 22 janvier 1766. Mon père, sans être riche, possédait un revenu honnête en biens-fonds, qu'il aliéna en partie pour acheter chez les princes, frères du roi Louis XVI, des charges dont par des événemens qu'il n'avait pu prévoir, et par suite de sa mort prématurée, la finance a été perdue pour ses enfans.

Ce qui devait augmenter sa fortune commença notre ruine.

Je n'avais que dix ans quand il mourut. Je crois le voir encore : sa physionomie, son maintien, les habitudes de son corps, l'expression de son visage, le son de sa voix même, tout cela m'est présent, comme si nous ne nous étions quittés que d'hier.

Aimable, spirituel, actif, entreprenant et ambitieux, il était fait pour arriver à tout, s'il eût vécu âge d'homme. Il avait à peine trente-six ans quand il fut enlevé par une fluxion de poitrine.

Son père était mort au même âge de la même maladie. Je ne suis pas superstitieux. Ce rapprochement me revenait pourtant malgré moi dans l'esprit quand je me trouvai dans cette fatale année.

Cela me rappelle un fait assez singulier. Un jour que je dînais chez un de mes bons amis, *Parceval de Grandmaison*, le docteur *Alibert*, qui voit tout en rapport avec la science à laquelle il s'est voué, et cherchait à deviner, d'après la complexion de chacun, la maladie à laquelle il était enclin : « Vous, par exemple, dit-il après m'avoir attentivement considéré, vous êtes magnifiquement constitué pour la fluxion de poitrine. — C'est donc un privilége de famille? lui répondis-je; mon père et mon grand-père sont morts de cette maladie à trente-six ans, et je n'en ai pas trente-sept. — Rien de tout cela ne me surprend, reprit-il avec tranquillité; mais il ne faut pas vous en inquiéter. En vous livrant à des travaux de tête, vous avez détourné la tendance de la nature; vous y êtes échappé en vous faisant homme de lettres, et c'est dommage. Quel spectacle pour un observateur que celui qu'eût offert le combat d'une complexion énergique comme la vôtre, avec une fluxion de poitrine bien conditionnée, et dont je vous aurais tiré! »

Mes premiers souvenirs remontent presque au commencement de ma vie. Je me souviens parfaitement avoir habité dans une maison qui faisait l'angle de la rue de Cléri et du boulevard, et qui n'est démolie que depuis quelques années. Nous y demeurions en 1770, lors du mariage de Louis XVI. Je ne vis des fêtes qui eurent lieu à cette occasion que ce qu'on en pouvait voir par la fenêtre, c'est-à-dire l'illumination; mais le récit des apprêts qui se faisaient à la place Louis XV, et des événemens désastreux qui changèrent en un jour de deuil cette brillante solennité, retentit encore à mes oreilles.

Un fait qui ne s'est jamais effacé non plus de ma mémoire, et que des rêves ont représenté plus d'une fois à mon imagination, date de la même époque. Une vieille voisine qui m'aimait beaucoup, et se plaisait à me faire partager ses plaisirs, après m'avoir plusieurs fois régalé des marionnettes, me mena un jour, à l'insu de mes parens, comme de raison, voir une exécution à la place de Grève. Elle avait loué à cet effet une fenêtre d'où l'on pouvait jouir tout à l'aise de cet autre spectacle. Le patient souffrit moins que moi : on eut beau me dire que c'était un exécrable scélérat, je ne vis en lui qu'un homme qu'on assassinait, et que des assassins dans les hommes qui le tuaient. Effroyable impression ! l'échafaud sur lequel il monta soutenu par un prêtre, la croix sur laquelle on l'étendit, la barre dont on lui brisa les os, la roue autour de laquelle on plia ses membres rompus; je vois encore tout cela, et ce n'est pas sans frissonner. De là cette irritabilité nerveuse qui, après plus de soixante ans, n'est pas encore calmée en moi; de là aussi mon horreur pour la peine de mort qui, pour la plupart des cas où on l'applique, me paraît un acte d'atroce puérilité.

Un autre objet moins terrible en lui-même, et dont le souvenir m'épouvante moins aujourd'hui, me causait aussi dans ce temps-là une grande terreur : c'était la ridicule représentation d'un personnage dit *le Suisse de la rue aux Ours*, que des polissons promenaient dans les rues à une certaine époque de l'année. Ce mannequin gigantesque, car il atteignait presque à la fenêtre de l'appartement que nous occupions au premier, tenait en sa main le couteau avec lequel il avait répandu le sang d'une bonne vierge de plâtre qu'on voyait alors sous grille, au lieu où le sacrilége avait été commis. Il me paraissait bien plus coupable que l'assassin dont j'ai parlé plus haut; j'entendais dire, sans trop de pitié, qu'il avait été brûlé vif; et pourquoi m'était-il odieux? parce qu'il me faisait peur.

Ce sentiment est celui qui, dans mon enfance, a exercé sur moi la plus grande influence. Je me rappelle qu'alors je saluais avec un égal empressement les soldats et les prêtres : l'uniforme et la soutane me faisaient trembler.

J'avais alors quatre ans. Mes souvenirs remontent plus haut encore. Je me rappelle assez nettement certains faits qui se rapportent au temps où j'étais en nourrice, d'où je ne fus retiré, à la vérité, qu'à l'âge de trois ans. On pense bien qu'on n'avait pas attendu l'époque de mon rappel pour me sevrer. Comme le paysan à qui l'on m'avait confié était vigneron, quoiqu'il habitât en Normandie, et qu'il y avait toujours dans son cellier un tonneau en perce, je ne cessai pas de téter après le sevrage, et j'allais prendre au robinet ce que le sein ne me fournissait plus. Boire ainsi me plaisait assez ; mais ce qui me plaisait davantage, c'était de boire dans la belle tasse d'argent dont mon Silène se servait pour déguster et faire déguster son vin; rarement, toutefois, je buvais la tasse entière, si petite qu'elle fût. Plus curieux et plus dévot que gourmand, je la renversais presque toujours pour admirer et pour baiser un saint Nicolas qui était gravé à son revers, et que je prenais pour le bon Dieu; à trois ans, j'étais aussi avancé qu'un Russe l'est à trente.

Mon père ayant transporté son domicile à Versailles en 1771, j'étudiai là les premiers élémens du latin, chez un maître de pension presque octogénaire. Ce bon homme, qui avait passé sous Louis XIV les premières années de sa jeunesse, nous entretenait si souvent du grand roi, dont tout au reste me parlait à Versailles, à commencer par Versailles lui-même, qu'il me semble avoir vécu sous son règne.

J'ai souvent vu Louis XV; il passait plusieurs fois par semaine, pour aller chasser, par la rue Satori, où j'étais en pension. On ne manquait pas alors de nous mettre en ligne devant la porte, et nous de crier : *Vive le roi!* C'était peine perdue : le bon prince ne faisait pas plus attention à nos vœux qu'aux doléances qui depuis cinquante ans lui étaient adressées de tous les points de la France, qu'aux aboiemens des chiens qu'il rencontrait sur sa route; nos vœux d'enfans ne l'empêchèrent pas de mourir avant l'âge que lui promettait sa forte constitution.

Louis XV avait la figure noble et calme; mais des sourcils épais lui donnaient un caractère de dureté. Quoiqu'il se tînt très-droit, et qu'il portât la tête haute, il me paraissait bien vieux; il n'avait pourtant que soixante et trois ans quand il mourut; mais je n'en avais que huit.

L'inquiétude que causait la maladie du roi dans une ville entièrement peuplée de ses domestiques me frappa vivement; et, comme je n'avais pas assez de pénétration pour démêler dans les démonstrations de ce sentiment, provoqué chez les vieux courtisans par la crainte de perdre ce qu'ils tenaient du vieux roi, celles qui, chez les jeunes, provenaient de la crainte de ne pas se saisir assez tôt des faveurs d'un nouveau règne, je croyais le *Bien-Aimé* bien réellement aimé. Quel fut mon étonnement, quand je vis l'indifférence qui se manifesta à ses obsèques! Cette cérémonie si pompeuse, et qui, d'après les anciens usages, ne devait avoir lieu que quarante jours après le décès du monarque, se fit presque furtivement le lendemain même de sa mort. Jetés dans un simple carrosse de deuil, ses restes putréfiés furent traînés de nuit, au grand galop, à la dernière demeure, à travers une populace muette, entre deux colonnes de gardes du corps, et au milieu d'un groupe de pages qui, le mouchoir sous le nez, se tenaient éloignés du cercueil le plus possible, et polissonnaient avec leurs flambeaux. Je conçus dès lors que la mort d'un roi pouvait bien ne pas être toujours une calamité publique.

Tout reprit bientôt dans Versailles le train

accoutumé. Louis XVI revint au bout de six semaines occuper l'appartement de Louis XV. Les chasses recommencèrent; comme son prédécesseur, il passait pour aller au *tiré* devant la porte de notre pension; comme son prédécesseur, il y était accueilli par des *Vive le roi!* auxquels il ne faisait pas plus d'attention que son prédécesseur. Le roi n'avait fait que rajeunir.

Je ne perdais pas tout-à-fait mon temps en pension; déjà je passais pour posséder les élémens du latin, parce que je récitais mon rudiment, et pour comprendre *Cornelius Nepos*, parce que je l'expliquais, quand, à la sollicitation de ma mère, mon père me fit revenir à la maison pour y continuer mes études sous la direction d'un précepteur.

L'abbé Louchart (1), ainsi se nommait celui dont il avait fait choix, méritait sa confiance sous tous les rapports; il était instruit et possédait l'art d'instruire. Quoique doux, il ne manquait pas de fermeté; il n'était pas avare de ses soins. Il s'en faut de beaucoup pourtant que j'aie fait des progrès avec lui. Entouré de distractions, dépourvu d'émulation, j'avais pris l'étude, que j'aimais peu, dans un dégoût invincible. Quand mon père était présent, je travaillais, mais mal; quand il était absent, je ne travaillais pas du tout, et, fatigué de mon oisiveté, je faisais enrager, pour me désennuyer, M. l'abbé; car tout précepteur portant alors le petit collet et le manteau, c'était la livrée de la condition, prenait le titre d'abbé. Après six mois d'essai, ma mère fut obligée de consentir à ce qu'on me menât au collége.

Mais dans quel collége? Mon père avait été élevé chez les jésuites et leur conservait quelque affection. A leur défaut, il voulait me confier aux bénédictins, et me placer à l'école de Pontlevois. Effrayée de la distance, ma mère proposa Juilly, collége dirigé par les oratoriens. Mon père fit preuve d'une grande tendresse pour elle, en condescendant à ses désirs, et en confiant mon éducation aux antagonistes des jésuites. Le baiser qu'il me donna en me remettant aux mains de ces bons pères fut celui d'un adieu qui devait être éternel. Un mois après il n'existait plus.

C'est le 16 février 1776 que j'entrai dans cette maison célèbre; c'est le 16 mars que je perdis mon père. Sa mort m'affligea profondément; je l'ai long-temps pleurée. Le dommage qu'elle apportait à notre fortune était considérable; mais c'est le seul que je n'appréciais pas.

Mon père se plaisait à jaser avec moi. Nos conversations n'ont pas été sans résultat pour mon esprit; elles y ont jeté la semence de plusieurs goûts qui ne m'ont pas encore quitté, tel surtout que celui des lettres et de la poésie. C'est lui qui le premier m'a parlé de Voltaire, et le premier qui, en m'en parlant, l'a qualifié du nom de grand homme.

CHAPITRE II.

Juilly. — Des oratoriens qui dirigeaient ce collége. — Le P. Petit, le P. Viel, le P. Dotteville, le P. Mandar, le P. Prioleau, le P. Bailly, le P. Gaillard, le P. Fouché (de Nantes), le P. Billaud (de Varennes), et autres.

Le collége de Juilly, où l'on ne recevait que des pensionnaires, se composait à cette époque de trois cent soixante et quelques élèves, que surveillaient, dirigeaient et instruisaient une trentaine d'oratoriens. Pendant sept ans et demi que j'y suis resté, cette population s'est renouvelée plus d'une fois en totalité. Je m'y suis trouvé ainsi en rapport avec un millier de personnes au moins. Comme il en est un certain nombre parmi elles qui depuis ont joué des rôles importans dans le monde, les détails qui les concernent ne sont pas étrangers à l'histoire : je ne crains donc pas d'y entrer.

A la tête de la maison était, avec le titre de supérieur, le P. Petit. Administrateur habile, directeur prudent, esprit sans préjugés, sans illusions, plus philosophe qu'il ne le croyait peut-être, indulgent et malin tout à la fois, il conduisait avec des bons mots cette grande maison, où il maintint pendant trente ans un ordre admirable, et réunissant à l'autorité qu'il tenait de sa place celle que donne une raison supérieure, il exerçait sur les instituteurs, comme sur les élèves, la moins violente, mais la plus réelle des dictatures. Econome de cette autorité, il n'entrait en communication avec les uns et avec les autres que dans les circonstances les plus graves, quelquefois comme conciliateur, quelquefois aussi comme juge; et comme ses arrêts, exprimés dans les formes les plus piquantes, se gravaient par cela même dans la mémoire de tous, il en résultait que les uns se gardaient des abus de pouvoir aussi soigneusement que les autres d'excès d'insubordination. Religieux, mais non fanatique, il n'oubliait pas qu'il était directeur d'un pensionnat et non d'un séminaire, et que les enfans qu'on lui confiait devaient vivre dans le monde ; aussi tenait-il surtout à ce qu'on en fit d'honnêtes gens ; c'était son mot. Le fait suivant le peindra mieux que tout ce que je pourrais ajouter.

Nous allions à confesse une fois tous les mois, ce qui ne nous déplaisait pas, parce que le temps de la confession était pris sur celui de l'étude, et que cela nous donnant l'occasion de polissonner tant en allant chercher l'absolution qu'après l'avoir reçue, la confession équivalait pour nous à une récréation. Un des pénitens du P. Petit s'accuse d'avoir volé. « Volé ! c'est une action infâme, s'écrie le confesseur ; c'est un péché de laquais ! comment un enfant de famille a-t-il pu commettre une pareille bassesse ! Volé ! si, grâce à une contrition parfaite, vous avez jamais place en paradis, ce ne sera donc qu'auprès du bon larron : là aussi, mon fils, il ne faut figurer qu'avec les gens d'honneur. Volé ! mais il y a vol et vol ; la nature de l'objet influe beaucoup sur la valeur du péché. Volé ! vous n'avez pas volé de l'argent ? — Fi donc, mon père ! — Bon ; mais il est toujours mal de prendre ce qui ne nous appartient pas.

> Le bien d'autrui tu ne prendras
> Ni retiendras à ton escient.

Qu'avez-vous volé, des livres, du papier,

des plumes? — Non, mon père. — Je vous crois; paresseux comme vous l'êtes, que feriez-vous de cela? C'est donc quelque friandise? J'entends: deux péchés pour un, celui de gourmandise et celui de larcin. — Mon père, j'ai volé un oiseau. — Un oiseau! le fait est moins grave; mais encore est-ce un péché. Et de quelle espèce était cet oiseau? de quelle grosseur? gros comme quoi? comme un pierrot? — Plus gros, mon père. — Comme un sansonnet? — Plus gros, mon père. — Comme un dindon? — Pas si gros, mon père. — Plus gros, pas si gros; qu'est-ce donc? »

Pendant ce singulier interrogatoire, un coq se met à chanter. « Qu'est-ce que j'entends, dit le confesseur? — C'est mon péché, mon père. — Comment, votre péché! où est-il votre péché? »

Il était dans la poche du pénitent qui, pour se rendre au confessionnal, avait passé par la basse-cour, et, chemin faisant, escamoté un poulet. Comme il était d'un naturel timoré, ce pécheur s'accusait de son vol pour en avoir l'absolution, et pouvoir s'en régaler ensuite en sûreté de conscience: c'était assez bien calculer; mais le chant du coq gâta tout. « Polisson, lui dit le P. Petit, allez reporter ce poulet à la basse-cour, et vous viendrez après recevoir l'absolution. »

Encore un trait de lui. Pour exciter l'émulation, on avait formé de l'élite des écoliers de seconde et de rhétorique une petite société littéraire, qui prenait le nom d'académie, et, tout considéré, en valait bien une autre. Dans ses séances publiques, car elle tenait aussi des séances publiques, les professeurs faisaient quelquefois lire de petits ouvrages qu'eux-mêmes avaient composés, et qui ne valaient pas toujours ceux des élèves. Une lettre dans laquelle je rendais compte à un de mes amis qui était sorti du collége, d'une de ces séances, et où des vers d'un professeur étaient assez vivement et assez justement critiqués, fut renvoyée à Juilly par l'administration de la poste, qui n'avait pu découvrir le nouveau domicile de mon correspondant, et remise au Père supérieur.

« Vous vous avisez donc de juger vos maîtres ? me dit-il un jour où le hasard me fit trouver sur son chemin. — Moi ! mon père ? — Oui, vous, monsieur. — Je ne comprends pas ce qui peut m'attirer ce reproche de votre part (je ne songeais pas à une lettre écrite depuis trois semaines). — Et la lettre que vous avez écrite à votre ami Joguet, qui déménage tous les quinze jours comme une *fille* (l'inquiétude alors commence à me saisir)? Vous vous moquez des vers du P. **; il est vrai qu'ils ne sont pas bons, mais ne feriez-vous pas mieux de vous occuper de vos cahiers de philosophie? Au reste, vos remarques sont justes : votre lettre est assez plaisamment tournée (ici je reprends quelque assurance). Je suis fâché seulement d'y voir quelques fautes d'orthographe, et que vous y blessiez quelquefois la règle des participes. Ce n'est pas tout-à-fait votre faute, à la vérité, ajoute-t-il avec une maligne bonhomie : on vous apprend comment se font les vers, et on ne vous apprend pas comment les mots s'écrivent; c'est pourtant ce dont on ne peut se passer, quand ce ne serait que pour ne pas faire de vers faux. Faire des vers et ne pas mettre l'orthographe, c'est porter un habit brodé sans porter de chemises : d'ailleurs, quand on reprend les fautes d'autrui, il faut être exempt de fautes soi-même. Souvenez-vous de cela, mon petit ami : *ejice primum trabem de oculo tuo.* Allez, corrigez-vous, et ne perdez pas courage : pour peu que vous parveniez à tourner une énigme et à combiner un logogryphe, vous pourrez un jour travailler au *Mercure de France*, et vous serez homme de lettres comme tant d'autres. »

La prédiction ne tarda pas à s'accomplir : un an ne s'était pas écoulé, que j'avais envoyé au *Mercure* qui, en l'agréant, m'accorda l'immortalité, un logogryphe sur le mot ou le nom *Laharpe*; et ce n'est pas le seul succès de ce genre que j'aie obtenu, soit dit sans me vanter.

Le P. Viel, directeur de la police et des études, sous le titre de *grand préfet*, était encore un homme d'un mérite rare; aussi je lui dois un article à part, et j'aurai quelque plaisir à le tracer.

Né à la Nouvelle-Orléans, mais transplanté dès sa plus tendre enfance à Juilly, où il fut écolier avant d'être maître, pendant quarante-cinq ans, il n'eut pas d'autre patrie. Du banc des étudians montant à la chaire des professeurs, il avait enseigné long-temps les belles-lettres avant d'être porté aux fonctions supérieures où je le trouvai. Une vigilance toujours active, une sagacité qu'on ne trouvait jamais en défaut, une sévérité qui, s'arrêtant là où elle serait devenue dureté, et qui, consistant plutôt dans les formes que dans les actes, prévenait les fautes qu'il aurait eu regret de châtier; une volonté dirigée par l'esprit de justice et tempérée par une véritable bonté, telles étaient les qualités par lesquelles il maintint la discipline pendant vingt ans dans un pensionnat aussi nombreux, et que, antérieurement, avaient agité de fréquentes révoltes. Il y en eut, à la vérité, quelques unes pendant la durée de sa magistrature ; mais les mutins choisissant toujours pour agir le temps où il était en voyage, ces révoltes étaient encore un témoignage du respect qu'on lui portait. Revenait-il, tout rentrait dans l'ordre : c'était Neptune calmant d'un seul mot les tempêtes; c'était le *virum quem*, dont le seul aspect ramène à l'ordre la multitude mutinée.

Deux traits donneront une idée précise de son caractère.

Un de ces sujets qui mettent leur amour-propre à se distinguer par des sottises, avait fait le pari de lui cracher au nez, au nez du grand préfet! En effet, au moment où ce redoutable surveillant inspectait la division dont ce polisson faisait partie, il gagne la gageure. Grand scandale! quel châtiment peut expier un tel outrage?

Les plus rigoureux, les plus ignominieux, la prison, le fouet, l'expulsion, paraissent insuffisans. Cependant le P. Viel, s'essuyant avec sang-froid, s'avance vers le coupable qui le bravait de ses regards : « Vous êtes malade, mon enfant, lui dit-il avec douceur ; vous avez besoin d'être soumis à un traitement particulier ; cela regarde le médecin ; ce qui me regarde, moi, c'est d'obtenir de Dieu qu'il vous rende votre raison. Dès demain je dirai la messe dans cette intention. » On pense bien que cette indulgence n'a pas diminué le respect qu'on portait à l'autorité de cet excellent homme : un acte de sévérité l'eût moins affermie.

L'autre fait me concerne ; il eut lieu quelques mois avant ma sortie de Juilly. Un de mes intimes amis, qui tournait les vers avec facilité, avait composé un triolet épigrammatique contre notre commun préfet* dont, par parenthèse, je n'avais pas trop à me louer. Un de nos camarades aussi croyait avoir à s'en plaindre ; mais comme il avait plus d'humeur que d'esprit, recourant, pour se venger, à l'esprit d'autrui, il copia le triolet en lettres majuscules, et l'afficha dans la cour du collége au-dessous de la

* Préfet répondait à maître de quartier.

fontaine où, à l'heure du déjeuner, tous les élèves venaient s'abreuver d'une eau plus claire que fraîche. Tous l'avaient lu quand, averti par l'empressement des curieux groupés autour de ce placard, le préfet vint le détacher; il le porte aussitôt chez le grand préfet pour avoir justice du chansonnier anonyme. Les soupçons se promenèrent sur tout le monde, excepté sur l'auteur de cette injurieuse publication, lequel était reconnu incapable, non pas de penser, mais de rédiger des sottises, même en prose. On procède à une enquête. Comme on me savait brouillé avec l'offensé, et que j'étais réputé poète, je fus mandé chez le juge d'instruction. « Quel est l'auteur de ce placard? » me dit le P. Viel d'un ton sévère, en étalant sous mes yeux le corps du délit. — « Je ne le sais pas. — Vous le savez, et vous avez tort de ne pas me le dire; en faveur de votre aveu, je pourrais user d'indulgence; si vous me cachez la vérité, j'ai d'autres moyens de la découvrir: alors plus de pitié; le coupable sera chassé sans rémission. Songez-y bien; je vous donne jusqu'à demain pour y réfléchir. »

Ce mot *chassé* était dur à notre oreille: nous pensions que l'expulsion imprimait sur le sujet auquel cette peine était infligée un caractère indélébile d'infamie. Je savais quelle était la pénétration du grand préfet; certain que si je ne lui donnais le change, tôt ou tard il découvrirait la vérité, et qu'alors l'auteur, que j'aimais, serait aussi compromis que l'éditeur qui m'était tout-à-fait indifférent, je prends mon parti. Le lendemain je vais trouver le P. Viel. « J'ai eu tort, lui dis-je, de vous cacher hier la vérité; j'aurais dû mieux répondre à votre confiance. Je viens vous dire le nom du coupable. — Quel est-il? » Et il me regardait. « C'est moi. — Vous! répliqua-t-il en me regardant plus fixement encore. — Moi. — M'en donnez-vous votre parole d'honneur? » Et comme j'hésitais : « Vous mentez, et vous avez doublement tort, car vous n'êtes pas habile à soutenir un mensonge; il ne faut pas mentir, même dans un but généreux. Au reste, j'apprécie le sentiment qui vous fait mentir ici; je ne pousserai pas les informations plus loin; mais dites au coupable de ne pas récidiver, car ma justice serait dure : embrassez-moi, mon enfant, et venez à déjeuner prendre du café avec moi. »

Le P. Viel était non seulement bon professeur de littérature, mais, joignant l'exemple au précepte, il était bon versificateur, en latin s'entend. Plusieurs épîtres, une traduction du huitième livre de la *Henriade*, et la traduction complète du *Télémaque*, qui, sous sa plume, est devenue une épopée parfaite, puisque cette matière si poétique en a reçu la forme qui lui manquait; ces divers ouvrages, dis-je, l'ont placé au niveau des Porée, des Comire, des Rapin et de tous les modernes qui ont versifié avec le plus d'habileté et de succès dans la langue de Virgile.

Cette traduction du *Télémaque*, publiée par cinq élèves du P. Viel, est devenue un ouvrage classique (2).

Après vingt ans d'absence, le P. Viel, qui s'était réfugié en Amérique à l'époque de la révolution, est revenu en France, où il fut accueilli par Salverte l'aîné, qu'il aimait comme un fils, et dont il était aimé comme un père. Il passa deux ou trois ans à Paris au milieu de ses anciens élèves; mais, sentant ses forces s'affaiblir, c'est à Juilly, où plusieurs oratoriens avaient rétabli un pensionnat, qu'il voulut finir ses jours. Cette maison, qui avait été son berceau, fut son tombeau. Il y est mort âgé de plus de quatre-vingts ans.

J'étudiai là sous plusieurs hommes distingués. Un P. Petit, homonyme et non parent du père supérieur, fut mon régent de rhétorique. Animé d'un double enthousiasme, celui du patriotisme et celui de la poésie, il nous faisait faire tout à la fois un cours de politique et un cours de littérature, et nous entretenait autant de la guerre d'Amérique et des exploits de Washington et de Lafayette que des odes d'Horace et des oraisons de Cicéron. Il nous apprenait à être citoyens tout en nous enseignant l'art de bien dire. En sortant de l'Oratoire, entré dans la carrière du barreau, il a long-temps exercé les fonctions de procureur impérial auprès de la Cour d'Amiens.

Il me fit exercer les dispositions qu'un P. Bernardi, homme de goût et d'esprit, mon professeur de seconde, avait cru me trouver pour la poésie. Je ne sais si je leur ai en cela grande obligation; mais j'en ai sans doute une grande au P. Bouvron, sous lequel j'ai fait mes quatre premières classes. Ce professeur, qui se fût certainement distingué dans la carrière de l'enseignement, s'il n'eût été enlevé par une mort précoce, avait inventé un moyen aussi simple qu'ingénieux pour nous enseigner simultanément l'histoire et le latin ; il tirait de Florus, de Paterculus ou de Tite-Live les sujets de nos versions, et de Rollin ou de Vertot nos sujets de thèmes, et nous fit faire ainsi, dans l'espace de quatre ans, un cours complet d'histoire romaine.

Je fis ma philosophie sous le P. Prioleau, homme non moins remarquable par la finesse de son esprit que par la solidité de sa raison. Il avait le talent de nous rendre toute espèce de travail aimable ; il ne parvint pourtant pas à m'apprivoiser avec les *Catégories* d'Aristote et les formes plus barbares qu'ingénieuses sous lesquelles on enseignait alors l'art de raisonner ou de déraisonner : je n'y pus jamais mordre.

C'est lui qui, après le règne de la terreur, acheta la maison de Juilly, et y rétablit le collége, où il employa tous ceux de ses anciens confrères qu'il put rassembler.

Le P. Dotteville, traducteur de Salluste et de Tacite, habitait aussi Juilly ; mais c'était comme pensionnaire, et pensionnaire n'a pas ici, comme on le présume, le sens d'écolier. Ce philosophe, qui n'avait d'oratorien que l'habit, et qui dès long-temps avait renoncé à l'enseignement, s'était fait de notre prison une retraite charmante. Dégagé de toute obligation et de tout soin, riche avec un revenu médiocre, parce que le revenu suffisait à ses goûts, disposant de la bibliothèque de la maison, qui était considérable, et d'un joli jardin qu'il s'était fait dans le parc, il cultivait là les lettres et les fleurs, et, comme ce vieillard dont Virgile nous a laissé le portrait dans ses *Géorgiques*, il achevait dans des plaisirs utiles une vie long-temps consacrée à d'utiles travaux. L'aménité de son esprit et son excessive indulgence le rendaient cher aux élèves, quoiqu'il n'eût avec eux aucun rapport nécessaire. L'estime qu'il commandait l'avait investi d'une autorité bien plus réelle que celle que la plupart de nos supérieurs tenaient de leurs fonctions.

C'était aussi un homme recommandable sous plus d'un rapport que le P. Mandar (3), qui succéda au P. Petit, après mon départ, dans les fonctions de supérieur. Il avait l'esprit orné, tournait assez facilement les vers français, et improvisait avec assez d'élégance une exhortation. C'était le poète et le sermonaire du collége, où il passait tout à la fois pour un Gresset et pour un Massillon; mais malheureusement manquait-il de la qualité la plus importante pour sa place, le jugement. Il voulut faire mieux que son devancier, et fit très-mal. Prodigue autant que l'autre était économe, fanatique autant que l'autre était tolérant, il mit le désordre dans les affaires de la maison par ses embellissemens, et la révolte dans le pensionnat par ses réformes; si bien que, par suite de ses perfectionnemens, Juilly inclinait vers sa ruine quand la révolution l'abattit du coup qui détruisit toute instruction en France.

Ces divers personnages, quel que fût leur mérite, ne sont guère connus que de ceux qui ont habité Juilly, ou de ceux qui s'adonnent aux lettres ou se vouent à l'enseignement. Il en est autrement des quatre oratoriens dont je vais parler, et qui, jetés par le mouvement révolutionnaire dans les affaires publiques, sont passés presque immédiatement du gouvernement d'une école à celui de l'Etat. Quoique leur importance dans la première de leur condition n'ait pas fait présager celle qu'ils reçurent de la dernière, ils ont droit à une mention, même dans ce chapitre de l'histoire de Juilly.

Le P. Bailly (4) n'avait pas vingt-quatre ans quand je me suis trouvé sous sa férule; il était préfet des études, et dès lors il se faisait aimer de ses élèves, par les qualités qui depuis lui ont concilié l'affection de ses administrés quand il fut préfet de l'empire, et surtout par cette modération qui suffit au maintien de l'ordre, quand elle est associée à la fermeté. Je n'ai pas été étonné du rôle qu'il a joué à la Convention, où il faisait partie de cette faction d'honnêtes gens que les décemvirs n'ont pu ni diviser ni corrompre, et à laquelle la totalité des législateurs s'est réunie le jour où, dans leur effroi, ils ont senti la nécessité d'agir contre les tyrans que cette faction n'avait pas cessé d'inquiéter par son immobilité.

Le P. Gaillard (5), qui était à peu près de son âge, n'avait pas des vertus aussi aimables; il régnait moins en père qu'en despote dans sa préfecture scolastique; il aurait pu prendre pour devise ce passage du psalmiste : *visitabo in virgâ iniquitates eorum* ; et toutefois il obtenait moins par la terreur que l'autre par la douceur. Bien éloigné d'avoir alors les opinions philosophiques auxquelles il s'est rallié sans doute quand il est entré dans les affaires du siècle, il nous surveillait avec une vigilance presque inquisitoriale dans la pratique de nos devoirs religieux. Je me souviens qu'un jour, regardant un portrait de Jean-Jacques : *Voilà, dit-il, un homme qui, si on lui avait rendu justice, aurait été brûlé avec ses écrits.* La dureté de cet arrêt l'a gravé pour jamais dans ma mémoire : il était probablement inspiré par la robe que portait alors le juge qui l'a prononcé. En la dépouillant, ce juge a déposé sans doute des opinions si peu compatibles avec l'esprit dans lequel s'est accomplie une révolution qui a fait sa fortune. Le citoyen Gaillard ne pensait probablement plus comme le P. Gaillard.

Fouché, de la Convention nationale, offre la même disparate avec Fouché de l'Oratoire de Jésus. A Juilly, où il professait les mathématiques, le P. Fouché n'a montré que cette indifférence qui même au faîte du pouvoir semblait former le trait caractéristique de sa physionomie morale. Capable de faire tout le mal qui pouvait lui être utile, mais n'ayant pas alors d'intérêt à en faire, il passait là pour bonhomme, et cela se conçoit. Il n'avait avec les élèves que des rapports agréables. L'étude des sciences exactes n'y étant pas obligatoire, et le régent qui les professait n'ayant affaire conséquemment qu'à des écoliers de bonne volonté, et dont la raison était déjà formée, le P. Fouché n'avait jamais occasion de se montrer terrible, et trouvait souvent occasion d'être agréable. De plus, comme il s'occupait beaucoup de physique et qu'il faisait souvent des expériences publiques, les écoliers lui savaient autant de gré de ce qu'il entreprenait pour sa propre utilité que s'il l'eût entrepris pour leur seul amusement. C'est des sciences qu'il attendait alors la célébrité qu'il obtint depuis par des moyens moins innocens! En s'embarquant dans un aérostat, à Nantes, il prouva que même sous la robe des Béruliens (6), il ne manquait ni d'ambition ni d'audace.

Le P. Billaud, qui depuis est devenu si effroyablement fameux sous le nom de *Billaud-Varennes*, paraissait alors un très-bonhomme aussi, et peut-être l'était-il; peut-être même l'eût-il été toute sa vie s'il fût resté homme privé, si les événemens qui provoquèrent le développement de son atroce politique et l'application de ses affreuses théories ne se fussent jamais présentés. Je pencherais à croire qu'au moral, comme au physique, nous portons en nous le germe de plus d'une maladie grave.

dont nous semblons être exempts tant que ne s'est pas rencontrée la circonstance qui doit en provoquer l'explosion. Tel était l'état où se trouvait en 1783 le P. Billaud. Plus mondain que ne le permettait le caractère de la modeste société dont il faisait partie, il était à la vérité quelque peu friand de gloire littéraire, et travaillait en secret pour le théâtre; mais serait-il en horreur à l'humanité si la révolution ne lui avait pas permis une ambition plus tragique?

Celle-ci lui réussit mal. Les anciens de la congrégation ayant découvert que le P. Billaud avait fait présenter une tragédie à M. Larive, comédien ordinaire du roi, lequel M. Larive avait refusé d'en être le parrain, ils décidèrent qu'un goût aussi profane était incompatible avec la sainteté de leur institut, et signifièrent à ce poète malencontreux qu'il eût à dépouiller leur saint habit et à se retirer; ce qu'il fit.

Le P. Billaud, tout en travaillant dans le sublime, s'exerçait à la *fugitive*; il tournait même le madrigal dans l'occasion. Tout le collége répétait avec admiration ce quatrain qu'il inscrivit sur une mongolfière de papier, fabriquée par les écoliers sous la direction du

P. Fouché, et que ces deux courtisans confièrent aux vents en les priant de souffler dans la direction de Versailles.

Les globes de savon ne sont plus de notre âge.
En changeant de ballon, nous changeons de plaisirs.
S'il portait à Louis notre premier hommage,
Les vents le souffleraient au gré de nos désirs.

Dix ans après, le poète et le physicien se montrèrent moins gracieux envers le monarque.

Le P. Billaud, qui a commencé sa carrière en élevant des enfans, l'a finie, dit-on, en instruisant des perroquets. Plût à Dieu que dans l'intervalle il ne se fût pas mêlé de régenter les hommes!

Je ne terminerai pas ce chapitre sans donner un souvenir à quelques autres oratoriens moins célèbres mais aussi estimables au moins que ces deux derniers. Tel était le P. Alhoi, tête à la fois philosophique et poétique, esprit également aimable et grave, qui remplaça avec succès l'abbé de l'Epée à l'école des sourds et muets pendant l'absence de l'abbé Sicard, et composa sur les hospices, à l'administration desquels il avait siégé, un poëme recommandable par les notions dont il abonde et par le talent avec lequel elles sont exprimées;

Tel était le P. Brunard, fils d'un agriculteur des environs. Cet homme remarquable par la droiture et la solidité de son esprit professait l'histoire et la géographie. Je lui ai l'obligation de mon goût pour ces deux sciences, et surtout pour la première qu'il nous enseignait aussi philosophiquement que le lui permettait sa robe : il avait surtout horreur du fanatisme, et parlait de la Saint-Barthélemi comme en parle Voltaire, comme vous en pensez. Ce brave homme était fort laid : je m'avisai de mettre à la suite de son nom cette sentence : *mentem hominis spectacto, non frontem* : il m'en remercia;

Tel était le P. Ogier, qui m'a donné par pure affection des leçons de botanique, science dont l'étude a fait si souvent le charme de mes promenades, science à laquelle depuis cinquante ans je dois chaque année un plaisir nouveau, car tous les printemps je la rapprends et je l'oublie tous les hivers : c'est toujours à recommencer;

Tel était aussi le vieux P. Debons, pour qui Juilly était une maison de retraite plus qu'une maison de repos. Ses fonctions obligatoires se bornaient à réciter les Heures canoniales : usé, cassé par le professorat, ses forces physiques ne lui permettaient guère que de psalmodier; mais comme Perrin Dandin, il ne pouvait renoncer à son métier, et ne s'entêtait pas moins à professer que l'autre à juger. Ne pouvant tenir classe, il venait chercher les écoliers dans leur lit quand ils étaient malades, et leur servait de répétiteur. Il venait aussi, pendant les récréations, recruter ceux qu'il croyait disposés à l'entendre, et tout en se promenant avec eux dans le parc, il leur donnait des notions préliminaires sur certaines sciences, telle que l'anatomie, ou plutôt que l'ostéologie, car il lui était interdit de nous parler d'autre chose que des os, ce qu'il oubliait quelquefois. C'était un puits, ou plutôt un tas de science : dans sa tête étaient réunies toutes les connaissances humaines, mais pêle-mêle, mais pas même dans l'ordre alphabétique de l'*Encyclopédie*. Si nos conférences ambulatoires avaient d'utiles résultats, elles en avaient de pernicieux aussi. Distribuant ses connaissances avec plus de prodigalité que de prudence, il nous entretenait quelquefois d'objets que nous devions ignorer. Tout en avertissant ses auditeurs des dangers attachés à certains plaisirs, il leur en révélait l'existence, et corrompait leurs mœurs en croyant les épurer. Ce n'est pas, au reste, le seul professeur de morale à qui cela soit arrivé. Plus d'une fois c'est dans le confessionnal même que l'innocence a été initiée à ces dangereux mystères par un directeur imprudent.

Parlerai-je d'un P. Herbert, l'homme le plus nul que j'aie rencontré ? pourquoi non ? il peut être l'occasion de quelque remarque utile. Si j'ai un peu de propension pour la raillerie, lui seul en a provoqué les premiers développemens. Comme beaucoup de sots, il abusait de sa position pour mortifier ses inférieurs, et se dédommageait sur eux des sarcasmes que ses égaux ne lui épargnaient guère. Je ne sais en quoi j'avais eu le malheur de lui déplaire ; mais pendant toute la durée de mon enfance, j'avais été l'objet de ses attaques ; il ne me rencontrait pas, qu'il n'eût quelque mot désagréable à me dire. Pauvre enfant, je supportais cette injustice avec résignation, persuadé que la supériorité d'esprit accompagnait nécessairement la supériorité d'âge. Mon esprit cependant et ma raison se formaient : découvrant enfin que cet homme s'arrogeait sur moi un droit que rien ne justifiait en lui, et que c'était avec le pied d'un âne qu'il me portait gratuitement tant d'atteintes, je finis par lui riposter avec la pate du chat.

Quoiqu'il en eût déjà senti la griffe, il essaya un certain jour de me déconcerter. M'interpellant au milieu de mes camarades, comme je me promenais pendant la récréation dans la cour des jeux : « Vous cherchez, me dit-il d'un ton lourdement goguenard, un sujet d'épigramme ? — Je l'ai rencontré, lui répondis-je ». Les rieurs, cette fois, ne furent pas pour lui : aussi n'y revint-il plus.

Mais je ne m'en tins pas là. Chargé de faire aux étrangers les honneurs de la maison (il ne savait faire que cela), comme il n'avait pour tout mérite que celui de dîner deux fois, je l'affublai pour épigraphe de ce vers d'Horace :

Nos numerus sumus et fruges consumere nati.

Ce trait l'attéra : il me l'a d'autant moins pardonné, qu'il n'a pas pu s'en venger. Terminons ce chapitre par le récit du désappointement qu'il éprouva à cette occasion.

Ce que j'avais fait pour le P. Herbert, je l'avais fait pour tous les membres de la communauté. A leurs noms j'avais cousu des traits tirés des auteurs sacrés ou des auteurs profanes, des poëtes ou des prophètes, traits qui les caractérisaient assez bien. Le cahier où ces jugemens étaient consignés me fut dérobé, à l'aide de fausses clés, par un surveillant qui, pendant notre absence visitait quelquefois nos papiers. Grand scandale; me voilà déféré à la communauté entière; me voilà justiciable de ceux dont j'avais fait justice. Le procès s'instruit à mon insu, dans une assemblée générale, un soir, après le coucher des élèves. On lit le cahier qui contenait le corps du délit : les gens maltraités, et particulièrement le P. Herbert, demandent que justice soit faite. Toutes les épigraphes cependant n'étaient pas des épigrammes. Une partie des juges de qui je n'avais pas à me plaindre n'avait qu'à se louer de moi; ils s'étaient assez amusés des traits dont s'irritaient leurs confrères; et le P. Petit, à l'esprit narquois, en avait ri plus d'une fois dans sa barbe. Le P. Herbert opinant pour mon expulsion : « L'expulser! dit le P. Petit; l'expulser! y pensez-vous? S'il s'est moqué de vous quand il était dans votre dépendance, combien ne s'en moquera-t-il pas quand il sera libre ! Il n'a pas donné de publicité à ses jugemens; ne leur en donnez pas par votre arrêt; ne provoquez pas un éclat qui ferait rire à vos dépens les écoliers, comme nous y rions nous-mêmes. Si vous m'en croyez, le cahier sera remis à la place où on l'a pris, et il n'en sera plus question. »

Cet avis prévalut.

CHAPITRE IV.

Les huit années les moins heureuses de ma vie.

J'ENTENDS répéter tous les jours que les années passées au collége sont nos plus heureuses années. Je ne l'ai pas éprouvé, j'ai même éprouvé le contraire. Je n'étais pas mauvais écolier; je remplissais mes devoirs avec ponctualité, et même avec quelque distinction; j'ai obtenu plus d'une fois des récompenses; je n'ai jamais subi de punitions honteuses; mais, pendant huit ans, j'ai craint d'en subir. N'est-ce pas avoir subi huit ans de supplice?

Ces huit ans m'ont fait connaître le sentiment qui domine partout où règne l'arbitraire. Là où il n'y a pas de bornes pour l'autorité, il n'y a pas de sécurité même pour l'obéissance. Ce qui satisferait la raison ne satisfait pas toujours le caprice. Or, tous nos supérieurs n'étaient pas exempts de caprice. De plus, quelques uns d'entre eux, cherchant à obtenir par une sévérité exagérée la considération que ne commandait pas leur extrême jeunesse, se complaisaient à appesantir le joug sur les malheureux enfans soumis à leur surveillance. Parodiant les consuls romains, ces cuistres croyaient quelquefois utile de décimer les légions pour raffermir la discipline. Ainsi, ce qu'il n'aurait pas eu à redouter de la justice, le meilleur sujet pouvait le recevoir du hasard.

Ce système avait souvent un effet opposé à celui qu'on voulait obtenir. Il occasiona de mon temps plusieurs révoltes, révoltes partielles, mais qui, par cela même qu'elles se renfermèrent toujours dans la division où cette imprudente rigueur avait été mise en pratique, en démontrèrent le vice.

Pour l'intelligence de ce chapitre, il est nécessaire de connaître l'organisation de la maison de Juilly; en deux mots la voici :

Distribués dans le pensionnat d'après des considérations différentes de celles qui déterminaient leur répartition dans les classes, les élèves y étaient moins assortis en raison du degré d'instruction qu'en raison de leurs forces physiques; ainsi les six divisions du pensionnat ne correspondaient pas absolument aux divisions des classes. Ces divisions s'appelaient *chambre des grands, des moyens, des troisièmes, des quatrièmes, des cinquièmes* et *des minimes;* chacune d'elles était surveillée par un préfet.

Les fonctions de préfet étaient confiées d'ordinaire à des novices qui, peu de temps avant, étaient encore soumis à la férule dont on les armait. De là les inconvéniens dont j'ai parlé plus haut.

De toutes les chambres, la plus difficile à gouverner était celle des *moyens*. La cause s'en devine aisément. Composée de sujets entrés dans l'adolescence, elle souffrait impatiemment qu'on la tînt asservie à la discipline des chambres inférieures qu'elle regardait avec dédain, et qu'on ne la fît pas participer au régime de la *chambre des grands* à qui, par égard pour leur raison, l'organisation générale accordait quelques priviléges, tel que celui de ne pas marcher en rang, et qui se gouvernait par des réglemens qu'elle s'était donnés elle-même.

Un mot sur ces réglemens. L'esprit n'en était pas tout-à-fait conforme à la soumission que les écoliers doivent à leurs maîtres et les enfans aux dépositaires de l'autorité paternelle. Par suite de la prétention qu'avaient leurs rédacteurs de ne plus être des enfans, il y était interdit *aux grands* de se soumettre à une punition quelconque : c'était l'insubordination mise en principe.

Nulle chambre néanmoins n'était plus subordonnée à ses devoirs que la *chambre des grands*. Comme le refus de subir la peine que l'infraction d'un devoir entraînait eût été suivie de l'expulsion du coupable, l'expulsion se trouvant la peine qu'on encourait pour la moindre faute, il s'ensuivait qu'un réglement qui nous prescrivait la désobéissance nous forçait par cela même à obéir, et que nous observions d'autant plus scrupuleusement les obligations qui nous étaient imposées par nos supérieurs que nous redoutions plus celles que nous imposait notre propre volonté. Ainsi, par l'effet de ces réglemens que la politique de nos supérieurs feignait d'ignorer, la chambre qui eût été la plus difficile à gouverner était en réalité la plus soumise à la discipline.

Pendant le long séjour que j'ai fait à Juilly, jamais la *chambre des grands*, qui était composée de sujets de quinze à dix-huit ans, n'a bronché; mais plusieurs révoltes ont éclaté dans la *chambre des moyens.*

La dernière eut lieu en 1782, au commencement de décembre, en l'absence du P. Viel. Elle fut provoquée par le despotisme d'un préfet de vingt ans qui, s'essayant dans l'autorité, se fit mettre à la porte de chez lui par ses élèves, comme ces jeunes fous qui, maniant un cheval pour la première fois, se font jeter par terre pour l'avoir fatigué du mors et taquiné de l'éperon, sans autre but que de lui faire sentir la présence d'un maître.

Lira-t-on avec quelque intérêt, après les révolutions qui se sont accomplies sous nos yeux, le récit d'une insurrection de collége? Pourquoi non? A l'âge près, les héros de ces diverses révoltes se ressemblent assez. Les enfans sont de petits hommes, si les hommes ne sont pas de grands enfans.

On était en hiver : pendant la récréation du soir, les élèves s'amusaient à pendre à un gibet, moins élevé à la vérité que celui de Mardochée, une effigie de papier qui rappelait par son costume, plus que par sa ressemblance, le pédant dont ils voulaient faire justice. Trouvant la plaisanterie mauvaise, le pédant étendit sa colère sur toute la chambre. Quoique l'heure de reprendre les études ne fût pas arrivée, il fit cesser la récréation. Le signal qu'il donna à cet effet fut celui de l'insurrection. Toutes les chandelles s'éteignent, et cette chambre, aux voûtes enfumées et qui ressemblait assez à une caverne, n'est plus éclairée que par un reverbère auquel les écoliers ne pouvaient atteindre, et qu'une cage en fil de fer protégeait contre les projectiles. Au lieu de se rendre à leurs places, ces mutins, formés en groupe, font voler les chandeliers, les dictionnaires et les écritoires à la tête du tyran qui, atteint par un *Gradus* et se sentant serré de près, se fait jour à coups de poing à travers la cohue, et gagne la porte en laissant sur le champ de bataille son sceptre, sa couronne et le registre de ses lois, ou, si on l'aime mieux, sa férule, son bonnet carré, et le cahier des *pensums*, qui payèrent pour sa personne, et que les insurgés brûlèrent en dansant autour du fagot qui les anéantissait, comme a fait depuis le peuple de Venise, que j'ai vu entourer de ses farandoles le bûcher où se consumaient avec le livre d'or la corne ducale et les autres insignes du doge fugitif.

Maîtres de la place, les rebelles barricadent la porte et se mettent en état de soutenir un siége. En vain le suppléant du grand préfet, en vain le P. supérieur lui-même les somment-ils ou les prient-ils d'ouvrir ; les refus les plus énergiquement articulés sont les seules réponses qu'ils obtiennent. Il est plus facile, même dans un collége, de prévenir une révolte que de la réprimer. Quand une fois la multitude est sortie des bornes du devoir, ce ne sont plus des considérations morales qui l'y font rentrer ; le respect, l'amour lui-même y perdent leur puissance ; elle n'est plus susceptible d'obéir qu'à des intérêts physiques. J'eus lieu en cette circonstance de faire, à l'occasion d'une révolte d'écoliers, cette observation dont tant de révoltes d'hommes faits m'ont depuis démontré la justesse. Quels que soient les individus dont elle se forme, la multitude obéit toujours aux mêmes principes. Le souffle d'un marmot produit dans un verre d'eau les mêmes effets que celui de l'ouragan sur l'Océan.

Cette révolte partielle pensa cette fois s'étendre à la chambre des grands dont je faisais partie, et l'embrasement alors pouvait gagner tout le collége. Voici à quelle occasion. Avec l'aide du menuisier, on avait tenté de pénétrer dans la place en brisant la porte ; mais, reconnaissant qu'on n'y pourrait pas entrer sans courir risque d'être écrasé par la calotte du poêle, calotte de fonte qui était suspendue au-dessus de la porte, la communauté s'arrêtant au parti très-sage de réduire les rebelles par la fatigue et par la faim, avait changé le siége en blocus. On défendit en conséquence à qui que ce fût de leur fournir des vivres. Or, j'avais dans la place un frère avec qui j'avais été élevé et dont je n'ai été séparé que par la mort; nous nous aimions tendrement. Je ne pris pourtant pas parti dans la révolte où il s'était jeté comme ses camarades; mais, au premier avis que j'en eus, je me mis en observation, et le matin, comme il avait faim, ce qui était assez naturel après une nuit passée sans sommeil, dans une si grande agitation, je courus lui porter, non seulement mon déjeuner, mais celui d'une partie de mes camarades que leur générosité mit à ma disposition, plusieurs d'entre eux ayant si ce n'est un frère, un ami dans la chambre insurgée. En sévissant contre nous, ainsi que le grand préfet intérimaire le voulait, on nous eût infailliblement jetés dans la révolte; heureusement la prudence du P. Petit empêcha-t-elle cette faute. « Fermez les yeux, dit-il; ne mettez pas votre autorité aux prises avec les sentimens naturels; ce serait la compromettre. »

Les sacrifices faits par les grands, qui n'étaient guère que trente, n'étaient pas proportionnés d'ailleurs aux besoins d'une soixantaine d'affamés : ceux-ci furent donc obligés d'entrer en composition. On dressa une capitulation, qui ressemblait fort à celle que trente-trois ans après les puissances alliées souscrivirent à Saint-Cloud : on y garantissait aux insurgés une amnistie générale ; mais, comme après la capitulation de Saint-Cloud, les assiégeans ne furent pas plus tôt maîtres de la place, qu'ils violèrent leurs engagemens. Dès lors je conçus ce que c'était que la politique; je vis qu'elle n'était pas toujours d'accord avec la morale qu'on nous prescrivait si éloquemment de respecter à l'égal de la religion.

Rentré dans sa capitale par la brèche, le préfet se conduisit comme depuis s'est conduit plus d'un prince. Le traité fut lacéré et foulé aux pieds; il ne fut plus question que de vengeances : on désigna les sujets sur lesquels elles devaient tomber, et mon pauvre frère, qui n'avait ni plus ni moins de tort que les autres, fut porté sur la liste des proscrits.

La force des choses me fit encore intervenir dans les affaires de cette chambre, qui devenaient les miennes. Réclamant contre la rigueur du préfet restauré : « Si la punition porte sur la chambre entière, lui dis-je, je ne ferai pas à mon frère l'insulte de vous demander qu'il soit mieux traité que ses camarades ; mais, s'il y a des exceptions, comme il n'en a pas plus fait que ceux que l'on excepte, je demande qu'il soit traité comme eux. » Ma requête ne fut pas écoutée ; bien plus, ayant lieu de reconnaître que les formes dans lesquelles je l'avais rédigée avaient augmenté les mauvaises dispositions où l'on était déjà pour mon frère, et qu'on lui réservait une punition que je réputais capitale, bien qu'elle ne menaçât pas sa tête : « Prévenons ton déshonneur, lui dis-je ; je ne suffirais pas seul à te défendre, mais je puis te sauver ; suis-moi ; » et, sans plus délibérer, je l'entraîne. Nous traversons le parc. Je connaissais un endroit où le mur n'avait pas sept pieds de haut ; nous l'escaladons, et nous voilà dans les bois de Nantouillet, ancien domaine du chancelier ou du cardinal Duprat.

Je présumais qu'on ne tarderait pas à envoyer à notre poursuite. Décidé à ne pas me laisser ramener, même par *Gousset*, bon garçon, qui tantôt charretier, tantôt postillon, faisait aussi, quand le cas l'exigeait, fonction de gendarme, j'avançais, un couteau nu dans une main et une grosse pierre dans l'autre, ce qui n'allégeait pas ma marche, engagée dans une terre détrempée par le dégel. Pour donner le change à la meute, voyageant à travers champ, je m'étais d'abord jeté à gauche, dans la direction d'un village nommé Saint-Même; mais pensant qu'un paysan que nous avions rencontré pourrait bien porter à Juilly des renseignemens sur notre itinéraire, après avoir poussé une pointe d'une demi-lieue, nous rabattant sur la droite, nous vînmes couper le chemin de Paris, entre le Mesnil et Thieux, et, nous jetant du côté opposé à celui que nous avions pris d'abord, nous arrivâmes à Villeneuve, village peu éloigné de Dammartin. Il était nuit. Nous entrâmes dans une mauvaise auberge, où nous nous donnâmes pour les enfans de l'intendant d'Ermenonville.

Un mauvais civet qui nous parut excellent, un lit détestable où nous dormîmes à merveille, nous coûtèrent vingt-quatre sous. Il m'en restait cinquante-six pour fournir à notre commune dépense jusqu'à Saint-Germain-en-Laye, où nous comptions trouver un asile chez notre oncle : c'était plus qu'il ne nous en fallait.

Le lendemain, avant le jour, nous nous remîmes en route, évitant toujours de passer dans les villages où notre signalement devait avoir été envoyé. Suivant notre chemin, tantôt à pied, tantôt sur des charettes; mangeant quand la faim nous prenait, mais entrant plus souvent chez le pâtissier que chez le boulanger, et consommant plus de brioches que de pain, à midi nous arrivâmes à Paris, que nous traversâmes sans nous arrêter; à six heures, nous étions à Saint-Germain.

Grand désappointement! pas d'oncle à Saint-Germain ! Il était chez ma mère, à quatre grandes lieues de cette ville, dans une maison de campagne qu'elle avait à Nauphle-le-Vieil, ou le Vieux.

Deux vieilles dévotes, propriétaires de la maison où mon oncle occupait un appartement, et auxquelles nous nous présentâmes, nous voyant crottés de la tête aux pieds, ne pensèrent qu'à une chose : c'est que le lendemain, fête de la Vierge, elles ne pourraient pas nous mener à la grand'messe en si piteux équipage. Sans plus s'embarrasser de la longue marche que nous avions faite que de celle qui nous restait à faire, elles décidèrent donc que nous continuerions notre voyage. On nous trouva un guide, vieux soldat, qui portait encore son nom de guerre et s'appelait Berg-op-Zoom : il se chargea de nous conduire à Nauphle par le plus court. Je ne sais s'il tint parole; mais je sais qu'après cinq heures de marche par des chemins affreux, accablés de fatigue, mourant de faim, rebutés de ferme en ferme, où l'on n'avait voulu nous vendre ni nous donner du pain, parce qu'on nous prenait pour des voleurs, nous arrivâmes enfin, à une heure après minuit, à la maison maternelle, où nous entrâmes par la fenêtre.

Ma mère avait de l'âme : elle ne put pas trop désapprouver le sentiment qui m'avait porté à soustraire mon frère à une peine déshonorante; d'ailleurs, mon frère l'avait fait rire en lui disant assez naïvement que tout ce désordre était l'effet d'un petit morceau de papier. C'était ainsi qu'il désignait le chiffon sur lequel on avait barbouillé l'effigie du préfet.

Mon pauvre frère ne se trompait ici qu'en

ce qu'il prenait l'occasion pour la cause. Au reste, ce n'est pas la première fois qu'une insurrection a été provoquée par des chiffons ou des papiers : celle par laquelle le peuple de Paris préludait, en 1788, à la révolution qui s'accomplit l'année suivante, n'a-t-elle pas éclaté lorsque, conformément au système du cardinal de Brienne, on tenta de substituer le papier à l'argent pour le paiement des rentes?

On nous soigna plus qu'on ne nous gronda; et après trois semaines de repos, pendant lesquelles on négocia notre rentrée, nous fûmes reçus au collége, comme si nous revenions de vacances : une amnistie avait tout arrangé.

Ces vacances avaient interrompu mes études; je ne pus jamais rattraper l'arriéré. Est-ce un malheur? Je suivais alors un cours de métaphysique.

L'étude de la physique eut plus d'attraits pour mon esprit que celle d'une science qui me paraissait souvent absurde et presque toujours vaine. Je m'y livrai avec plaisir; et ce n'est qu'après l'avoir poussée aussi loin qu'on peut le faire au collége, que je sortis de Juilly au mois d'août 1783.

Avant de clore ce chapitre, un mot d'un des

chagrins les plus vifs que j'aie éprouvés au collége. Je le dus à l'un des actes les plus stupides qu'un tyran ou qu'un pédant (l'un s'est parfois trouvé dans l'autre) ait improvisé; ne fût-ce que sous ce rapport, il est bon d'en prendre note.

En 1777, *minime* encore (c'est ainsi qu'on nommait les petits), j'avais été envoyé à l'infirmerie pour un gros rhume. Un Américain, nommé Wals s'y trouvait avec moi pour un rhume aussi : il appartenait à la chambre des grands; je lui servais de pantin, comme de raison. L'insurrection des colonies anglaises avoit éclaté l'année précédente. « Pourquoi, me dit-il un jour, n'es-tu pas coiffé à la *bostonienne?* » On nommait ainsi un genre de coiffure par laquelle, à l'exemple des soldats de Washington, les élégans de Paris supprimaient leurs ailes de pigeon et coupaient de côté leurs cheveux presqu'au ras de la tête. « C'est la mode, ajouta-t-il : veux-tu que je te mette à la mode? » et, prenant une paire de ciseaux, ce grand polisson abat les boucles qui s'arrondissaient sur mes oreilles. L'opération n'avait pas été faite avec une grande habileté; mais, faite par le perruquier le plus habile, cette coiffure écourtée n'en eût pas paru moins bizarre, comparativement à celle que mes camarades, y compris mon tondeur, avaient conservée. A ma sortie de l'infirmerie, je fus accueilli dans le pensionnat avec un rire universel : c'était juste; mais ce qui ne le fut pas, c'est qu'un P. Pépin, préfet de notre chambre, vrai Pépin-le-Bref en fait d'esprit, vrai minime en fait de sens commun, jugea utile de me punir de l'espièglerie d'autrui, et me fit affubler par le frère perruquier d'une coiffure supplémentaire, d'un vrai gazon, que je fus condamné à porter jusqu'à ce que mes cheveux eussent crû dans la proportion suffisante. J'exécutai l'arrêt à la lettre, car je couchais même avec ce ridicule bonnet, dont la queue, liée à la mienne par un même ruban, ressemblait assez à une demi-aune de boudin qui me descendait jusqu'aux reins. Les ridicules de cette nature ne tardent pas à retomber sur leur auteur. La reproduction de mes cheveux ne pouvait guère se faire en moins de six semaines. Il y en avait trois que je l'attendais, quand je fus rencontré par le P. supérieur; cette étrange toilette n'échappa point à son regard investigateur. « Nous sommes en carême, me dit-il, pourquoi cette farce de carnaval ? » Je le mis au fait, non sans quelque embarras. Je ne sais ce qui se passa entre lui et le P. Pépin; mais je crois, pour m'exprimer en style de collége, que ce préfet reçut une *perruque*, car l'instant d'après il me débarrassa de la mienne.

Pas de despotisme plus stupide que celui d'un pédant. Cette fois-là celui-ci s'était montré inventif en fait de punition : d'ordinaire, il ne se donnait pas tant de peine. Pour la moindre peccadille il recourait aux verges, que les oratoriens, soit dit en passant, ne maniaient pas moins volontiers et pas moins dextrement que les jésuites : correction paternelle, disaient-ils.

Châtiment révoltant, de quelque manière qu'on l'administre. Infligé par la main d'un mercenaire, il est infâme; par la main d'un maître, il est honteux également pour l'exécuteur et pour le patient. Et à quel point n'outrageait-il pas la décence, quand on pense que les verges se trouvaient quelquefois dans des mains de vingt ans, et que le fustigeant eût à peine été le frère aîné du fustigé !

Cette correction avait été abolie en France par la révolution. Quelques gens l'ont rétablie comme une conséquence de la restauration : et ces gens-là se disent amis des bonnes lettres et des bonnes mœurs! N'était-il donc pas possible de trouver des moyens de répression plus efficaces et moins répugnans que ce procédé, qui ne révolte pas moins l'honneur que la pudeur?

Les anciens tribunaux ne connaissaient pas de punition plus rigoureuse pour ces criminels précoces en qui la scélératesse a devancé l'âge, pour ces drôles qui étaient traduits devant eux en conséquence de crimes auxquels la loi ne permettait pas d'appliquer les peines portées contre l'homme fait. L'enfant était alors livré au questionnaire, pour être fouetté *sub custodia*, dans la prison, ou *sous la custode*, pour parler le jargon des criminalistes.

Et des instituteurs, et des hommes qui représentent le père de famille n'auraient pas horreur de recourir à un châtiment que les juges regardaient comme un supplice! ils n'auraient pas honte de descendre aux fonctions de bourreaux, pour punir des fautes très-légères de la même manière que la loi punissait les crimes!

CHAPITRE V.

Mes camarades et moi. — Portraits. — Anecdotes.

Quantité d'hommes remarquables à des titres différens sont sortis du collége de Juilly; le M{is} de Bonald, si bon qu'il soit, n'est pas le meilleur qui sorte de là; le Cte de Narbonne, le M{is} de Catelan, le général Desaix, l'amiral Lacrosse, l'amiral Duperré, Adrien Duport, Héraut de Séchelles, le chevalier de Langeac y ont été élevés avant ou après moi; mais j'y ai eu pour condisciples M. Dupleix de Mézy, M. Pasquier, et pour camarades M. de Joguet, M. Eryès, M. Boiste, MM. de Salverte, M. Durand, dit de Mareuil, M. Creuzé Delessert et M. de Sallenave.

Avant de poursuivre mon récit, je crois devoir expliquer pourquoi je désigne ces messieurs par des qualifications différentes, et quelle distinction j'établis entre *condisciple* et *cama-*

rade. *Condisciple* signifie soumis à la même discipline, et peut s'appliquer à tous les écoliers qui habitent le même collége et sont régis par une règle commune. *Camarade* signifie habitant la même chambre, de l'espagnol *camara*, et ne doit se dire que des écoliers qui suivent la même classe, ou travaillent dans le même quartier.

MM. de Mézy et Pasquier étaient pour moi dans la première catégorie. Tous deux se signalèrent à Juilly par les études les plus brillantes ; entrés au parlement de Paris, au sortir du collége, tous deux semblaient destinés à jouer un rôle important. Le second seul a rempli entièrement sa destinée. Parlons du second.

A quelques exceptions près, l'homme diffère peu dans le monde de ce qu'il était au collége. L'âge le corrige moins qu'il ne le développe. Doué d'une facilité singulière pour le travail, M. Pasquier s'est montré à la tribune ce qu'il avait été en rhétorique, habile arrangeur de mots, mais plus disert qu'éloquent; d'ailleurs courtisan des plus souples avec les puissans, tant qu'ils sont puissans, il n'a jamais pu se dépouiller, avec le reste des hommes, de la morgue qu'il avait contractée dans la robe parlementaire qui lui a servi de maillot et lui servira de linceul.

Ces deux messieurs m'ont précédé de quelques classes. Parmi ceux que je précédais, il s'en trouve plusieurs qui marquent aussi dans le monde : tel est M. Alexandre de Laborde. Entré au collége quatre ou cinq ans après moi, il se trouvait dans une classe très-inférieure à la mienne. Je n'étais donc pas à même de juger alors des dispositions de son esprit, si recommandable par tant d'aptitudes diverses; mais je n'en ai pas moins eu l'occasion de reconnaître dès lors en lui le caractère qui déjà lui conciliait toutes les affections. Le sort, qui l'avait doué d'un physique en harmonie parfaite avec le plus heureux moral, lui promettait une grande fortune. Les vers qu'Horace adressait à Tibulle semblent avoir été faits pour lui.

Di tibi formam,
Di tibi divitias dederant, artemque fruendi.

Dans cette catégorie se trouve aussi Chênedollé, poète à qui le temps a manqué pour remplir toute sa destinée, mais à qui la littérature doit, sinon un poëme parfait, du moins des vers admirables; M. Creuzé Delessert, qui s'est illustré par tant d'ouvrages ingénieux, et surtout par des poèmes chevaleresques écrits avec tant d'esprit, de grâce et de facilité; M. Choron, dont l'esprit également propre aux sciences, aux lettres et aux arts, s'est appliqué surtout à perfectionner l'enseignement de la musique, et à qui cet art est redevable d'une école qui rivalise avec les plus célèbres conservatoires de l'Italie; Losier de Bouvet, à qui nos guerres civiles ont acquis un autre genre de célébrité, et dont le père a découvert une terre qui n'existait pas [*]. Dans cette catégorie se trouve enfin M. de Caux, que plus d'un genre de capacité a conduit sous l'empire dans le cabinet de Napoléon, et au ministère sous la monarchie. J'aime à le répéter, la camaraderie de collége est pour les bons cœurs une espèce de parenté; M. de Caux m'a confirmé dans cette opinion. Un jour que, dans les intérêts d'un de mes fils, je me déterminai à me présenter à l'audience de ce ministre que je n'avais jamais été visiter, que je n'avais même jamais rencontré dans le monde: « Nous nous connaissons depuis long-

[*] Le cap de la Circoncision.

temps, me dit-il du ton le plus aimable; nous avons été élevés dans le même collége. — Cela est vrai, monseigneur. Alors vous étiez dans les petits et moi dans les grands, et je ne faisais guère attention à vous. N'allez pas faire comme moi avec moi, aujourd'hui que les choses sont dans l'ordre inverse. » Il ne m'a pas imité; j'en ai la certitude.

Voilà pour mes condisciples; venons-en à mes camarades. Je ne dirai qu'un mot de M. Durand que j'ai sincèrement aimé. La nature lui a libéralement départi les qualités qui mènent à la fortune. Il s'est formé à l'école de M. de Talleyrand. Le patron qui l'a employé ne pouvait pas trouver un élève dont le caractère eût plus de rapport avec le sien.

M. de Joguet est un homme solide en amitié. Celui-là eût sacrifié sa fortune à ses amis, mais non pas ses amis à sa fortune. Quoiqu'il ait eu des opinions très-opposées à la révolution, il n'a jamais renié ceux de ses camarades que leurs opinions avaient jetés dans le mouvement révolutionnaire. Il les plaignait plus encore qu'il ne les blâmait; et sans les rechercher, il ne s'en éloignait pas. Neveu du marquis de Bièvre, il eût pu comme lui se faire un nom dans la littérature légère. Je ne sais pourquoi il s'est amusé à écrire sur des matières graves.

Les deux Salverte ont appelé une grande considération sur leur nom commun. Un esprit juste, une raison supérieure, une probité inaltérable caractérisent l'aîné, qui, membre de la chambre des représentans pendant les Cent-Jours, n'a pu qu'y faire entrevoir ces qualités qu'il a mises en pratique pendant la majeure partie de sa vie dans l'administration des domaines où il était placé en première ligne : le second, depuis plusieurs années membre de la chambre élective, s'y fait remarquer par l'étendue de ses connaissances, la facilité de son élocution et aussi par la sévérité de son patriotisme plus spartiate qu'athénien. Philosophe érudit, littérateur et poète, sa vie entière a été consacrée à l'étude : peu d'hommes ont autant écrit dans autant de genres.

M. Eryès est un de nos plus savans et de nos plus judicieux géographes. Quant à Boiste, qui ne connaît pas son *Dictionnaire?* Exécuté sur le plan le plus vaste, et néanmoins dans la forme la plus concise, ce dictionnaire est, sans contredit, le plus complet que nous ayons. On a peine à concevoir que ce soit l'ouvrage d'un seul homme. C'est à sa complexion débile et maladive que Boiste est redevable d'avoir achevé ce travail auquel, à la vérité, la nature de son esprit le rendait essentiellement propre. Contraint à garder la maison, par suite des privations qu'il était obligé de s'imposer, il avait beaucoup plus de loisir que le commun des hommes, et pouvait employer à l'étude tout le temps que les plaisirs ne lui demandaient pas. A quels travaux ne peut-il pas suffire l'homme qui tous les jours travaille tout le jour? Aussi, dans l'espace de quinze ans, a-t-il donné de ce dictionnaire qu'il voulait porter au plus haut degré de perfection je ne sais combien d'éditions, toutes recommandables par d'importantes améliorations.

Boiste est encore un homme dans lequel l'âge n'a fait que développer les qualités de l'enfant, et qu'il a complété sans le changer. Porté dès le collége à tout soumettre à l'analyse, il avait eu plus de succès dans les études philosophiques que dans les études littéraires; l'imagination dominait moins en lui que la raison. Grand ergoteur, il aimait beaucoup la discussion, et ne défendait pas toujours l'idée la plus juste, mais du moins la défendait-il de bonne foi, et s'il se fondait quelquefois sur de mauvais argumens, se rendait-il aux bons. Quoiqu'il fût d'humeur assez morose par suite de son tempérament, il était bon, attaché, affectueux même : de plus, on n'avait pas un cœur plus honnête et plus droit.

Tel il était encore quand à mon retour de l'exil, après six ans, je le retrouvai à Ivri, près Paris, où il avait acquis une petite propriété qu'il habitait toute l'année. Le pauvre homme me reçut comme un frère. « Nous avons bien pensé à toi, me dit-il en me montrant sa femme. » Il me l'avait prouvé en m'envoyant à Bruxelles sa cinquième édition, qui fut publiée pendant mon séjour forcé hors de France; attention à laquelle je ne fus pas peu sensible : « Je prenais plaisir, ajouta-t-il, à citer des exemples tirés de tes ouvrages et à mettre ton nom sous les yeux de mes lecteurs. »

A propos de ce dictionnaire, racontons un fait assez singulier pour être recueilli. Quand une expression avait été employée dans une acception nouvelle, ou quand une nouvelle expression réclamée par le besoin avait été créée, Boiste n'omettait pas d'en tenir note dans son lexique, en indiquant, comme de raison, l'auteur de cette néologie. Ainsi, *spoliatrice*, mot de nouvelle fabrique, mais qui est dans les analogies de notre langue, lui ayant paru mériter droit de bourgeoisie, il le lui donna en nommant, comme de raison, l'auteur à qui ce mot appartenait. « Spoliatrice, dit-il à cet article; *loi spoliatrice*, Bonaparte. » Le lexicographe n'y avait pas entendu malice. La police ne put se l'imaginer; elle ne put pas croire qu'il eût rassemblé innocemment des mots qui formaient une pareille épigramme. Boiste fut arrêté, et ce n'est pas sans peine qu'il parvint à se faire relâcher par cette autorité qu'il lui fut encore moins difficile de fléchir que de convaincre, et qui ne concevait pas qu'un homme d'esprit ne sût pas toujours ce qu'il disait.

Boiste est mort il y a quelques années. J'ai perdu en lui un excellent ami.

J'en conserve un à Bayonne, dans ce bon Sallenave. Je ne le vois guère que de vingt ans en vingt ans; mais suis-je dans la peine, je reçois aussitôt de ses nouvelles. Le faible et l'opprimé n'ont pas de patron plus actif que cet avocat, également recommandable par l'originalité de son esprit et par la générosité de son caractère.

C'étaient mes bons amis aussi que les deux Theurel ; c'étaient ! car je leur survis. Ils avaient pour père le plus honnête procureur qui ait existé, je pourrais dire le plus honnête homme. Le cadet, qui avait embrassé avec quelque chaleur la cause de la révolution, fit avec distinction la brillante campagne de Dumouriez. Parti simple volontaire, il gagna ses épaulettes à Jemmapes, à Fleurus, à Nerwinde ; il était chef de bataillon quand il s'est retiré, et s'est retiré quand l'armée où il servait fut employée à l'intérieur contre des ennemis qui étaient toujours pour lui des Français. Il est mort il y a quelques années.

Son frère mourut dès 1786. La cause d'une fin si précoce est bizarre, et de plus un des plus funestes effets de générosité que je connaisse. Doué d'une âme ardente et fière, ce jeune homme était d'une extrême susceptibilité sur tout ce qui tenait à l'honneur. Un jour qu'il badinait assez librement sur le théâtre de l'Opéra avec une chanteuse, un acteur, que cette liberté offense, lui donne un soufflet sans autre explication. On se battrait pour moins : rendez-vous donné. Le lendemain, comme l'offensé se disposait à se rendre sur le champ de bataille, arrive l'offenseur; il avait fait ses réflexions. « Je ne me dissimule pas, dit-il, la gravité de l'outrage que je vous ai fait; la mort seule peut l'expier. Vous avez droit de me tuer, et cela vous sera facile, je ne sais pas manier une épée, je n'ai jamais touché un pistolet; mais si vous me tuez, une famille qui n'a que moi pour soutien tombera dans la misère, et elle est innocente de mon tort. » Il dit, et fait entrer sa femme et ses enfans qui attendaient dans l'antichambre. Attendri par leurs larmes, Theurel sent les armes lui tomber des mains; il se laisse fléchir; il promet de ne pas donner suite à cette affaire.

Cependant le souvenir d'un affront si cruel le tourmentait sans relâche; il lui semblait que le public, qui ne s'en inquiétait guère, devait être moins touché de la pitié qu'il avait eue pour une famille entière, que frappé de l'indifférence qu'il montrait pour sa propre considération. Il se tenait pour déshonoré par l'acte le plus honorable qu'un véritable brave puisse faire en pareille circonstance. La vie lui devint à charge; il tomba dans la mélancolie la plus noire, et, quoiqu'il fût entouré des témoignages de notre amitié et de notre estime, il se tua de désespoir de ne pouvoir révoquer le pardon qu'il avait accordé.

et de ne pouvoir réussir à se faire tuer par un autre, car il avait eu, depuis cette aventure, des affaires qu'il appelait malheureuses, parce qu'ayant blessé ses adversaires, il en était sorti sans une égratignure.

Ces deux frères aimaient passionnément les lettres et les arts. Étaient-ils à Paris, nous en parlions; étaient-ils hors Paris, nous nous en écrivions. Ils firent en 1785 un voyage à Ferney : beau sujet de correspondance. J'ai retrouvé dans mes papiers quelques vers dont était entrelardée la prose que je leur adressai à cette occasion; les voici :

> C'est là qu'une urne funéraire
> Enferme le cœur de Voltaire.
> Tout, en ce dépôt précieux,
> Malgré les cagots et l'Église,
> Voltaire habite encor ces lieux ;
> Et c'est son cœur qui l'éternise.
> Avec vous, heureux voyageurs,
> Avec vous penché sur sa cendre,
> Qu'il me serait doux de lui rendre
> Un tribut de vers et de fleurs !
> Et, m'abandonnant aux douleurs
> Qu'un si saint objet vous inspire,
> De l'arroser d'autant de pleurs
> Que m'en a fait verser Zaïre !

Puis, cherchant à exprimer par une comparaison le sentiment qui nous unissait, j'ajoutais :

> S'il est un triple personnage
> Dont l'inexplicable union
> Est l'obscur objet d'un hommage
> Que prescrit la religion
> A l'aveugle dévotion,
> Qui n'y veut pas voir davantage ;
> Par notre intimité sincère,
> Prouvons à l'incrédulité
> Qu'après tout, une Trinité
> Peut bien exister sans mystère

Au nombre de mes camarades de classe, se trouvait aussi un pauvre diable qu'il est inutile de nommer. Personne n'a manifesté de meilleure heure la passion de la célébrité, et chez personne cette passion n'a été plus malheureuse. Secrétaire de Mirabeau, son nom est entré dans l'histoire à la suite de celui de son patron, comme un valet entre dans un palais à la suite de son maître ; mais, quoi qu'il ait fait, il n'a pu s'y faire admettre à des titres qui lui fussent personnels. C'était, dès le collége, une tête qui s'échauffait à froid, un déclamateur sans idées, un four qui ne cuisait pas, et de la gueule duquel il ne sortait que de la fumée. Rien d'emphatique comme ses compositions; nous l'appelions *M. Thomas*, par allusion à l'académicien qu'il contrefaisait, mais qu'au fait il était bien loin d'imiter. J'étais, à l'entendre, le *faiseur* de Bonaparte. Je voudrais bien que cela fût vrai; je voudrais bien pouvoir m'attribuer certaines proclamations où le langage du grand homme n'est pas moins sublime que ses conceptions : mais je n'ai pas plus été le *faiseur* de Bonaparte que l'homme en question n'a été le *faiseur* de Mirabeau.

A ces noms j'en pourrais ajouter d'autres. M. de Mathan, de la chambre des pairs; M. Sapey, de la chambre des députés; Muiron, mort à Arcole; Duphot, assassiné à Rome; le général Lamothe, dont le nom, comme les leur, est inscrit sur nos plus glorieux bulletins; M. Bressier, digne parent des Portalis et des Siméon; M. Barthélemi, en qui l'on ne saurait méconnaître le talent le plus énergique, le plus souple et le plus vrai qui se soit manifesté dans la jeune littérature; M. Berryer, dont tous les partis voudraient s'approprier le talent; tous ces hommes si recommandables à des titres si divers, sont des élèves de Juilly.

Ils appartiennent aussi à cette illustre école,

les joyeux convives qui tous les ans, le 3 janvier, jour de Sainte-Geneviève, se réunissent dans ce banquet où toutes les conditions se nivellent, où toutes les prétentions s'effacent, où toutes les opinions se confondent pour quelques heures au moins, et dans lequel il n'est permis de mêler aux vins qui nous viennent de tous les pays que l'eau importée de Juilly même, et puisée à la source limpide et salubre où notre enfance s'est désaltérée.

Pour compléter ce chapitre, il me faut bien aussi parler de moi. J'en parlerai en conscience, comme des autres. Je laisse à qui il appartient à prononcer sur la nature et sur la portée de mon esprit; je dirai seulement que j'ai fait d'assez bonnes études, et cela moins par suite d'une application sérieuse que de la facilité que j'avais à deviner ce que les autres n'apprennent pas sans l'étudier. J'étais assez fort en littérature; mais, en revanche, assez faible en mathématiques. La passion de la poésie, qui s'est manifestée en moi dès l'enfance, remplissait ma tête, au point de n'y presque pas laisser de place pour autre chose; je détestais tout ce qui pouvait m'en distraire : aussi lui ai-je été redevable de quelque succès précoces, et m'a-t-elle ouvert dès lors les portes d'une académie, car à Juilly aussi nous en avions une.

Parlons à présent de mon caractère : il en est de plus heureux ; il en est de plus mauvais. J'avais été bon écolier, je fus bon camarade. Plus sensible qu'irascible, plus rancunier que vindicatif, plus gai que malin, plus confiant que crédule, gardant moins volontiers le souvenir du mal que celui du bien, aussi incapable de dissimulation que de soupçons, franc jusqu'à l'étourderie, jusqu'à la rudesse, constant dans mes affections comme dans mes aversions, ne dédaignant pas la faveur des maîtres, mais préférant l'estime publique à tout, j'avais dès l'adolescence les défauts et les qualités qui, même au collége, donnent des amis dévoués et des ennemis implacables, et qui, développés par l'âge, devaient faire dans le monde ma fortune et ma ruine.

LIVRE II.

1783 — 1790.

CHAPITRE PREMIER.

Mon entrée dans le monde. — Études spéciales. — Goûts dominans. — Mon Parnasse. — Mes sociétés. — Musée de Paris.

A la mort de mon père, ma mère avait obtenu par l'entremise de *Madame* (tel est le titre que portait alors Marie-Joséphine-Louise de Savoie, épouse de *Monsieur*, depuis Louis XVIII) que les places de son mari seraient conservées à ses enfans, et que, jusqu'à l'époque où nous pourrions les remplir, elles seraient remplies par notre oncle. Pendant cet intervalle, les maisons des princes subirent plusieurs modifications, sous le nom de *réforme*. N'osant pas, par crainte de notre protectrice, nous dépouiller ouvertement, les réformateurs donnèrent à ces places des dénominations différentes; et l'on assigna à ma mère et à l'oncle qui avait géré pour nous des pensions dont une partie devait nous revenir; pension qui n'équivalait pas, à beaucoup près, au revenu de la portion de patrimoine que cette opération nous avait fait perdre. C'est ainsi qu'on entendait alors la justice et l'économie.

J'entre dans ces détails pour démontrer combien est fausse l'assertion de je ne sais quel biographe, qui prétend que je suis redevable à Louis XVIII du bienfait de mon éducation : vingt-cinq mille livres de rente que possédait mon père le mettaient à même d'y suffire. Je tiens donc de sa tendresse d'abord ce bienfait que ma mère m'a continué, et non de la faveur d'un prince qui, si bienveillant qu'il ait paru être un moment pour moi, m'a fait plus de mal qu'il ne m'a jamais voulu de bien.

Il est encore un article sur lequel je crois devoir m'expliquer avant d'aller plus loin. On m'a souvent demandé si j'appartenais aux *Arnauld*, qui ont appelé sur le nom que je porte tant d'illustration pendant le cours du XVIIe siècle. Je le crois : je l'ai entendu répéter à ma mère, d'après mon père. Nous n'écrivons pas tout-à-fait ce nom comme l'écrivait la famille auquel il doit son éclat. Nous mettons un *T* là où elle mettait un *D;* mais on sait que ces sortes d'altérations ne concluent pas en fait de généalogie. Plusieurs de mes ancêtres ont écrit leur nom avec un *D* et en retranchant *L*. Sur mon extrait de baptême, le nom porte un *D;* j'ai pris le *T* pour me conformer à mon père, qui, je le répète, ne s'en croyait pas moins parent des *Arnauld*. Dans la dernière année de sa vie, ayant intérêt à le prouver, il avait commencé à ce sujet avec un homme du métier, l'abbé de Vergès, un travail qu'il n'a pas eu le temps d'achever; ma mère en avait conservé les pièces. Mais les menaces portées par la Convention, en 1793, contre les nobles qui garderaient leurs titres, m'ayant fait craindre pour elle, si, dans une de ces visites auxquelles on était alors exposé, une des mille autorités à qui tous les domiciles étaient ouverts découvrait ces papiers, je l'engageai à les anéantir. Mon inquiétude pour ma mère, jointe à mon indifférence sur cet article, ne m'a pas permis d'en prendre connaissance, et je n'y ai pas regret. A quoi servent aujourd'hui ces titres sans priviléges? que constatent-ils le plus souvent? d'impuissantes prétentions. Etrange sujet d'orgueil, après tout, qu'un nom qui, en rappelant ce que valaient vos pères, dénonce le peu que vous valez! Je souhaite à mes enfans d'autres titres à la considération.

Lorsque j'entrai dans le monde, j'avais donc perdu à peu près ma fortune; ma mère, qui désirait m'en voir acquérir, pensa qu'à cet effet il serait utile que j'achevasse mon droit. Comme cela exigeait que je séjournasse à Paris, et qu'elle demeurait à Versailles, elle me mit en pension chez Mᵉ de Crusy, procureur au Châtelet, pour y prendre connaissance des affaires, tout en étudiant les lois. Son projet était de me mettre ainsi en état d'entrer dans la magistrature ou dans l'administration; mais mon goût ne me portait ni vers l'une ni vers l'autre carrière, non que j'eusse de l'éloignement pour l'occupation, mais parce que celle à laquelle je consacrais tout mon temps ne pouvait se concilier avec aucune autre.

Que de peine se donna ce bon M. de Crusy pour me mettre en état de gagner la pension que ma mère lui payait, et dont elle avait promis de me faire l'abandon dès que mon patron se déclarerait suffisamment payé par mon utilité! Rien ne put me déterminer à me livrer à des études que j'avais en dégoût, si ce n'est en mépris. Tant que j'avais de l'argent, c'est-à-dire pendant la première quinzaine du mois, j'allais au spectacle ; n'en avais-je plus, je n'en travaillais pas davantage pour l'étude. Quand je n'allais pas promener mes pensées, renfermé dans ma chambre, j'y faisais des vers jusqu'à l'heure des repas, après lesquels je m'y renfermais de nouveau pour en faire encore. Isolé, là, je n'y étais pourtant pas caché. Quand ils étaient pressés d'ouvrages, les clercs venaient quelquefois m'y chercher; voici ce que j'imaginai pour échapper à cette contrariété. Le corridor qui communiquait à nos chambres tirait son jour d'une fenêtre qui donnait sur la réunion de deux toits; à l'aide d'une chaise, dont le dossier me servait d'échelle, je me réfugiais dans cette espèce de vallée où je pouvais faire une dixaine de pas sans me précipiter dans la rue; là, entre deux montagnes de tuiles, qui perdaient bientôt leur couleur pour mon imagination, je me croyais *in frigida Tempe......gelidis in vallibus Hemi,* ou dans le vallon le plus retiré du Parnasse. Une fois, je pensai y être découvert. Jugeant, à l'aspect de la chaise, que je pouvais avoir été rimer dans la gouttière, M⁰ de Cruzy ne s'avisa-t-il pas, non d'y monter, mais d'y regarder ? Heureusement échappai-je à sa recherche. Comme il m'avait d'abord appelé, je me hâtai de grimper sur le pignon de la fenêtre, de laquelle ses regards parcouraient toute la longueur de ma promenade, et, à cheval justement au-dessus de sa tête, j'attendis sur cette monture, un peu moins fringante que Pégase, la fin de cette perquisition.

J'eus grand soin depuis, comme on le pense, de retirer l'échelle après moi quand je retournai chercher là des inspirations. J'y retournai souvent, car j'y composai un grand opéra, une *Sapho*, dont je me flattais que Piccini ferait la musique. Vaine espérance ! ce grand compositeur, avant de l'entreprendre, ayant voulu avoir l'avis de M. Suard sur le mérite du poëme, il me fallut solliciter une audience de M. Suard : je ne doutai pas de l'obtenir; vaine espérance encore ! mes lettres restèrent sans réponse; et ce n'est que dix-huit ans après que j'eus l'occasion de parler pour la première fois à cet académicien, qui ne m'avait pas voulu pour écolier, dont j'étais devenu le confrère.

A cela près que je perdis mon temps, si c'est le perdre que de ne pas l'employer comme le voudraient les personnes dont vous dépendez, je n'ai pas trop lieu de regretter l'emploi que je fis de ma première année de liberté. Grâce à je ne sais quel sentiment de convenance que m'avait inspiré ma mère, et qui m'a souvent tenu lieu de principes, ma conduite fut sinon exempte de tout écart, du moins exempte de dévergondage, et n'ai-je pas à me rappeler une sottise dont je doive rougir. Les plaisirs que j'aimais avec passion, les plaisirs que je préférais à tout, étaient ceux que donnent les arts ; c'est même des succès qu'elles obtenaient par les arts que les femmes tiraient à mes yeux leur charme le plus puissant. Ainsi sentaient les jeunes gens avec qui je passais ma vie, et qui presque tous avaient été mes camarades de collége. Avec quel emportement nous usions de cette liberté après laquelle nous avions si long-temps soupiré! avec quelle avidité nous courions après des plaisirs que nous avions si long-temps désespéré d'atteindre! Mais, je le répète, ceux qui naissent des arts, la poésie, la musique, le théâtre, l'opéra surtout, étaient les premiers pour nous, et nous n'en jouissions qu'à demi quand nous n'en jouissions pas ensemble.

Cependant je fréquentais aussi une société plus grave, celle de M. De France, payeur de rentes, et mon proche parent. Chez lui les arts régnaient moins que les sciences; il s'occupait de physique, de chimie, d'histoire naturelle plus que de musique et de poésie : j'en fis mon profit. Il était riche. Comme il tenait table ouverte tous les mercredis, je fis connaissance chez lui avec plusieurs hommes remarquables de l'époque, avec plusieurs savans qui ne sont pas tous oubliés, quoiqu'en fait de sciences il soit donné à peu de personnes de se maintenir au même dégré de gloire pendant plusieurs générations. Cela n'est guère assuré qu'à ces hommes de génie qui, tels que les Newton, les Linnée, les Buffon, les Jussieu, les Cuvier, attachant leurs noms à des systèmes, ont été législateurs dans une science quelconque.

Valmont de Bomare, que je voyais là toutes les semaines, n'a pas eu ce privilége. Son dictionnaire, qui n'est plus guère cité que pour ses lacunes et ses erreurs, ne commande plus le respect qu'il lui obtenait alors : ceux qui sont entrés de son vivant dans la carrière qu'il n'a pas parcourue sans honneur, l'ont laissé bien loin derrière eux ; mais il n'en est pas ainsi de ce bon Haüy (7), qui venait souvent aussi dans cette maison. Ce minéralogiste jouissait déjà d'une grande considération, quoiqu'il n'eût pas encore trouvé le système qui devait régir la cristallographie. C'est à un accident qu'il est redevable de cette découverte; et comme cet accident lui est arrivé chez mon cousin même, peut-être n'est-il pas hors de propos d'en faire mention ici.

M. De France avait un assez beau cabinet de conchyliologie et de minéralogie, qu'il ouvrait avec complaisance aux curieux, et surtout aux savans, auxquels il permettait d'en déplacer les pièces pour les examiner de plus près. Un jour qu'Haüy usait de la permission, comme il voulait replacer un échantillon assez volumineux de je ne sais quelle cristallisation, cette pièce lui échappe et se brise en mille éclats. Jugez de son désespoir! il ne pouvait se pardonner sa maladresse. M. De France le console de son mieux, et pour la lui faire oublier, il donne ordre à un domestique d'enlever ces débris. L'ordre s'exécutait quand Haüy, dont les yeux suivaient les mouvemens du balai, rompant le silence : « N'attachez-vous, dit-il, aucune valeur à ces fragmens? — Aucune. — Accordez-moi donc une grâce. — Laquelle? — La liberté de les recueillir et de les emporter. — A vous permis, cher abbé. Mais qu'en voulez-vous faire? — Etudier leur forme tout à mon aise. Remarquez-vous que le noyau de ce cristal est un prisme où se reproduisent sous un moindre volume les formes que la pièce affectait dans son intégrité? — C'est vrai. — Cette pièce ne serait-elle pas formée de la réunion de plusieurs couches de formes semblables, quoique de dimensions différentes, et superposées les unes aux autres dans un ordre régulier? C'est ce dont je veux m'assurer en rajustant ces morceaux. »

L'expérience justifia ces conjectures, et l'accident qui provoqua cette observation fut pour Haüy ce qu'avait été pour Newton la chute de cette pomme qui lui révéla le système de l'attraction.

Fourcroi, qui déjà travaillait à la révolution de la chimie qui devait associer son nom à celui de Lavoisier, était de ces réunions.

Quelques gens de lettres s'y rendaient aussi. De ce nombre était un vieil avocat nommé Marchand, ennemi capital de Voltaire, auteur de quelques vers plus malins d'intention que de fait, tels qu'une *Épitre du curé de Fontenoi à Voltaire*, et de quelques pamphlets du même genre, le *Testament de Voltaire*, par exemple. Ce bonhomme s'imaginait presque être l'égal du colosse qu'il attaquait; il en parlait avec le dédain d'un vainqueur pour le champion qu'il a ménagé. Cette vanité le rendait plus amusant, à mon gré, que les contes cyniques qu'il rabâchait dès qu'il avait un verre de vin dans la tête. La bouffonnerie, même exempte de licence, m'a toujours paru incompatible avec la dignité de la vieillesse; je l'aimerais mieux, je crois, maussade que dévergondée, quoique peu de défauts me déplaisent autant que la maussaderie. Qui ne se respecte pas n'a pas le droit d'être respecté. C'est ce qui arriva à ce compotateur de Piron. On finit par se lasser de lui.

Comme il entrait facilement en état d'ivresse, et qu'un jour, par suite de cet état, il fit une chute assez grave en sortant de table, on profita de l'occasion pour donner à entendre aux gens qui le soignaient qu'on ferait bien de ne plus le laisser sortir : il était temps, au fait : il avait déjà quatre-vingt-cinq ou six ans.

Là se rendaient encore d'autres personnages, gens du monde, gens de robe, gens de cour possédant à fond la chronique scandaleuse du règne de Louis XV, et débitant l'histoire en caquets. Personne sous ce rapport n'égalait le marquis de Gouffier qui avait dépensé en folies la plus grande partie de sa vie déjà longue, et la totalité d'une fortune considérable. Elève des roués de la régence dont il transmettait les traditions à leurs petits-fils, ne repoussant aucun compagnon de plaisir, bien plus, courant en chercher partout où il espérait en trouver, et n'attachant pas moins de prix à une partie liée avec Préville et Bellecour qu'à une orgie faite avec le comte de Lauraguais ou tel autre de ses pairs, ce seigneur s'était échappé plus d'une fois des salons où devait l'écrouer son rang, pour aller jouir au cabaret des charmes d'une autre égalité. C'était déroger : mais comme il avait été complice de tous les tours qui ont été joués à ce malheureux Poinsinet, et qu'il racontait fort plaisamment les facéties ou les mystifications dont ce singulier personnage avait été l'objet et la dupe, je lui savais très-bon gré de cette dérogeance.

Pendant cette année je fis connaissance avec quelques jeunes littérateurs qui étaient affiliés au musée de Court de Gébelin, avec Saint-Ange, qui dès lors avait publié des fragmens de sa traduction des *Métamorphoses*, et possédait déjà tout le talent qui le fit entrer à l'académie quand il n'avait plus d'esprit; avec Duchosal, bon garçon, qui s'efforçait d'être méchant, et faisait, en dépit de sa nature, des satires moins malignes à la vérité que mauvaises; avec Le Bailly qui, bien que très-jeune, avait déjà donné dans quelques fables des preuves de ce talent facile et naturel qui le fait placer encore parmi les héritiers de La Fontaine.

Que je portais envie à ces Messieurs! Que les applaudissemens excités par la lecture de leurs ouvrages retentissaient profondément dans mon âme! Nulle gloire ne me paraissait préférable à celle dont ils me semblaient déjà saisis, et que je croyais même assurée au bonhomme Cailleau, honnête imprimeur, auteur de fables dont on parlait peu, et dont on ne parle plus. Au-dessus de l'honneur d'être membre du musée de Paris, je ne concevais qu'un honneur, celui d'être de l'académie française.

CHAPITRE II.

Académie française. — La Harpe. — Ducis. — Beaumarchais. — Anecdote sur *le Mariage de Figaro*.

On conçoit, d'après ce que j'ai dit, combien j'étais curieux d'assister à une séance de l'académie française. La Harpe m'en procura le moyen. Ma mère l'avait rencontré plusieurs fois à la campagne chez une femme aimable; il s'en souvint, et m'accorda très-gracieusement un billet avec lequel j'assistai à la séance où Garat fut couronné pour l'*éloge de Fontenelle*, et Florian pour l'*églogue de Ruth*. Je n'imaginais pas alors que je serais un jour le collègue du premier et le successeur du second!

Leurs ouvrages, qu'on leur permit de lire eux-mêmes, furent très-applaudis; mais il n'en fut pas ainsi du rapport lu par Marmontel sur les pièces envoyées au concours. Les doctrines qu'il y professait, et surtout les formes dans lesquelles il exprima son jugement sur une églogue intitulée *le Patriarche*, ne lui concilièrent pas le suffrage de tout l'auditoire, à beaucoup près ; elles provoquèrent même des murmures qui me surprirent plus qu'ils ne m'attristèrent. Je n'en sortis pas moins satisfait de la séance : mon plaisir aurait été complet si j'avais entendu quelque chose de mon patron ; mais l'auteur de *Warwick* gardait alors le silence : comme Achille, il boudait dans sa tente. Il s'en est bien dédommagé depuis !

La Harpe, que j'ai rencontré souvent, mais avec qui je n'ai jamais été lié, me parut dès lors assez gourmé, tout poli qu'il s'efforçait d'être. Le ton sec et tranchant avec lequel il exprimait ses opinions sur plusieurs de ses confrères et particulièrement sur Ducis, me choquait, quoique au fond cette opinion ne manquât pas de justesse, et contînt même l'éloge de ce tragique. Mais cet éloge fait sans grâce ressemblait à celui que le diable ferait du bon Dieu. « Ducis n'entend rien, disait-il, à la combinaison d'un plan. Les siens sont dénués de toute raison, particulièrement celui du *Roi Léar*.

L'auteur s'y montre encore plus insensé que son héros. — Cet ouvrage obtient pourtant un grand succès, répliquai-je avec timidité. — Ouvrage détestable! — Il y a, ce me semble, de bien belles scènes. — Eh! Monsieur, qui vous dit le contraire? Sans doute, il y a de belles scènes dans le *Roi Léar*, dans *Hamlet*, dans *Roméo et Juliette*, dans *Œdipe chez Admète* et même dans ce *Macbeth* qui vient de tomber; mais de belles scènes ne constituent pas seules un bel ouvrage. Si M. Ducis faisait une pièce comme il fait une scène, il serait notre premier tragique. »

Ceci me rappelle que l'hiver précédent j'avais fait connaissance avec Ducis. Il m'avait accueilli avec plus de réserve que La Harpe, et cependant je me sentais appelé vers lui par un attrait que l'autre n'a jamais eu pour moi. J'étais juste par instinct.

Ducis était de Versailles qu'habitait sa mère, et où je passai chez la mienne les huit premiers mois qui suivirent ma sortie du collége. Comme il n'était bruit là que de Ducis, je ne pus résister au désir de voir de près l'homme que toute la ville s'accordait à admirer, car en dépit du proverbe, *il était prophète en son pays*. On m'avait promis de me présenter à lui dans l'un de ses voyages, et la chose avait manqué plusieurs fois. Las de voir mon plaisir dépendre de la volonté d'autrui, un beau soir je prends ma résolution ; et surmontant ma timidité, qui alors était excessive, je me présente seul chez madame Ducis. C'était une bonne femme qui ne manquait ni de jugement ni d'esprit. Elle me reçut avec politesse, parut flattée du motif de ma visite ; mais quand je lui demandai la permission de revenir : « Vous demeurez loin d'ici, me dit-elle, vous pourriez faire bien des courses inutiles ; je vous ferai prévenir dès que mon fils reviendra. »

Je ne me le tins pas pour dit. Huit jours après, nouvelle visite et même demande de ma part. Huit jours après, même réponse accompagnée d'un accueil plus gêné. Je n'en revins pas moins huit jours après. Accueil plus contraint encore ; je n'y concevais rien. Pour tout concevoir, il aurait suffi de faire attention à ce qui se passait quand j'arrivais. Une belle personne de dix-sept à dix-huit ans, qui, pendant la durée de ma première séance, les yeux baissés, brodait auprès de Mme Ducis tandis que celle-ci tricotait, n'avait pas manqué dans les séances suivantes de se lever à mon arrivée, et aussitôt après m'avoir rendu gracieusement mon salut, de sortir du salon pour n'y plus rentrer : c'était la fille de Ducis. Veuf depuis plusieurs années, il l'avait placée sous la surveillance de cette bonne dame, qui me croyait plus épris de la beauté de sa petite-fille qu'enthousiaste du génie de son fils. Le vrai ne lui paraissait pas vraisemblable.

Ducis en jugea comme elle. Lorsqu'enfin je parvins à le rejoindre, il m'invita à venir le voir à Paris, où il me reçut autrement en effet qu'à Versailles. A Versailles, il n'avait été que poli ; à Paris, il fut affectueux. Ce n'est que long-temps après toutefois qu'il m'expliqua la raison de cette disparate dont je n'avais pas deviné la cause, tant les vues que l'on me prêtait m'étaient étrangères !

Ducis était alors pour moi le poète par excellence. Les beautés originales qui abondent dans ses tragédies m'en laissaient à peine entrevoir les défauts ; et c'est bien d'après moi que je lui donnais la préférence sur La Harpe. Poète correct et froid, La Harpe, que je n'estimais guère que sur parole, ne m'avait ému que dans son *Philoctète*, où revit l'énergique simplicité de Sophocle ; le reste de son théâtre ne valait pas pour moi une scène de Ducis. Après quarante-cinq ans, je sens encore de même.

Cependant je suivais le théâtre avec une insatiable avidité : quelle que fût la pièce, quels que fussent les acteurs, j'y éprouvais un plaisir auquel j'aurais sacrifié tous les autres. Le *Séducteur*, ouvrage de l'oncle de mon ami Joguet, et la première comédie que j'aie vue aux Français, m'avait enchanté. Qu'on juge de l'effet que produisit sur moi le *Mariage de Figaro*! La Comédie Française, si riche alors en talens, n'en a jamais fait peut-être un emploi si heureux que dans cette pièce; jamais ouvrage n'a été joué avec un ensemble si parfait. A la sollicitation de Beaumarchais, qui ne faisait rien comme un autre et n'en faisait pas plus mal pour cela, Mlle Sainval avait consenti à descendre des hauteurs de la tragédie pour concourir avec Molé, Dazincourt, Desessarts, Dugazon, et cette Olivier dont le talent était naïf et frais comme sa figure, à la représentation de son singulier drame. Quelle puissance ces enchanteurs réunis n'exerçaient-ils pas sur une imagination de dix-huit ans! Elle n'égalait pas toutefois celle de l'actrice qui remplissait le rôle de *Suzanne* : cette perfection de talent, que nous avons tant admirée depuis dans Mlle Contat, était alors rehaussée par tout ce que la jeunesse la plus vive, la beauté la plus piquante peuvent prêter de charme au jeu le plus parfait. Mlle Contat ajoutait à ce rôle, déjà si séduisant, une valeur dont Beaumarchais lui-même était étonné. L'esprit du rôle appartenait bien à Beaumarchais, mais non pas l'esprit avec lequel ce rôle était rendu; celui-là appartenait tout entier à l'actrice, et elle en avait peut-être autant que l'auteur lui-même; elle créait en traduisant. Jamais musique n'a prêté à la parole une expression pareille à celle que recevaient, en passant par la bouche de son spirituel interprète, les saillies d'un des hommes les plus spirituels qui aient jamais écrit.

Je me pris de belle passion aussi pour cet homme-là. Les persécutions que lui attirèrent le succès de la *Folle Journée* me révoltaient à un point que je ne puis exprimer; j'y voyais pis que de l'injustice, j'y voyais de l'ingratitude; j'étais si reconnaissant du plaisir que m'avait fait cet ouvrage!

Je ne fus pas, comme on l'imagine, médiocrement indigné de l'outrageant abus d'autorité dont Beaumarchais fut frappé au fort de son succès. Aujourd'hui, toute mon indignation se réveille encore à ce souvenir. Cet acte arbitraire, le seul peut-être qu'on soit fondé à reprocher au plus modéré des princes, fut provoqué par une bien perfide insinuation. Voici le fait.

M. Suard, qui depuis 1774 était censeur royal, avait constamment refusé son approbation au *Mariage de Figaro*. Beaumarchais étant parvenu néanmoins à faire représenter sa comédie, M. Suard en conçut un vif dépit; et comme en qualité de journaliste il s'attribuait aussi le droit de censurer les pièces de théâtre, se proclamant le champion du goût et de la morale, il poursuivit avec un acharnement infatigable la pièce contre laquelle son *veto* avait été impuissant.

Après plusieurs attaques portées par lui sous le voile de l'anonyme contre l'ouvrage de Beaumarchais, et contre Beaumarchais lui-même, il fit paraître dans le *Journal de Paris* une lettre où était tournée en ridicule la disposition par laquelle l'auteur du *Mariage de Figaro* donnait *aux pauvres mères nourrices* la totalité du bénéfice que lui avaient acquis les innombrables représentations de cette pièce. Cette lettre avait été rédigée dans une société que l'aîné du frère de Louis XVI honorait souvent de sa présence. Révolté de la malignité avec laquelle M. Suard empoisonnait ses meilleures intentions, et croyant n'avoir affaire qu'à lui, Beaumarchais répond par des sarcasmes à cette lettre, dont M. Suard n'était pas le seul auteur. Le journaliste, dans son ressentiment, imagina de faire retomber sur le prince la moitié de l'injure, afin d'avoir à sa disposition la puissance du prince tout entière. « Cet homme est-il assez effronté ? dit-il, traiter ainsi les plus augustes personnes ! » Le stratagème réussit. Louis XVI, à qui cet excès d'audace fut dénoncé sous les formes les plus propres à l'irriter, sortit une fois de sa modération habituelle; plus frère que roi, il ordonna que le bourgeois qui avait osé riposter à une insulte dictée par une altesse royale, fût arrêté sur-le-champ, et conduit, non pas à la Bastille, prison trop noble pour un pareil polisson; non pas dans une prison d'Etat, mais dans une maison de correction; et comme Sa Majesté, quand elle prit cette décision, était au jeu, c'est sur un *sept de pique* que fut écrit par elle, avec le crayon dont on marquait *les bêtes*, l'ordre d'enlever un citoyen à sa famille et de l'enfermer à Saint-Lazare.

Cet acte, si léger et si cruel, fut bientôt blâmé des personnes même qu'il avait fait sourire au premier moment : chacun se sentit menacé par là, non seulement dans sa liberté, mais encore dans sa considération. Je me sais gré d'en avoir jugé ainsi de prime-abord, et d'y avoir vu surtout une révoltante injustice dans un âge où, plus porté à sentir qu'à réfléchir, j'étais habitué à tenir pour légale toute volonté royale. Je consignai mes sentimens sur ce fait dans une ode, pièce assez hardie pour me faire arrêter aussi, mais que je n'ai pas publiée, et j'ai bien fait, car elle n'était pas bonne. Se compromettre avec l'autorité par de méchans vers, c'est faire une double sottise.

Ce n'est pas, au reste, le seul outrage que Beaumarchais ait eu à endurer à cette époque où sa célébrité l'avait rendu le point de mire de nombre de gens qui prétendaient devenir célèbres. Bergasse aussi l'a très-rudement traité pour s'être fait, un peu étourdiment peut-être, le chevalier de Mme de Kornman contre son mari. Racontons à ce sujet une anecdote que j'aime à répéter, parce que c'est une des meilleures justifications qu'on puisse opposer à tant d'écrits où Beaumarchais est représenté, non pas comme le plus malin, mais comme le plus méchant des hommes, ce qui n'est pas tout-à-fait la même chose.

Ayant appris qu'une dame du grand monde avait parlé de lui avec autant de malignité que de légèreté, à l'occasion de l'intérêt qu'il témoignait pour la femme adultère, il crut pouvoir prendre sa revanche, et riposter à ces attaques par quelques pages dans un Mémoire qu'il était près de publier sur ce procès. La sœur de l'imprudente en ayant eu avis, conçut qu'un ridicule ineffaçable allait s'attacher à sa sœur. Pour détourner le coup, elle se décide à s'adresser à Beaumarchais lui-même, qu'elle avait quelquefois rencontré dans le monde, et va le trouver. A la suite d'une explication, où les torts de l'agresseur n'avaient pas été plus dissimulés que les droits de l'offensé, elle lui demande le sacrifice de sa vengeance. « Connaissez-la tout entière, » dit Beaumarchais; et il lui donne communication du passage signalé, qui égalait ce que sa plume si vive et si mordante a tracé de plus original. A chaque mot, la pauvre femme frémissait. « Et c'est de ces pages-là,

Madame, que vous demandez la suppression ! Vous ne connaissez donc pas le cœur d'un auteur ? — Je connais votre âme ; c'est à elle que je m'adresse. Je sais que vous n'avez rien fait de mieux ; l'effet de ces pages est certain ; mais vous seriez désespéré du succès d'une vengeance plus cruelle que l'injure : plus vous estimez ces pages, plus, j'en suis sûre, vous trouverez d'honneur à en faire le sacrifice. »

Beaumarchais, pour toute réponse, déchire ces terribles pages et les jette au feu. Voilà l'homme qui, selon M⁰ Bergasse, *suait le crime*.

Je tiens ce fait de Mᵐᵉ de Bonneuil, ma belle-mère, qui fut médiatrice dans cette affaire, et s'empressait de le raconter toutes les fois qu'elle entendait accuser de méchanceté un homme qui, s'il a combattu toute sa vie, toute sa vie n'a fait que se défendre.

La passion de la musique, art que je n'ai jamais pratiqué (8), mais dont j'ai toujours joui avec délices, faisait aussi bien que la poésie le charme de ma vie. Je partageais mes tributs entre la Comédie française et l'Opéra, et mon culte entre Corneille et Gluck, entre Racine et Piccini, entre Sacchini et Voltaire, entre Molière et Grétry. La musique expressive et sévère de

Gluck, surtout, me ravissait; elle était pour moi la véritable déclamation tragique, la mélopée que la Grèce appliquait au débit des scènes d'Eschyle, de Sophocle et d'Euripide; j'admirais sous ce rapport, entre ses productions, son *Iphigénie en Tauride* et son *Alceste*.

Quant à son *Armide*, que je ne pouvais me lasser d'entendre, l'enthousiasme qu'elle excitait en moi tenait à une autre cause : cette composition, qui réunit tous les genres d'expressions, me semblait être en musique ce qu'est en poésie l'Epopée du Tasse. On conçoit, d'après cela, que je ne fus pas insensible au talent de Sallieri, dont *les Danaïdes* furent représentées pour la première fois cette année-là; et en cela je jugeais d'après moi, car cette œuvre, si belle dans un si grand nombre de ses parties, ne fut pas appréciée à sa première apparition.

Je n'étais pas insensible non plus au génie de Grétry : peut-il ne pas plaire à quiconque apprécie le génie de Gluck ? Ces grands compositeurs ne puisent-ils pas leur mélodie à la même source ? ne cherchent-ils pas évidemment tous les deux à reproduire l'accent naturel des passions ? n'est-ce pas en le modulant qu'ils sont parvenus à donner à leur chant une expression si vraie, une expression qui leur imprime un charme inaltérable pour toute personne qui, écoutant la musique avec son intelligence et avec son âme, y veut autre chose qu'un amusement fait pour l'oreille, une expression qui la met au niveau des premiers arts d'imitation?

C'est ainsi que j'avais passé un an à Paris, occupé de tout, excepté de ce que j'y étais venu faire, quand une passion, qui n'a pas été sans influence sur ma destinée, me fit prendre en dégoût cette ville tumultueuse. Je sollicitai et j'obtins la permission de revenir à Versailles. J'avais, à m'entendre, mille projets en tête; mais, en réalité, je n'avais qu'une volonté dans le cœur. Rien de tout cela ne s'est réalisé.

CHAPITRE III.

Premières amours. — Werther. — Marie-Joséphine-Louise, MADAME, m'attache à sa personne. — Voyage à Amiens.

Pendant l'année qui venait de s'écouler, partageant avec quelque réserve pourtant les plaisirs de mes joyeux camarades, faisant assez de sottises pour ne point passer pour un sot, aimant toutes les femmes conséquemment, et n'en préférant aucune, je n'avais pas eu l'occasion de connaître ce que c'était que mon cœur : un hasard me le révéla.

Cet oncle qui avait dû gérer jusqu'à notre majorité les places qui nous avaient été conservées après la mort de mon père, était venu demeurer à Paris avec sa famille, par suite de la réforme dont j'ai parlé plus haut. J'allais souvent les voir. Un jour je trouve chez eux une jeune femme que je n'avais jamais rencontrée, soit là, soit ailleurs, et qui, de la ville où elle résidait, était venue passer quelques jours avec eux. Elle n'était pas d'une beauté parfaite; mais le charme répandu dans toute sa personne me frappa bien plus vivement que la perfection des plus belles femmes que j'avais vues jusqu'alors.

J'ai reconnu depuis qu'elle était jolie, bien faite, que ses grands yeux étaient pleins de douceur et d'esprit, qu'elle disait avec un accent enchanteur les choses les plus ingénieuses et les plus naturelles; qu'à une profonde sensibilité, recouverte par une frivolité apparente, elle unissait une grande élévation d'âme, et une grande indépendance de caractère : sans me rendre compte de tout cela au premier abord, j'en eus le sentiment, et je m'enflammai à cet attrait formé de tant d'attraits divers, comme un corps exposé à l'action d'un verre ardent s'enflamme à vingt rayons différens au moment où il semble frappé par un rayon unique. Subjugué au premier aspect, je sortis enfin le plus amoureux des hommes de cette maison où j'étais entré aussi insouciant, aussi indifférent qu'on peut l'être à dix-huit ans.

Je ne m'en aperçus pas sur-le-champ. L'espèce d'ivresse où j'avais été pendant les dix jours qu'elle passa à Paris, ne m'avait laissé ni le loisir ni la faculté de réfléchir. Sans me demander à quoi tenait l'état délicieux où je me trouvais, j'en jouissais, ne me doutant pas qu'il se fût opéré en moi le moindre changement et que je fusse né à une nouvelle vie.

Ce que le bonheur ne m'avait pas révélé le malheur me le révéla bientôt. Le jour où elle devait retourner chez elle arriva. A peine eut-elle mis le pied dans la voiture qui allait l'emporter, je sentis qu'une partie de moi-même se détachait de moi ; je sentis que je l'aimais. Ce moment me l'apprit : il y avait déjà dix jours que tout le monde le savait.

Immédiatement après son départ, il me sembla que je n'avais plus rien à faire à Paris, où je n'avais rien fait. Mais qu'irai-je faire à Versailles? Quelque chose, à ce que je croyais. La carrière diplomatique me plaisait assez, disais-je à ma mère : j'y voulais entrer à toute force. Au fait, je ne voulais rien, rien que me rapprocher du lieu où était désormais concentrée toute mon existence.

Je me trouvai alors dans une de ces situations qui peuvent décider du sort d'un homme. Mon sentiment n'était pas partagé; mais il donnait un grand empire sur moi à la personne qui me l'inspirait. Plus âgée que moi, quoique fort jeune, cette personne avait sur moi les avantages de la raison dont les développemens sont pour l'ordinaire plus précoces dans les femmes que dans les hommes, et qui semble, en certains cas, se fortifier de celle qu'elles nous font perdre. Il eût été si facile de se servir de son influence pour me plier à des volontés dont ses désirs m'auraient fait des lois!

Ma mère, toute spirituelle qu'elle était, ne le sentit pas, ou peut-être craignit-elle, en me faisant diriger par une influence étrangère, d'affaiblir celle qui lui échappait; mauvais calcul.

Sans état, mais non toutefois sans occupation, je me livrai avec plus d'ardeur que jamais à mes travaux poétiques; mais je leur donnai une autre direction. Pendant l'année qui venait de s'écouler, les vers n'avaient été pour moi que le langage du plaisir : ils devinrent tout à coup celui du sentiment. Je m'étais plu à rimer des odes moins héroïques qu'érotiques, et des chansons satiriques plus mauvaises que méchantes; c'est ainsi que le plus communément les jeunes gens qui ont le goût ou la manie de versifier jettent leur gourme poétique; prenant tout à coup mes œuvres en aversion, je n'eus de repos qu'après être parvenu à retirer les copies que j'en avais laissé prendre à mes camarades, et les avoir jetées au feu avec l'original; j'aurais même voulu les anéantir dans ma mémoire : l'amour m'avait rendu chaste et bon.

Des héroïdes, des élégies, des romances, voilà les compositions dont je m'occupais exclusivement : il s'en faut beaucoup qu'elles fussent toutes dignes d'être exhumées du recueil où je les enfouissais; quelques unes néanmoins obtinrent alors un succès qui même aujourd'hui me semble mérité.

Laharpe, qui en entendit une que la sœur de cette pauvre madame Gail avait mise en musique, lui donna plus d'éloges qu'il n'avait habitude de le faire; il lui fit même l'honneur de la recueillir dans la correspondance qu'il entretenait avec le comte Schuwaloff pour l'amusement du grand duc, depuis Paul I*er* : elle est intitulée *l'Absence*. Il y trouvait des sentimens vrais. Il avait raison.

Tout concourait à irriter une passion dans les tortures de laquelle je me complaisais en la maudissant, d'abord les contrariétés qu'y opposait ma mère, par suite d'une prudence mal entendue, et puis le peu d'importance qu'y attachait la personne qui en était l'objet, et dont la coquetterie s'en amusa un moment comme d'un enfantillage. Elle avait tort. Ces enfantillages-là sont ceux des marmots qui jouent avec le feu : de grands malheurs peuvent en résulter.

Un incident étranger à toute volonté contribua peut-être à son développement. Le célèbre roman de *Werther* occupait alors l'attention publique. Depuis la *Nouvelle Héloïse*, aucun ouvrage de ce genre n'avait remué aussi fortement les imaginations. Je ne l'avais pas lu. En le vantant, la seule personne qui devait craindre de m'en parler me donna le besoin de le lire. Elle porta l'imprudence plus loin. « Je vous le prêterai, me dit-elle, mais vous viendrez le chercher. »

Tel fut l'objet apparent de la première visite que je lui fis. La restitution de ce livre fut le prétexte de la seconde. Livre fatal! Dans un état tranquille, si le hasard l'eût fait tomber entre mes mains, je ne l'aurais pas lu sans émotion! Quelle impression ne produisit-il pas sur un cœur agité d'un premier amour, ce livre qui m'était donné par l'objet même de cet amour!

Je ne vis que ma propre histoire dans ce roman rempli de mes propres sentimens. Ma tête s'exalta par cette lecture que je ne me lassais pas de recommencer. En remettant à Werther les pistolets qu'il lui demanda, Charlotte ne lui avait pas fait un prêt plus dangereux que celui que me faisait l'étourdie qui me prêta ce beau, mais pernicieux ouvrage.

J'entre dans tous ces détails, parce que ces révélations peuvent être de quelque utilité pour plus d'un lecteur. Rien d'indifférent avec un cœur qui se trouve dans l'état où le mien était alors. Le moyen le plus propre à donner un caractère sérieux à ces écarts d'une sensibilité déréglée est de leur accorder trop d'importance, et surtout de les contrarier. Tentez d'arrêter ce torrent, il renversera bientôt ses digues et se signalera par des ravages.

En toute chose, les avantages sont auprès des inconvéniens. Mes mœurs se régularisèrent par l'effet même du sentiment qui égarait ma tête. Le cénobite le plus austère observe moins fidèlement les vœux qui le lient vis-à-vis de Dieu, et l'amant le plus scrupuleux les sermens qui l'enchaînent à la maîtresse qui s'est emparée de lui en se donnant à lui, que moi l'engagement que j'avais pris vis-à-vis de moi-même envers celle qui me refusait tout espoir ! Ce *donquichotisme* vous fait rire. Je suis tenté d'en rire aussi, j'en ai presque pitié, mais je ne saurais y avoir regret. C'est peut-être à ses conséquences, qui se sont étendues sur toute ma vie, que je dois la bonne santé dont j'ai presque constamment joui, et la vigueur que je conserve encore à un âge, qui pour tant de gens, est déjà celui de la caducité.

Vers ce temps-là, *Madame*, qui, ainsi que je l'ai déjà dit, me connaissait depuis mon enfance, m'attacha positivement à elle : voici à quelle occasion. De temps en temps elle s'informait avec intérêt de ce qui me concernait. « De quoi s'occupe votre fils ? dit-elle un jour à ma mère. — Il ne s'occupe que de poésie, répondit ma mère avec un accent qui n'était pas celui de la satisfaction. — S'il a du talent pour la poésie, pourquoi vous en affligeriez-vous ? lui répondit la princesse. — Mais a-t-il du talent, Madame ? — Tâchez de me procurer quelques vers de sa façon, je les ferai lire à *Monsieur* ; il s'y connaît, *Monsieur*. Je vous dirai ce qu'il en pense. »

Ma mère n'eut pas beaucoup de peine à satisfaire cette curiosité. Mes papiers étaient épars sur une table : elle prit les premiers venus. Parmi ces pièces qui portaient toutes un certain caractère de mélancolie, et qui toutes étaient adressées à la même personne sous un nom supposé, se trouvait la traduction du sonnet de Pétrarque : *S'amor no e che dunque sento?*

« Chère madame Arnault, dit la princesse en rendant le tout, *Monsieur* est fort content des vers de votre fils ; j'aime à vous l'apprendre. Mais j'ai autre chose à vous apprendre encore, et c'est d'après moi que je parle ; votre fils est amoureux, amoureux fou. » Ma mère répondit par un soupir. « Pourquoi vous chagriner aussi de cela ? lui dit *Madame* ; cette folie sauvera sa jeunesse de beaucoup d'écarts. Patience ; d'ailleurs cela se passera. »

Les femmes prennent naturellement intérêt à l'amour, lors même qu'elles n'en sont pas l'objet. Cet incident ne fit que fortifier l'intérêt dont *Madame* voulait bien m'honorer. Ma mère, profitant de ces bonnes dispositions, la pria de m'accorder un titre qui m'attachât publiquement à sa personne. « Volontiers, répondit *Madame*, je le fais secrétaire de mon cabinet ; »

et par son ordre on m'en délivra le brevet quelques jours après. Aucunes fonctions, aucune rétribution n'étaient attachées à ce titre; mais il me donnait les entrées chez la princesse avec les officiers de sa maison.

Il y avait un an que je dépensais ainsi mon temps à versifier et à soupirer quand ma mère imagina que pour les maladies morales il peut être bon aussi de changer d'air. Je n'avais jamais vu la mère ni les tantes de mon père : elle me proposa d'aller à Amiens où elles demeuraient. Dans ce moment, l'objet de mes vers et de mes vœux partait pour un voyage de plusieurs mois. J'acceptai avec empressement une proposition qu'en toute autre circonstance j'aurais repoussée. Jamais je n'étais sorti de l'Ile de France : aller en Picardie c'était aller au bout du monde. Le jour où la dame de mes pensées prenait la route d'Orléans, je pris la route d'Amiens. C'était en juin 1786.

CHAPITRE IV.

―――

Je me marie. — De la Maçonnerie. — Mes premiers essais dramatiques.

J'ai comparé quelque part la destinée de l'homme à celle de la feuille dont les vents se jouent et qu'ils promènent au hasard dans toutes les directions. Plus j'y pense, plus cette comparaison me paraît juste. Que de fois n'avons-nous pas été détournés du but que nous poursuivions par la démarche même que nous faisions pour l'atteindre ?

Ce n'était certes pas pour me marier que j'avais quitté Versailles ; et pourtant j'étais marié quand j'y revins après six mois d'absence. Indépendamment de l'attrait qu'une femme jeune et d'une beauté rare peut avoir pour un homme de vingt ans, le besoin d'échapper au chagrin que me donnait un sentiment que je ne croyais pas pouvoir jamais être partagé, et aussi peut-être le désir de sortir de la tutelle où l'on me retenait, me portèrent à prendre ce parti. Comme celui qui se jette à l'eau pour se sauver de la pluie, je me mariai pour devenir indépendant.

Ce mariage, au reste, n'était pas déraisonnable, en supposant qu'il fût raisonnable de se marier à l'âge que j'avais. Sans m'apporter une dot considérable, ma femme devait hériter d'une honnête fortune. Deux ans après, il est vrai, vint la révolution, qui nous enleva ce que nous avions et ce que nous devions avoir. Du papier, voilà tout ce qui nous est resté à la mort de son père, à qui elle n'a survécu que quelques années. Mais elle m'a laissé deux fils, honorablement connus à des titres différens, et qui, vu le court intervalle de leur âge au mien, pourraient passer pour les cadets d'une famille dont je serais l'aîné. Je ne saurais donc avoir de regret à ce mariage qui, dans eux, m'a donné des frères, les seuls qui me restent aujourd'hui.

La bonté de *Madame* se signala encore en cette circonstance. Quand ma mère, tout en lui témoignant la crainte qu'elle avait de l'approuver, lui fit part de mon projet, elle l'invita à surmonter sa répugnance, et l'y décida en lui disant qu'elle voulait signer au contrat. Puis elle ajouta : « Je donne à votre fils mille écus de traitement sur ma cassette; et comme voilà un an qu'il est en place, je veux que l'année écoulée lui soit payée. » En disant cela, elle remit à ma mère un bon de mille écus, qui fut en effet acquitté par M. de Châlut son trésorier.

J'aime, après quarante-cinq ans, à me rappeler ce fait ; j'aime à le consigner ici avec l'expression de l'éternelle reconnaissance que je conserve pour cette princesse vraiment bonne, quoique ce fait ait provoqué ma ruine, ainsi qu'on le verra.

Comme je vivais avec ma mère, mon changement d'état n'avait rien changé à mes habitudes. Je continuai à donner à la littérature, ou plutôt à la poésie, le temps que me laissaient mes rêveries sentimentales, et elles m'en laissaient plus qu'avant mon mariage. Dans la position tranquille où je me trouvais, je sentais plus que je ne méditais; la jouissance n'est pas rêveuse comme le désir.

Je me livrai un peu plus à la société dont antérieurement je me tenais éloigné. Les ministères étaient alors établis à Versailles. Parmi les employés il s'y trouvait des jeunes gens de beaucoup d'esprit, qui cultivaient les lettres. On ne jouit qu'à demi du plaisir de produire, si l'on n'a pas l'occasion de donner quelque publicité à ses productions. Comme il n'y avait ni académie, ni musée, ni lycée dans la ville royale, pour y suppléer on forma des sociétés maçoniques. Les amis des lettres s'empressèrent de s'y faire affilier; le même goût me fit prendre le même parti.

Un intérêt de curiosité s'y mêlait aussi. Je désirais savoir à quoi m'en tenir sur ces associations mystérieuses qui s'étendent dans presque toutes les parties du monde civilisé.

Quel intérêt a primitivement réuni ces hommes qui se reconnaissent à des signes particuliers, expriment leurs pensées sous des formes qui leur sont propres, et observent dans leurs assemblées un si singulier cérémonial? Est-ce celui de concentrer entre eux les secrets d'une grande industrie? ou celui de dérober à la surveillance des gouvernemens les mystères d'une implacable vengeance? Cette organisation fut-elle dans l'origine celle d'une confrérie d'ouvriers ou d'une association de conspirateurs? Est-ce un poignard émoussé dont on a fait un hochet?

Mais qu'importe la solution de ces problèmes au but dans lequel la maçonnerie se perpétue? L'esprit de philantropie est le seul qui réunisse aujourd'hui ses plus ardens sectateurs; jamais ils ne se séparent sans s'être enquis du bien à faire, et sans avoir fait du bien, sans avoir versé leur tribut dans la bourse des pauvres. Examinons donc moins ce que fut la maçonnerie que ce qu'elle est.

La maçonnerie, telle qu'elle est, me semble une institution propre surtout à lier entre eux, dans les intérêts de l'humanité, tous les peuples dont la religion est assise sur la croyance d'un Dieu unique; c'est le théisme dans toute sa simplicité. Le christianisme, l'islamisme, et conséquemment le judaïsme dont ils dérivent, y retrouvent la base de leur immortelle doctrine, la base du culte respectif qu'ils rendent au commun objet de leur adoration; et, comme le premier dogme maçonique prescrit aux adeptes de s'entr'aider, il s'ensuit qu'en quelque lieu que le hasard le pousse, un maçon trouve des amis s'il s'y trouve des maçons.

Il est peu de gouvernemens qui n'aient persécuté les associations maçoniques. On conçoit que les mystères dont elles s'enveloppent aient inquiété dans l'origine des esprits ombrageux; mais, aujourd'hui qu'on sait ce qui en est, conçoit-on que ces persécutions n'aient pas cessé partout? Pourquoi proscrire des assemblées dans le secret desquelles il est si facile de s'immiscer? En France, même sous les rois absolus, on faisait ce qu'il y a de mieux à faire. Des fonctionnaires publics, des grands seigneurs, des princes du sang même, descendant de la hauteur de leur position sociale, se sont courbés sous le niveau maçonique. Que peut-on redouter d'une société qui ne craint pas de se donner de tels surveillans?

Ces associations, que le régime de la terreur avait dissipées, se reformèrent avec une activité nouvelle sous le consulat. On voulut en effrayer Napoléon; mais il ne put se résoudre à prendre la chose au sérieux. « Ce sont des enfans qui s'amusent, dit-il, laissez-les faire et surveillez-les. » Plus d'un fonctionnaire public se fit aussitôt recevoir maçon, et je ne fus pas peu flatté de siéger en loge entre frère Cambacérès, second consul, et frère Dubois, préfet de police. C'était bien; mais voici qui n'eût pas été si bien.

Pour reconnaître la tolérance du premier consul, non contentes de boire à sa santé dans tous leurs banquets, les loges s'empressèrent d'appeler aux suprèmes dignités les membres de sa famille, et de les placer au Grand-Orient, administration suprême d'où ressortissent toutes les loges de France, dont Joseph Bonaparte fut nommé grand-maître. A cette nouvelle, le premier consul se prit à rire; et quand son frère vint lui demander s'il devait accepter ce titre qu'avant la révolution le premier prince du sang n'avait pas dédaigné, il ne lui dissimula pas qu'à son sens l'accepter serait accepter un ridicule. « Citoyen, lui dit Cambacérès, votre avis serait-il que votre frère refusât l'honneur qui lui est déféré? Cela ne serait pas, ce me semble, d'une bonne politique. Une association, après tout, a droit à des égards, ne fût-ce que parce qu'elle est nombreuse. Tous les gens qui offrent à votre frère la dignité de grand-maître sont vos amis; ils deviendront vos ennemis, s'il la refuse. Leur amour-propre, qu'il flatterait en acceptant, s'irritera de ses dédains, et vous aliénera tout ce qu'il y a de maçons en France et ailleurs. — Vous avez raison, » répondit le premier consul ; et Joseph fut installé sur le trône où l'avaient élevé tous les zélateurs de la seule égalité qui dès lors existât dans la république française.

Cette égalité, au reste, est assez plaisante : elle ressemble un peu à celle qui existait à la cour impériale à l'époque glorieuse, pour nous du moins, où, en échange du cordon de la Légion d'Honneur qu'ils ambitionnaient, les souverains du continent mettaient, par boisseaux, à la disposition de Napoléon les insignes de leurs Ordres respectifs pour être distribués par lui, suivant son caprice, aux officiers militaires et civils qui l'entouraient. Dans une loge maçonique, comme aux Tuileries, tout le monde étant décoré, c'est comme si personne ne l'était : la vanité y produisait le même effet qu'ailleurs la modestie.

Ce n'est pas là le seul rapport de cette institution quasi religieuse avec les institutions profanes : là, comme ailleurs, l'ambition règne, et l'intrigue aussi; là, comme en d'autres républiques, nombre de gens ne se donnent pas de repos qu'ils ne soient sortis de cette égalité dont ils préconisent éternellement les charmes, et qu'ils ne se soient élevés au-dessus de ce niveau qu'ils recommandent si soigneusement à leurs confrères de respecter.

J'ai vu plus d'un maçon essayer sur ce petit théâtre un talent que depuis il a employé avec plus d'éclat et de profit sur un théâtre un peu plus grand. Je les ai vu se donner autant de peine pour obtenir le maillet de vénérable dans une loge borgne, qu'en a pris Napoléon pour se faire déférer le sceptre impérial.

Faute de pouvoir être le second dans Rome, plus d'un aussi s'efforçait d'être le premier dans ce village. De ce nombre était ce pauvre Félix Nogaret; il cherchait dans des succès de loge un dédommagement de ceux qu'il ne pouvait obtenir dans les académies. C'était pourtant un homme d'esprit, un homme instruit. Ses ouvrages ne manquent pas de facilité, mais ils manquent souvent de jugement et de goût. Courant après l'originalité, il ne rencontre habituellement que la bizarrerie, n'écrit guère qu'en parodiste, et n'est jamais plus ridicule que quand il croit traiter le plus sérieusement du monde les matières les plus graves.

C'est sous son patronage que je fus initié, à Versailles, dans la loge *du Patriotisme*, singulière dénomination alors pour une loge établie *à l'orient de la cour*. Société philantropique dans ses séances ordinaires, elle devenait dans ses séances extraordinaires société académique. Indépendamment des discours que prononçaient les orateurs dans ces solennités, pendant les banquets, ses membres, entre la poire et le fromage, y faisaient des lectures de pièces en vers ou en prose de leur composition; ce n'était pas le moindre charme de nos festins, qu'égayaient aussi des morceaux de musique composés, soit par Giroux, soit par Mathieu, maîtres de la chapelle du roi, et exécutés par les musiciens de Sa Majesté.

Invité, malgré ma grande jeunesse, à y payer mon tribut, je m'y résignai par pure obéissance d'abord. Puis, encouragé par l'indulgence avec laquelle j'avais été accueilli, je composai par reconnaissance, à ce que je crois, une scène lyrique, qu'un de nos frères devait mettre en musique pour être exécutée dans le concert public que nous donnions tous les ans au profit des pauvres octogénaires : le succès qu'obtint cette scène me ramena dans la carrière dramatique.

Sur cet essai, un musicien nommé Simon, membre de notre loge, me jugeant capable de faire un opéra-comique, m'engagea à mettre sur la scène le sujet de Gilblas chez les voleurs.

Cet opéra, dont il devait faire la musique, était destiné au théâtre de Beauregard, maison de campagne où résidaient les enfans du comte d'Artois, à l'éducation desquels le bonhomme Simon était attaché. Le sujet me plut; je me mis à l'œuvre, et je n'en fis pas un drame plus mauvais que tant d'autres qui avaient été joués avant, ou qui ont été joués depuis. Le travail achevé, pensant qu'il n'y avait pas de raison qui m'obligeât à le destiner exclusivement à un théâtre particulier, et que ce qui était bon pour un théâtre de la cour le serait aussi pour un théâtre de Paris, je me hasardai à le faire présenter aux comédiens qu'on nommait alors *Italiens*, bien qu'ils ne parlassent que le français. Cette démarche n'eut pas le résultat que j'en attendais. A cette époque, *les Trois Fermiers*, *Blaise et Babet*, *l'Épreuve villageoise* et *le Droit du Seigneur* occupaient la scène; les *Clairval*, les *Trial*, les *Michu*, acteurs accoutumés à n'endosser que des habits de seigneurs ou de bergers, pensèrent qu'ils ne pouvaient, sans se dégrader, revêtir l'habit de brigands. A la seule énonciation du sujet, Messieurs de l'Opéra-Comique se montrèrent aussi peu disposés à entendre cette pièce sans bergers, qu'ils le seraient aujourd'hui à écouter une pièce sans bandits, et ils repoussèrent à l'unanimité, sur le titre, ce sujet, que six ans après ils ont accueilli avec empressement dans la *Caverne* de Lesueur : autre temps, autres mœurs. Funeste à la pastorale, la révolution avait mis le brigandage en crédit. La chose importante, en tout, est de paraître à propos.

La peine que j'avais prise pourtant n'était pas tout-à-fait perdue. Je m'étais exercé dans la partie la plus difficile de l'art dramatique, dans celle sans laquelle l'ouvrage le mieux écrit ne saurait réussir à la scène : cet essai me fut utile. En combinant le plan d'un opéra-comique, j'avais appris à combiner celui d'un drame quelconque. Me croyant fondé à prendre quelque confiance en mes forces, j'entrepris une tragédie.

Le sujet que je choisis m'avait frappé dès le collége. Fourni aussi par Gilblas, il est tiré d'une Nouvelle intercalée dans ce roman sous le titre du *Mariage de vengeance*; aujourd'hui même encore je le crois, soit par les caractères qui s'y développent, soit par les incidens qui l'animent, soit par la catastrophe qui le dénoue, susceptible d'un grand effet dramatique.

Je m'en occupai comme on s'occupe à cet âge d'un travail qui plaît; je m'en occupai avec passion. J'avais déjà rempli la moitié de ma tâche, quand je rencontrai Ducis dans un voyage que j'avais fait à Paris pour assister à la première représentation d'une tragédie qui tomba, *Alphée et Zarine*, tragédie non pas romantique, mais romanesque s'il en fût, où, par parenthèse, se trouvaient ces vers que leur bizarrerie a gravés dans ma mémoire en caractères indélébiles :

. . . . et sa tête se couvre
D'un casque étincelant qui se ferme et s'entr'ouvre.

On pense bien que je ne fis pas mystère à Ducis de mon audacieuse entreprise. « Bravo! me dit-il; j'aime à vous voir entrer dans cette noble carrière; ne fût-elle pas couronnée par le succès, cette tentative ne peut que vous être utile. — Je ne désespérerais pas de réussir, si vous vouliez bien m'aider de vos conseils et m'éclairer sur mes fautes. Serait-ce abuser de votre bonté que de vous prier d'entendre cet ouvrage quand il sera terminé ? — Non, sans doute; il est de notre devoir, à nous vieux praticiens, de guider les jeunes gens, quand ils veulent se laisser guider s'entend. Je recevrai avec plaisir votre confidence, et j'y répondrai par la franchise la plus absolue. Comptez là-dessus, » ajouta-t-il avec cet accent patriarcal qui donnait tant d'autorité à ses paroles, et en me serrant la main à me faire crier.

Cette promesse accrut encore l'ardeur avec laquelle j'avais travaillé jusqu'alors. Trois mois après, ma pièce était finie. C'était dans le fort de l'hiver. Malgré un froid des plus rigoureux, je cours à Paris, ou plutôt chez Ducis. Je m'attendais à être reçu les bras ouverts. Quelle fut ma surprise, mon désappointement d'être accueilli de la manière la plus glaciale ! Sa mère ne m'avait jamais traité si froidement. Sans m'inviter à m'asseoir, il me demande assez brusquement ce qui m'amène. — « Votre promesse. Je viens mettre votre complaisance et vos lumières à contribution. Ne vous rappelez-vous pas que vous m'avez autorisé à vous apporter ma pièce dès qu'elle serait achevée ? elle l'est ; » et, tout en parlant, je portais la main à ma poche pour en tirer mon manuscrit. Il n'en sortit pas. « A vous parler franchement, me répliqua Ducis, j'ai eu tort d'avoir pris cet engagement avec vous. Ces sortes de complaisances ne mènent à rien de bon. Dit-on la vérité à un auteur, il se fâche si elle ne lui est pas agréable. La lui cache-t-on, on devient complice de sa chute. Je ne veux m'exposer ni à l'un ni à l'autre inconvénient. Permettez-moi donc de retirer ma parole. »

Je ne répondis à ce discours que par un salut, et je me retirai plus affligé qu'irrité. Je ne pouvais m'expliquer la cause d'un changement si absolu, si singulier. Ducis, à qui long-temps après, le cœur gros encore, j'en demandai l'explication, et qui était vraiment bonhomme, me répondit « que, n'ayant aucune garantie de ma capacité, il avait été effrayé de l'épreuve à laquelle je venais soumettre son obligeance et de la perte de temps qu'elle lui coûterait; et que d'ailleurs il était alors dans une mauvaise disposition d'esprit. — Je comprends, lui dis-je :

il est des jours d'ennui, d'abattement extrême
Où l'homme le plus ferme est à charge à lui-même.
MACBETH.

Mais il est fâcheux pour moi de vous avoir

trouvé dans un de ces jours-là. Vous m'avez fait bien du chagrin. »

Par la suite je me suis estimé heureux d'avoir éprouvé ce chagrin; il m'a mis en garde contre ces mouvemens d'impatience qui m'auraient porté à repousser les confidences des jeunes auteurs. Il vaut mieux courir le risque de s'ennuyer une heure ou deux, que d'affliger gratuitement qui que ce soit une minute.

Ceci me rappelle que, trois ans avant ce fait, Marmontel, à qui j'avais écrit pour le prier de me donner son avis sur l'opéra que j'avais composé dans la gouttière de M⁵ de Cruzy, ne daigna pas même me répondre. Ce n'est pas très-poli; mais encore M. le secrétaire perpétuel n'avait-il pris aucun engagement avec moi, et n'est-ce que par son silence qu'il me fit comprendre qu'il aurait toujours quelque chose de mieux à faire que de m'écouter. Je croyais qu'il n'avait pas reçu ma lettre; j'ai eu depuis la preuve du contraire. Une quarantaine d'années après l'avoir écrite, je l'ai retrouvée entre les mains de quelqu'un qui l'avait prise au hasard dans un grand coffre où cet académicien jetait ses papiers de rebut.

Je ne me décourageai cependant pas; sans

trop songer à ce que deviendrait la tragédie faite, j'en entrepris une autre : *Marius à Minturnes*.

Dès l'âge le plus tendre, j'avais été frappé de la physionomie de ce proscrit, de la grandeur de ce caractère que grandissait encore l'infortune. La scène où d'un regard il désarme son assassin, la scène du Cimbre était toujours restée présente à mon imagination depuis que je l'avais rencontrée dans Vertot, c'est-à-dire depuis l'époque où j'avais commencé à lire. En la retraçant dans ma jeunesse, je n'ai fait qu'exprimer une impression que j'avais éprouvée dans mon enfance.

Je travaillai à cette tragédie avec plus d'ardeur et de passion encore qu'à la première. A la maison, hors de la maison, au lit, en promenade, à cheval comme à pied, je n'avais pas d'autre occupation.

Quant à mes délassemens, c'est toujours à la musique que je les demandais. Je fus servi à souhait cette année-là. Une troupe italienne, que la cour avait fait venir à Versailles cette année-là, y jouait les chefs-d'œuvre de Sarti, de Paësiello, de Cimarosa. Avec quel ravissement n'ai-je pas entendu *le Noce di Dorina*, *l'Italiana in Londra*, *il Marchese Tulipano*, et ce *Re Teodoro*, dont les mésaventures devaient bientôt être surpassées par celles de la cour qu'elles divertissaient! Prenant la chose du côté le plus gai, et tout au présent comme elle, tous les soirs j'allais m'enivrer de cette délicieuse musique. Plus je l'entendais, plus j'avais besoin de l'entendre; il me semblait que ces Italiens avaient inventé un nouvel art, ou développé en moi un sens nouveau.

CHAPITRE V.

J'achète une charge chez Monsieur.—Pourquoi.—Anecdotes sur ce Prince.

Ma position était assez douce. Maître de mon temps, je l'employais tout entier dans l'intérêt de mes goûts. Je n'aurais rien eu à désirer si les apparences de fortune avec lesquelles je m'étais marié n'étaient pas devenues illusoires en partie. *Madame*, ainsi que je l'ai dit, avait attaché 3000 fr. de traitement à mon titre de secrétaire du cabinet. Mais c'était sur sa cassette qu'était assigné ce traitement; or sa cassette était tellement obérée par des générosités de la même nature, que dès le second quartier le trésorier refusa d'acquitter le mandat de la princesse, alléguant qu'il était déjà en avance, et qu'il ne pouvait pas payer un traitement qui n'était pas porté sur les états approuvés par *Monsieur* sans se compromettre vis-à-vis de la chambre des comptes : ce qui était vrai.

Fatiguer tous les trois mois *Madame* par de nouvelles réclamations, n'eût été ni délicat ni adroit. Il était évident que cette bonne princesse avait donné ce qu'elle n'avait pas. Ma mère pensa qu'en achetant une charge qui me donnerait accès auprès de *Monsieur* j'obtiendrais facilement de lui la ratification du traitement qui m'avait été donné par *Madame*, et l'inscription de ce traitement sur les états de sa maison, *inde mali labes*.

Sur ces entrefaites un des principaux officiers du service intérieur de *Monsieur* obtint la permission de traiter de sa charge. Je l'achetai de moitié avec M. Sylvestre [*], et moyennant mon argent, j'aliénai mon indépendance, au rebours de tant de gens qui se font payer pour la perdre.

Ces sortes de marchés passaient pour avantageux alors. On croyait ainsi non seulement acheter la protection du prince, mais même une certaine importance dans le monde où les titres attachés à ces places sonnaient honorablement.

Comment des hommes non seulement de con-

---

[*] Membre de l'Académie des sciences et bibliothécaire de Louis XVIII.

dition libre, mais de condition noble, ont-ils été amenés à remplir des fonctions domestiques auprès des rois et des princes? Essayons de l'expliquer.

C'est du palais des empereurs d'Orient qu'est passé dans ceux des souverains du moyen âge cet usage qui s'est perpétué jusqu'à nos jours. Plus les hommes par lesquels ces princes se faisaient servir étaient élevés par eux-mêmes au-dessus du peuple, plus leurs maîtres croyaient rehausser leur propre grandeur. Au fait, combien ne devaient-ils pas paraître grands aux yeux du vulgaire, ces hommes auprès desquels les plus hauts seigneurs tenaient à honneur d'occuper des offices qui partout ailleurs sont remplis par des gens de basse extraction, et qui dans les temps anciens, réservés aux esclaves, étaient même dédaignés des affranchis!

Mon devoir ou mon droit se bornait à remplacer pendant six semaines le comte d'Avarai qui remplissait auprès de *Monsieur* les fonctions que le duc de Liancourt remplissait auprès du roi. Quoique ces fonctions ne fussent ni difficiles ni compliquées, par suite d'une timidité dont je ne suis pas encore corrigé, je m'en acquittais assez gauchement. Je dois rendre cette justice au prince, il n'en témoignait aucune impatience : il attendait sans mot dire que ma main cessât de trembler. Mais s'il paraissait ne pas s'apercevoir de ma maladresse, quand je devins moins gauche, il ne parut pas s'apercevoir davantage de ma dextérité (9) : c'était une véritable idole qui ne témoignait ni mécontentement ni satisfaction du plus ou du moins d'habileté avec laquelle elle était desservie par ses prêtres.

Une fois pourtant il sortit non pas de son caractère, mais du système de modération qu'il s'était fait. Un de ses valets de chambre nommé Duruflé, homme de lettres assez distingué, qui même avait obtenu un prix à l'Académie française, lui ayant tiré un poil en lui chaussant un bas : « *que vous êtes bête!* s'écria le prince. — Je ne savais pas qu'on fût *bête* pour manquer d'adresse à chausser un bas à *Monsieur*. — On est *bête* dès lors qu'on n'a pas l'esprit de bien faire ce qu'on se charge de faire, répliqua sèchement *Monsieur*. » Le poète qui n'avait pas cru, en achetant l'honneur d'approcher le protecteur des lettres, s'exposer à un pareil compliment, se hâta de vendre sa charge.

Monsieur sortait toutefois de sa silencieuse

impassibilité quand à son lever se présentait quelque personnage marquant par son esprit surtout. Comme il avait des connaissances variées, il saisissait volontiers l'occasion de les faire briller. Le docteur Lemonnier paraissait-il, la conversation s'établissait aussitôt sur la botanique; sur les chartes et sur les chroniques avec l'historiographe Moreau; sur la littérature avec l'académicien Rhulières; et sur les bruits de ville avec le médecin de ses écuries, qui était aussi celui de madame de Balbi; avec le docteur Beauchênes qui venait presque tous les matins lui rapporter les nouvelles de la veille, et qui était, sinon dans sa confiance, du moins dans sa familiarité.

Ce prince traitait aussi avec quelque distinction Boissi-d'Anglas, quoiqu'il fût officier de sa maison et qu'il eût acheté chez lui une charge de maître-d'hôtel ordinaire.

Monsieur, à tout prendre, était un garçon d'esprit, mais il le prouvait moins par des mots qui lui fussent propres que par l'emploi qu'il faisait des mots d'autrui. Sa mémoire (elle était des plus étendues et des mieux meublées), lui fournissait à tout propos des citations : c'est de Quinault qu'il les empruntait avant son émigration; depuis, c'est à Horace : j'aurai occasion d'en rapporter quelques unes ; on y reconnaîtra l'esprit qui a dicté *le Voyage à Coblentz*.

Cet esprit qui, depuis Louis XIV, s'est perpétué à Versailles jusqu'à Louis XVI à travers la cour de Louis XV, non pas sans s'altérer, n'était pas exempt de recherche. A cette époque où la cour donnait encore le ton à la société, cela passait pour de la grâce; aujourd'hui qu'il n'en est plus de même, on n'y voit que de l'afféterie et de la pédanterie : je pensais alors comme on pense aujourd'hui, mais je n'osais le dire.

De tout temps ce prince rechercha les succès littéraires. Faisant de l'esprit sous l'anonyme, dans les journaux comme on en fait au bal sous le masque, il glissait de temps à autres, soit dans *la Gazette de France*, soit dans *le Journal de Paris*, de petits articles, de petites lettres, dans lesquels il attaquait à la sourdine tel homme qui ne s'y attendait guère, sauf à se venger en prince de l'imprudent qui le traiterait en auteur.

Il aimait beaucoup à s'amuser de la crédulité parisienne. La description de cet animal fantastique, qu'on disait en 1784 avoir été trouvé dans le Chili, est de son invention; c'est aussi un fait de son génie que l'article où l'on proposait d'ouvrir une souscription en faveur d'un horloger de Lyon qui marcherait sur l'eau.

Comme il tournait quelquefois des vers, on lui en attribua de bons; on lui attribua, entre autres, le joli quatrain que Lemière adressa à une dame en lui donnant un éventail (10). Ce quatrain-là n'est pas plus de lui que *le Mariage secret*, et que *la Famille Glinet*, qu'on lui attribua aussi, ni même que l'opéra de *Panurge*, qu'il était peut-être capable de faire.

Pour compléter cet article, justifions-le de quelques reproches qu'on lui fait encore aujourd'hui. On l'accusa d'ambition; il n'en fut pas exempt; il s'est montré dès 1787, à l'assemblée des notables, quelque peu friand de popularité. Le titre de *citoyen* par lequel on le désignait, ne lui déplaisait pas alors; il semblait même fier de ses dissentimens avec le roi. Remanier la monarchie, attacher son nom à une charte, s'amuser entre les partis furibonds, finasser entre les deux chambres, mener les affaires comme on mène une partie de piquet, et gagner à force d'astuce, en dépit des mauvais jeux, sont des jouissances qui ont pu lui faire convoiter le trône, qui d'ailleurs n'était pas sans charmes pour sa vanité. Le plaisir de le posséder l'emporta peut-être, enfin, sur la douleur que lui causèrent les événemens qui lui en frayèrent si inopinément l'accès : je puis croire cela, mais je ne crois que cela.

Calomnié dans sa politique, il le fut aussi dans sa moralité. Les dames, qu'il ne courtisait que de propos, lui prêtèrent des goûts plus socratiques que platoniques. Cette imputation péchait par la base : là où il n'y a rien, le roi perd ses droits. Il a été toute sa vie chaste comme Origènes. La dix-neuvième année de son règne cependant, à son avènement au trône, époque où il mettait son chapeau de travers pour se donner un air martial, jaloux de ressembler en tout à Henri IV, il songea, dit-on, à se donner une maîtresse en titre; si cela est, il n'a pu la prendre qu'*ad honores*, et n'établir, à cet effet, qu'une *sinécure*, pur objet de luxe, comme la dépense que lui occasionaient certains chevaux somptueusement entretenus pour son usage, et qu'il n'a jamais montés.

J'avais assez mal choisi mon temps pour acheter une charge à la cour. Placer ainsi son argent en 1788, c'était, comme disait Champfort, se faire marchand de poisson après Pâques. Avec un peu plus d'expérience, avec un peu d'attention seulement, j'aurais reconnu que rien n'était plus aventuré que les placemens de cette espèce. Les princes étaient écrasés de dettes. Malgré les réformes qu'elles avaient subies, leurs maisons ne pouvaient évidemment être maintenues sur le pied dispendieux où elles avaient été établies. Mais à Versailles, faisait-on ces réflexions? On y vivait avec autant de sécurité sur l'avenir que les enfans d'Adam tandis que les eaux du déluge s'amassaient sur leurs têtes. La fortune royale y paraissait assise sur des fondations aussi solides que le château habité par les petits-fils de Louis XIV, quoique, comme ces fondations, elle fût secrètement ruinée par des rats.

En demandant des secours à l'assemblée des notables, le roi avait révélé sa détresse à la France. Les édits du timbre et de la subvention territoriale avaient provoqué des discussions qui auraient dû m'éclairer sur les risques que j'allais courir. Mais on ne voyait à la cour, dans ces indices de détresse, que ceux des ressources qui restaient au roi.

J'entrais à peine en fonction en 1789, quand la révolution éclata.

CHAPITRE VI.

Des événemens qui se sont accomplis, du 5 mai au 7 octobre 1789, à Versailles.

Je n'ai été ni acteur ni confident de quelque faction que ce soit à cette époque où, mettant la monarchie en pièces, les gens les mieux intentionnés eux-mêmes jetaient ses membres palpitans dans la chaudière où les filles de Pélias faisaient bouillir leur père pour le rajeunir. Je ne pourrais donner que des conjectures sur le but réel que les meneurs se proposaient. Je me bornerai donc à raconter simplement ce que j'ai vu; peut-être jetterai-je ainsi quelque lumière sur les faits monstrueux qui préparèrent la terrible catastrophe de 1793, catastrophe que provoquèrent même avant 1789 les personnes qui songeaient le moins à l'amener.

De ce nombre furent les frères même de l'infortuné Louis XVI, je veux dire *Monsieur* et

M. le comte d'Artois. Tous deux avaient exercé à son détriment une influence diverse dès la première assemblée des notables, l'un en le contrariant dans les concessions qu'il inclinait à faire aux exigences des temps ; l'autre en paraissant demander pour elles plus que le trône ne voulait leur accorder, ce qui rendit un moment ce *citoyen* plus populaire que le roi.

En cela tous deux obéissaient à la nature de leur esprit; je dis esprit dans le sens propre de ce mot, car le comte d'Artois lui-même ne manquait pas d'esprit; mais il manquait de jugement. On citait de lui d'heureux traits, des saillies piquantes; mais il ne savait soutenir ni une discussion, ni même une conversation sérieuse. Ennemi de l'étude, incapable d'application, asservi aux principes qui avaient été suggérés à son enfance, il n'avait guère recueilli de son éducation, qui fut aussi mauvaise que puisse l'être une éducation de prince, que des préjugés qu'endormirent quelque temps les passions de la jeunesse la plus évaporée, mais qu'elles n'étouffèrent pas, et qui, même avant que ces passions fussent amorties, se réveillèrent avec toute la violence du fanatisme dès qu'ils y furent provoqués par des intérêts politiques.

On ne doit pas s'étonner qu'aux approches de la révolution, dont il ne lui était donné de comprendre ni la nécessité, ni la puissance, et qu'on ne pouvait modifier qu'en se résignant à la subir, s'exposant à tout perdre pour ne vouloir rien céder, comme il a tout perdu depuis pour avoir voulu tout recouvrer, ce prince se soit mis à la tête du parti récalcitrant, à la tête du clergé réfractaire et de la noblesse contre-révolutionnaire.

Quant à *Monsieur*, en qui la réflexion avait modifié, entre les préjugés qu'il tenait de ses instituteurs, ceux qu'il n'avait pas jugé utile de répudier, et qui n'était pas de caractère à rester nul dans des circonstances qui développaient toutes les ambitions, trop haut pour se mettre à la suite de qui que ce fût, et trop circonspect pour se faire chef de l'opposition, comme il avait d'abord semblé y tendre, il essaya de se créer une importance plus grande peut-être et certainement moins dangereuse, en jouant de finesse au milieu de tant de violences, en prenant entre les deux extrêmes le rôle de modérateur, le rôle de cette masse flottante que dans nos assemblées on appela *ventre*, en fortifiant de son poids qu'il transporterait tantôt d'un côté, tantôt de l'autre, le parti qu'il aurait intérêt à faire prévaloir, manœuvre qui le ferait redouter et rechercher, et qui aurait moins pour but de mettre un terme aux oscillations que de les entretenir. Cette théorie, qu'il employa vingt-quatre ans plus tard avec quelque succès dans un intérêt tout opposé à la vérité, et qui lui vaut la réputation d'homme habile, lui en valut alors une un peu moins flatteuse, source première peut-être des soupçons dont fut entachée la droiture de Louis XVI, qui semblait déférer à ses conseils, et qu'on accusa d'être aussi dissimulé que le premier de ses frères, parce qu'il n'était pas inconsidéré comme le dernier.

Dès le lendemain de l'ouverture des états-généraux se manifesta la mésintelligence qui régnait entre les trois ordres, à l'occasion de la vérification des pouvoirs. Aux prétentions émises par le tiers, il fut aisé de juger que l'intention de consolider l'ancien ordre de choses n'était pas celle de la majorité de l'assemblée. Les députés du tiers, contradictoirement à ce qui s'était pratiqué, voulaient que les pouvoirs des trois ordres fussent vérifiés en commun. Les deux ordres privilégiés décidèrent que « les pouvoirs seraient vérifiés et légitimés dans chaque ordre séparément. » Le comte d'Artois appuya cette décision. *Monsieur*, qui s'était montré plus favorable antérieurement au tiers à qui il avait fait accorder *la double représentation* dans les états-généraux, se prononça moins positivement pour lui en cette circonstance; c'était se détacher de l'armée à laquelle il avait donné les moyens de gagner la bataille. C'était ou faire une faute ou avouer qu'il en avait fait une. Il perdit dès lors avec sa réputation de sagesse sa popularité.

Six semaines se consumèrent en stériles débats : les deux ordres cherchaient à se faire appuyer par le pouvoir royal; se donnant la nation pour appui, les députés du tiers-ordre, sur la proposition de Sieyès, décidèrent *qu'ils étaient la seule réunion légitime*, attendu qu'il ne pouvait *exister entre le trône et cette assemblée* (les états-généraux) *aucun pouvoir négatif*; principe dont j'approuve assez les conséquences, mais qui ne dérivait certes pas de l'ordre de choses que les trois ordres étaient appelés à raffermir. Se substituant aux états, en prenant la dénomination *d'assemblée nationale*, le tiers-ordre déclara de plus que les contributions, telles qu'elles se percevaient actuellement dans le royaume, n'ayant point été consenties par la nation, étaient illégalement établies et perçues ; qu'on les autorisait néanmoins *au nom de la nation*, mais seulement jusqu'au jour de la première séparation *de cette assemblée*, de quelque cause que la séparation pût venir. C'était mettre en pratique l'exemple donné en Angleterre par Hampden en 1636, c'était faire *échec au roi*.

Le roi, pour arrêter le cours des choses, annonça qu'il tiendrait une séance royale. Sous prétexte des dispositions nécessaires à cet effet, on ferma la salle des états aux députés du tiers à qui ce local avait été assigné jusqu'alors pour leurs séances particulières. Bailly, qui les présidait, les convoque dans un Jeu de Paume. Là ils font serment *de ne pas se séparer sans avoir donné une constitution à la France*. C'est de ce jour (20 juin), c'est de cet acte que date la révolution.

Ainsi tous les moyens suggérés à la cour contre le tiers, par les ordres privilégiés, tournaient contre eux.

Après avoir donné à entendre, le 23, dans la séance annoncée où il fit de grandes concessions aux intérêts du peuple, en maintenant toutefois la distinction des ordres, qu'il opérerait seul, *s'il le fallait*, le salut public, le roi ordonna aux chambres de se séparer jusqu'au lendemain, où elles viendraient reprendre leurs séances dans le local attribué particulièrement à chacune d'elles.

Les députés du tiers restant néanmoins dans la salle commune, M. de Brezé, la tête haute, vint les sommer, de par le roi, de se retirer sur l'heure. J'entends encore la réponse que Mirabeau de sa voix argentine, mais avec un accent solennel, fit à cette sommation. « Allez dire à « ceux qui vous ont envoyés que nous sommes « ici par la volonté du peuple, et que nous n'en « sortirons que par la puissance des baïonnet- « tes. » M. de Brezé baissa l'oreille et sortit. Les baïonnettes ne se présentèrent pas, et se maintenant *assemblée nationale* en dépit de la protestation royale, le tiers ne se sépara qu'après avoir décrété *l'inviolabilité de ses membres*. Le roi céda. Le 27 juin, à son invitation, la minorité de la noblesse et celle du clergé se réunirent au tiers.

Cependant les esprits fermentaient à Paris. La populace faisait sortir des prisons les militaires détenus pour cause d'insubordination. Enfreindre la discipline était déjà un acte de patriotisme. La cour, accoutumée à voir l'ordre maintenu à Paris par sept ou huit cents soldats du guet, crut que trente régimens seraient plus que suffisans pour réprimer la population de cette grande ville : le commandement de cette armée fut donné au maréchal de Broglie. On forma des camps sur les avenues qui aboutissaient à Versailles, et l'on attendit avec sécurité, avec impatience même, le moment où s'engagerait entre une bourgeoisie sans expérience et des troupes bien disciplinées un combat dont l'issue ne paraissait pas douteuse.

J'avais passé une partie de ce temps-là à Marly où la cour s'était établie, mais d'où elle revint au bout de quinze jours, la présence du roi devenant de jour en jour plus nécessaire à Versailles. Peu avant ce retour je vis arriver dans ce séjour royal le cardinal de La Rochefoucauld, l'archevêque de Paris et plusieurs membres du parlement, qui venaient supplier Sa Majesté de prendre en sollicitude les dangers qui menaçaient l'Eglise et la monarchie.

Le retour de Marly fut marqué par une mesure audacieuse de la part de la cour. Les ministres étaient divisés d'opinion. Necker et ses adhérens pensaient qu'il y avait danger pour Louis XVI à sortir de la voie où il était entré et à résister à l'impulsion générale. Le parti opposé l'emporta. Le 11 juillet le ministre de la nation, le ministre qui la veille était encore celui du roi, est brusquement congédié.

J'étais à Paris le 12 quand cette nouvelle y parvint. On sait, mais on ne peut se figurer l'effet qu'elle y produisit. Les fureurs du peuple déchaîné par Masaniello ne furent pas plus terribles que celles de cette multitude excitée par les déclamations de Camille Desmoulins. La ville retentissait des clameurs, des hurlemens de ces forcenés. Partis du Palais-Royal, ils se répandirent dans toutes les rues qu'ils parcoururent, pendant toute la nuit, armés d'ustensiles plus redoutables qu'héroïques, et brandissant des flambeaux qui menaçaient la capitale d'un embrasement universel. Plus curieux qu'épouvanté, je passai une partie de la nuit à observer ce formidable spectacle.

Des incidens singuliers aggravent quelquefois les dangers auxquels chacun est exposé en pareilles circonstances : c'est ce qui m'arriva. Comme on refusait déjà les billets de caisse à

Versailles, et que j'en avais un de mille francs. j'étais venu le dimanche 11 pour le changer contre de l'argent monnayé, à Paris, où ils avaient encore cours, et aussi pour aller à l'Opéra, où j'étais quand ordre nous vint d'en sortir *de par le peuple.* Mon opération financière terminée, grâce à je ne sais quel restaurateur qui ne se fit pas prier pour me rendre neuf cent quatre-vingt-onze francs sur mille, le dîner avait payé l'escompte, je me décidai le 14 juillet, pendant qu'on se portait à la Bastille, à retourner à Versailles, où l'on devait être inquiet de moi. Les voitures publiques ne marchaient pas; cela ne m'arrêta point. Divisant ma somme en deux sacs, j'en mets un dans chaque poche de mon habit, et me voilà en route, protégé par la cocarde nationale. Après avoir traversé les Tuileries et le Cours la Reine, j'arrive lestement à la barrière de la Conférence: elle était en feu. Le peuple s'amusait à brûler les bureaux et les registres des commis, faute de pouvoir les brûler eux-mêmes. Je sentis que pour passer il ne fallait pas avoir l'air d'un fugitif : les mains dans mes poches et d'un air d'indifférence, je me mêle aux groupes, disant mon mot sur les sangsues du peuple, et petit à petit je parviens sans être remarqué à m'en dégager, et à gagner le quai de Chaillot. Hors de la foule, mais peu loin d'elle encore, je crois pouvoir changer de maintien et mettre mes mains dehors pour me délasser. Malheureuse idée ! abandonné à son poids, un des sacs crève la poche qui le renfermait, et tombe : le bruit qu'il fit sur le pavé retentit encore à mon oreille. Heureusement l'attention de la foule était-elle occupée par l'incendie de la barrière, et derrière ainsi que devant moi ne se trouvait-il personne sur la route. Ramassant le sac sans être vu, je le mets dans mon chapeau, et je m'achemine vers Saint-Cloud, où étaient les avant-postes de l'armée royale. Autre incident : compromis par la cocarde qui jusque-là m'avait protégé, je me vois sur le point d'être jeté dans la rivière, et ce n'est qu'en y jetant ce signe d'une opinion que je n'avais pas, que j'obtiens du commandant du poste la permission de passer outre. « Si on m'avait arrêté à ma sortie de Paris, me serais-je aussi facilement tiré d'affaire, me disais-je tout en poursuivant mon chemin. Pourquoi non ? Ne suis-je pas cousin de M. de Flesselles ? cousin du prévôt des marchands, la seule autorité qui soit encore reconnue dans la capitale? Je me serais réclamé de lui ; on m'aurait conduit à l'Hôtel-de-Ville, et là tout se serait arrangé; » et dans ce moment même cet infortuné magistrat tombait assassiné sur les marches de l'Hôtel-de-Ville!

Ce n'est qu'à Versailles que j'appris, avec cette triste nouvelle et celle des autres meurtres qui avaient ensanglanté cette terrible journée, toute l'étendue des périls auxquels j'avais échappé.

Le roi ayant fait aux circonstances les concessions qu'elles exigeaient, telles que le renvoi des troupes, le rappel du ministre et l'adoption des couleurs dont s'était coiffée l'insurrection, les esprits se calmèrent; la tranquillité revint, sinon l'ordre, et l'assemblée poursuivit assez paisiblement, pendant les mois d'août et de septembre, le cours de ses réformes.

Mais le calme n'était qu'apparent; de part et d'autre on n'avait pas cessé de conspirer. La cour ne songeait qu'à récupérer ce qu'elle avait perdu; les révolutionnaires, qu'à se saisir de ce qui leur restait à prendre; et des deux côtés on n'attendait que l'occasion pour recommencer les hostilités. Telle était la disposition des esprits, quand arrivèrent les journées des 5 et 6 octobre, journées signalées par une catastrophe provoquée plus encore par des imprudences que par des résolutions, et qui s'est accomplie sous mes yeux.

Depuis le renvoi de l'armée du maréchal de Broglie, et par suite de la défection des gardes françaises et d'une partie de la garde suisse, la cour n'était plus gardée que par une compagnie de gardes du corps. Soit qu'elle ne lui parût pas suffire à la sûreté de la famille royale, soit qu'il eût l'intention de se créer les moyens de tirer le roi de la dépendance où il était tombé depuis le 14 juillet, le ministre de la guerre fit venir à Versailles le régiment de Flandre pour y remplacer les corps défectionnaires.

Quelque projet qu'on eût, il importait d'établir la bonne intelligence entre les nouveau-venus et les gardes du corps, qui ne voyaient pas sans quelque humeur les auxiliaires qu'on leur donnait. Rien ne rapproche les militaires comme la gamelle. On incita les gardes du corps qui, en possession de la place, devaient en faire les honneurs, à offrir un banquet aux officiers du régiment de Flandre, et, comme si on avait l'intention de faire de cette réunion un spectacle, on mit à la disposition des convives la grande salle d'opéra du château. Les tables étaient dressées sur le théâtre; la musique militaire occupait l'orchestre; entrait qui voulait au parquet et dans les loges. J'y allai. Dès le premier moment, je reconnus qu'il s'agissait moins de politesse que de politique. Au quatuor, *Où peut-on être mieux qu'au sein de sa famille?* ritournelle obligée en pareilles fêtes, succéda tout à coup l'air, *O Richard!* On l'applaudit avec un enthousiasme qui s'accroît à mesure qu'on le répète; or on le répète à chaque santé que l'on porte, et l'on en porte beaucoup. Le vin n'était pas propre à calmer cette frénésie; elle semblait toutefois à son comble quand une voix proposa d'envoyer une députation supplier le roi de vouloir bien honorer la fête de sa présence, et de venir recevoir en personne les hommages de ses fidèles gardes. Il était six heures du soir; le roi, qui revenait de courre le cerf, n'avait pas encore quitté l'habit de chasse, mais il avait quitté ses bottes. Les pieds en pantouffles et ses bas attachés par-dessus la culotte, il se présente dans une loge, tenant le dauphin par la main et donnant le bras à la reine. Cet acte d'une complaisance peut-être irréfléchie acheva de tourner les têtes

Les cris de *Vive le roi!* mêlés aux airs favoris, retentissaient à fendre les oreilles les plus dures. Après avoir accueilli avec une bonhommie touchante la santé que lui porta la totalité des convives, le roi se retira, les laissant en proie à leur double ivresse.

Leur exaltation, accrue et comprimée en même temps par la présence du monarque, éclata dans toute sa violence après son départ. Entraînés par l'exemple, les plus réservés perdent toute retenue. Les officiers du régiment de Flandre passent sur leurs habits blancs les bandoulières chamarrées des gardes du corps; ceux-ci échangent leurs chapeaux galonnés contre les chapeaux unis de l'infanterie; l'on fait un troc fraternel des cocardes qu'on en a détachées.

Ces cocardes étaient tricolores comme celle du roi. On les aurait, dit-on, foulées aux pieds. Je ne l'ai pas vu, et j'ai bien observé pourtant ce qui se passait. Plus d'un de ces signes a pu échapper aux mains mal assurées des troqueurs et tomber à leurs pieds mal assurés aussi; mais je ne l'ai pas vu, je le répète. Ce que j'ai bien vu, ce que je n'hésite pas à certifier, c'est qu'il n'y avait pas dans cette salle un militaire qui ne fût possédé de royalisme et qui ne le manifestât de la manière la plus extravagante. Dans ces temps, tout était fureur, la fidélité même.

Dès lors je prévis les conséquences de ces folles démonstrations. Dès lors je vis la populace de Paris se ruer sur Versailles, et juillet recommencer en octobre. Comparant cette poignée de fous à ces légions de furieux que le génie de Mirabeau venait d'armer, je frémis de ce qui s'ensuivrait; et, sortant le cœur navré de ce banquet dégénéré en orgie, « Ces flots de vin, dis-je à ma femme, feront couler des flots de sang. »

Cela se passait le jeudi 1ᵉʳ octobre. On ne s'en tint pas là. Loin de calmer ce délire, on semblait se complaire à l'entretenir, à l'accroître même. Plusieurs repas furent donnés dans le même but; et l'on s'y conduisit plus follement s'il est possible. A la suite de celui que la compagnie alors de service auprès du roi offrit à son capitaine le duc de Gramont, de jeunes gardes firent donner le fil à leur sabre. Cela s'était passé, il est vrai, dans l'intérieur de l'hôtel des gardes du corps à qui leur manége avait servi de salle à manger; mais le fait avait été divulgué soit par la jactance des propriétaires de sabres émoulus, soit par la reconnaissance de l'émouleur à qui l'on avait donné cinquante écus pour sa peine.

D'autres imprudences succédèrent à celles-ci. Le dimanche, 4 octobre, des individus, qui fondaient leur fortune sur une réaction, levèrent tout-à-fait le masque, et, bien qu'alors personne ne portât au château aucune cocarde avec l'habit *habillé*, ils s'y montrèrent avec d'énormes touffes de rubans blancs, donnant le bras à je ne sais quelles intrigantes qui s'en étaient pourvues, et les attachaient, bon gré mal gré, aux chapeaux des passans.

Le récit de ces faits parvint dès le soir même à Paris, qui n'était que trop occupé déjà du premier repas. A la nouvelle de l'insulte faite aux couleurs sacrées, tous ceux qui les portaient s'étaient tenus pour offensés. La plus légère impulsion suffisait pour leur faire prendre les armes. Les hommes aux vues desquels ce mouvement était utile, et qui, sous prétexte de soustraire l'assemblée à la dépendance du roi, voulaient mettre dans leur dépendance le roi et l'assemblée, rendirent ce mouvement nécessaire en poussant à Versailles la plus vile population de Paris, et c'en est aussi la plus nombreuse. Une disette y suffirait : il y eut disette. Le 5 octobre, entre quatre et cinq heures du soir, quarante mille individus, ivres pour la plupart, et tous armés de ce que le hasard a mis sous leurs mains, envahissent la ville des rois en demandant du pain. A huit heures, ils sont rejoints par les bataillons de la garde parisienne qui, complices d'un projet qu'ils ignoraient, venaient porter les derniers coups à la majesté royale qu'ils croyaient protéger.

La populace s'était portée d'abord à l'assemblée, où ses députés avaient été admis, puis au château; mais elle n'avait pas pu y entrer. Au premier bruit de sa marche, les cours en avaient été fermées, et les gardes du corps, formés en bataille devant les grilles, et soutenus par le régiment de Flandre, en avaient occupé toutes les entrées. La présence des gardes du corps effraya moins qu'elle n'irrita cette multitude à la haine de laquelle ils avaient été signalés. Malgré l'imperturbable patience de ces militaires qui, sages au moins sous les armes, recevaient sans riposter les injures et les pierres dont on les accablait, un combat, dont les suites ne pouvaient être qu'affreuses, allait s'engager, quand arrivèrent les colonnes parisiennes. Une pluie abondante, qui survint au même moment, contribua peut-être autant qu'elles à dissiper ces hideux rassemblemens, qui s'éparpillèrent dans les cabarets et dans les écuries.

On doit d'autant plus louer la modération des gardes en cette circonstance, qu'un de leurs officiers, M. de Savonières, avait été blessé à leur tête; mais on doit encore plus d'éloges à l'intrépide dévouement d'un citoyen qui, par un de ces actes admirables en tous les temps, prévint le massacre dont le canon allait donner le signal et l'exemple.

La garde nationale de Versailles, non moins hostile à la cour que la canaille de Paris, voulait rompre la ligne qui couvrait le château; déjà elle avait braqué contre elle un canon chargé à mitraille; elle y mettait le feu. Un de ses officiers, qui s'appelait la Toulinière, homme estimé et aimé à juste titre, interpellant les artilleurs, leur remontre les conséquences affreuses de l'action à laquelle ils se disposent, et, se plaçant à la bouche de la pièce, il déclare qu'il veut être le premier Français que le canon assassinera s'ils s'opiniâtrent dans leur projet. L'héroïsme eut cette fois l'autorité qui manquait à la loi; plus heureux que Desille, M. la Toulinière empêcha le massacre et survécut à son dévouement. Je m'estime heureux de donner quelque publicité à ce fait que l'histoire n'a pas recueilli.

Favorisé par la pluie et par l'obscurité, j'étais parvenu à me glisser dans le château par la rue de la Surintendance, dont la grille était entre-baillée de manière à ne laisser passage qu'à une personne. Je fus étonné du petit nombre de défenseurs que la cause royale y avait rassemblés; il se bornait, non compris les gardes de service, à une soixantaine d'officiers tant de la maison militaire que de la maison civile du monarque et des princes. Sans autres armes pour la plupart que l'épée de ville, ces volontaires attendaient, sur les banquettes de l'*Œil-de-Bœuf*, la part qui leur était réservée dans l'infortune de leur maître. Sur la nouvelle que les attroupemens s'étaient dissipés, et que la garde nationale parisienne répondait de la sûreté du château, où l'on avait fait rentrer les gardes du corps, toutes celles de ces personnes qui n'étaient pas de service furent invitées à se retirer.

Curieux de savoir ce qui se passait à l'assemblée, je m'y rendais, quand je rencontrai à l'entrée de l'Avenue de Paris une colonne de députés qui venait chez le roi. Me mêlant à eux, je les suivis jusque dans le cabinet de ce pauvre prince, qui les reçut avec bonté, affectant une confiance qu'il n'avait pas, et à laquelle ils répondaient par l'expression d'un dévouement qu'ils n'avaient pas non plus. Au bout d'un quart d'heure, on se retira, soit pour se reposer de ce qu'on avait fait, soit pour aviser à ce que l'on ferait; et certes toutes les intentions n'étaient pas innocentes, à en juger par les propos que j'ai entendus.

Il était deux heures du matin quand je rentrai chez moi. Accablé de fatigue, je me couchai et je m'endormis de ce sommeil dont on dort à vingt-trois ans dans quelque disposition d'esprit qu'on soit.

J'aurais dormi vingt-quatre heures si, à neuf heures du matin, une effroyable explosion ne m'avait tiré de cette léthargie. Cette explosion était produite par une décharge générale faite par la troupe de ligne et la garde nationale en témoignage de réconciliation, témoignage non moins effrayant que ceux de leurs divisions. Bientôt j'appris ce qui s'était passé depuis le point du jour, la violation de la maison royale, le massacre des gardes, l'outrage fait au lit de la reine, l'engagement pris par le roi de venir habiter la capitale où l'assemblée se transporterait aussi.

Peu d'heures après, cette promesse recevait son exécution. La famille royale s'avançait vers Paris au pas de la foule hideuse qui l'y conduisait en triomphe, triomphe auquel les captifs ne manquaient pas, triomphe que précédaient les têtes des vaincus, et que suivaient les gardes du corps qui avaient été forcés d'échanger leurs chapeaux contre les bonnets de leurs assassins peut-être. A midi, la ville royale, encombrée depuis douze heures par une population si nombreuse et si turbulente, n'était plus qu'une solitude silencieuse. A midi, commençait à germer l'herbe qui couvre encore aujourd'hui ses marbres; indice d'une viduité peut-être éternelle.

CHAPITRE VII.

Hiver de 1789. — Représentation de *Charles IX*. — Anecdotes. — Portraits : Rhulières, Champfort, Lebrun. — L'hôtel de l'Union. — Amitiés de jeunesse : Maret, Ducos, Méjean. — Liaisons politiques : d'Éspréménil, Cazalès, l'abbé Maury.

Mon service m'appela bientôt auprès du prince. Quelles étaient alors mes opinions politiques? je serais assez embarrassé de le dire au juste. Au collége, le mot de *liberté* avait noblement résonné à mon oreille; mais j'étais trop familiarisé dès l'enfance avec l'ordre établi pour y voir un esclavage. Comme le roi était bon, je ne concevais guère qu'on eût rien à redouter de son pouvoir quelle qu'en fût la nature. Ce n'est pas d'ailleurs dans la ville où l'on vivait d'abus que les inconvéniens des abus se faisaient sentir. Cependant, aux approches de la révolution, mon caractère, qui me porte à l'indépendance, m'avait fait partager un moment les espérances de la nation; mais le spectacle du mal que faisait à une famille que j'aimais cette révolution, qui n'améliorait pas encore le sort du peuple, me la fit bientôt prendre en aversion. Je sentais, au fait, plus que je ne réfléchissais; dominé par des affections plus que par des opinions, j'étais *aristocrate*.

Un an s'était écoulé sans que *Monsieur*, à qui je m'étais attaché pour avoir l'occasion de lui parler, m'eût adressé un seul mot. A Paris, il rompit enfin le silence; non pas tout-à-fait pour ma satisfaction. Peu de temps après son installation au Luxembourg avait été donnée la première représentation de *Charles IX*. On ne peut s'exagérer l'effet de cet ouvrage qui flattait et blessait si vivement les deux opinions entre lesquelles se partageait la capitale. L'enthousiasme qu'il excitait chez les amis de la révolution peut seul donner la mesure de l'indignation qu'il excitait chez ses ennemis. La cour en était révoltée, et *Monsieur*, qui n'était pas moins puriste en fait de littérature qu'en matière de politique, n'y voyait qu'une double profanation.

Quoiqu'il s'abstînt assez habituellement d'exprimer devant sa maison ses opinions sur tout ce qui était en contact avec les affaires du temps, l'humeur que lui donnait le succès de *Charles IX* était si grande, qu'il ne pouvait la dissimuler dès qu'il se présentait quelqu'un avec qui il croyait pouvoir parler de littérature. Un jour que j'étais venu au lever pour faire ma cour, Rhulières y vient aussi pour le même motif; le prince de le mettre sur l'article de *Charles IX* et d'en faire une critique amère, que le courtisan, comme de raison, se gardait bien d'improuver; j'étais fort éloigné de l'improuver moi-même. Indépendamment de ce que les préjugés du prince étaient aussi les miens, peut-être une secrète jalousie de métier me poussait-elle à mon insu dans la sévérité. *Monsieur* termine sa diatribe par ces mots : « Je n'ai encore rencontré personne qui ait vu cette pièce deux fois. — Je ne l'ai vue qu'une, dit complaisamment Rhulières. — Et moi, je l'ai vue deux, répliquai-je étourdiment. — Je vous en fais mon compliment, » reprend le prince, sans me laisser le temps de m'expliquer.

Cette répartie, qui aurait déconcerté un

homme plus hardi que moi, me chagrina d'autant plus qu'elle me prouvait que mon aveu était attribué à une intention très-différente de celle qui me l'avait inspiré, et que le prince, dans le sens duquel j'abondais, croyait que j'avais profité des circonstances pour le narguer, pour le braver. Cette idée m'était insupportable. Une franche explication de mes opinions, me dis-je, pourrait seule me laver d'un tort aussi lâche: mais cette explication sera-t-elle lue, si je la fais en prose? Le lever fini, je vais y rêver dans le jardin du Luxembourg, d'où malgré la pluie, je ne sors qu'après avoir rimé la pièce que je transcris ici, pièce que j'avais supprimée, et qui a été publiée par un lâche abus de confiance, ainsi qu'on l'apprendra plus bas.

> Deux fois je l'ai vu cet ouvrage
> Dont le public est enchanté :
> Deux fois ! c'est faire, en vérité,
> Preuve de curiosité
> Et bien plus encor de courage.

> J'attendais d'un hardi pinceau
> De grands effets, de sublimes peintures :
> Je n'ai vu qu'un triste tableau
> Surchargé de caricatures.
> Tous les objets y sont petits ;

Au lieu de cette adroite reine
Qui du palais de Médicis
Voulut transplanter dans Paris
La politique ultramontaine,
En cet infidèle croquis
Je trouve une femme intrigante,
Et qui, dans ses projets bornés,
Politique moins que méchante,
N'y voit pas plus loin que son nez.

Cruel, humain par fantaisie,
Dans Charles l'auteur, à plaisir,
Semble avoir voulu réunir
Les divers genres de folie.
Soit pour le mieux, soit pour le pis,
Sans cesse du dernier avis,
Ce monarque, par trop facile,
En furieux enfin changé,
Finit par tomber enragé,
Sans doute las d'être imbécile.

L'altier Guise est un fanfaron,
Grand débiteur de gasconades,
Qui s'exhale en rodomontades
Et se venge par trahison.
Sous votre indécent équipage,
Prêtre lorrain, on reconnaît
L'ancien prophète Mahomet,
Que la barrette et le rochet
Déguisent moins que son langage.

L'Amiral, éternel parleur,
Hardi bavard, soldat timide,

Parle guerre en prédicateur,
Et prêche comme un invalide.
Le Chancelier n'est pas malin;
Mais il a fort bonne mémoire,
Et cite à tous propos l'histoire
Comme un pédant fait son latin.

Quant à ce roi cher à la France,
Père de ses sujets vaincus,
Qui nous conquit par ses vertus
Et se vengea par sa clémence;
Devant qui l'Espagne pâlit,
Qui toujours veillant pour la gloire,
Toujours plus à cheval qu'au lit,
Volait de victoire en victoire;
Qui, joignant l'olive aux lauriers,
Fut plus grand dans la paix encor que dans la guerre;
Et vivant dans ses héritiers,
Fait, même après sa mort, le bonheur de la terre,
Bourbon, en Crispin travesti,
De l'Amiral, très-digne élève,
Me montre le vainqueur d'Ivri
Sans cesse épouvanté d'un rêve.
Cent fois croyant rêver aussi,
J'entendais applaudir à ce drame admirable,
Chef-d'œuvre unique, incomparable,
Et Corneille, et Racine, et le noir Crébillon,
Et l'Homère français qui célébra Bourbon,
N'ont jamais rien fait de semblable!

Quoiqu'écrit souvent au hasard,
Dénué d'intérêt et d'art,
Je conçois bien que par méprise

Il puisse avoir des partisans.
De bons chrétiens, d'honnêtes gens,
Vont aux Français comme à l'église :
Oremus, bénédictions,
Y pleuvent par profusions
En ces tristes jours de réforme ;
Et du crime le plus énorme
On reçoit absolution
D'un clergé de nouvelle forme,
Et soldé par la nation.
On s'agenouille, on carillonne ;
Un prêtre énergumène tonne
Dans un assez mauvais sermon ;
Et, dupe de l'illusion,
L'auditeur croit dormir au prône.

Pour moi, je n'y dormirai plus,
Et si deux fois, en dépit de Phébus,
J'ai dans ce drame en vain cherché la vraisemblance,
L'intérêt et la convenance,
Cet excès de persévérance
Pourrait-il m'être reproché ?
Non, l'on sait trop que ce péché
Porte avec lui sa pénitence.

Le lendemain je retourne au lever et je remets ces vers à *Monsieur*. Ils ne sont pas excellens, à beaucoup près ; eussent-ils été moins bons encore, ils ne pouvaient être accueillis qu'avec faveur. Les passions sont indulgentes pour qui les flatte. Le prince, par des mots aimables répara tout ce qu'avait d'amer le propos de la veille. Le sourire que j'avais vu sur toutes les figures au moment où j'avais osé me remontrer, prit un caractère tout opposé à celui qu'il avait eu d'abord, et qui n'était rien moins que celui de la bienveillance : mon triomphe fut complet.

Cette anecdote a peu d'importance; je ne l'eusse pas consignée dans ces Souvenirs si elle ne se rattachait pas à un fait plus grave. Le succès que l'esprit de parti avait procuré à ces vers que je ne voulus pourtant pas laisser imprimer, en fit multiplier les copies. La Harpe lui-même, qui les trouva bons parce qu'il n'aimait pas Chénier, me les demanda, mais seulement pour les envoyer en Russie.

Fidèle à sa parole, il ne les avait communiqués à personne en France; mais ce qui ne s'était pas fait de son vivant, se fit après sa mort. Le libraire Migneret, à qui il avait laissé ses papiers, trouvant cette pièce dans la correspondance russe, la livra à l'impression en 1804 avec le recueil dont elle faisait partie; ainsi ces vers, composés contre Chénier dans un temps où divisé d'opinion avec lui, je ne le connaissais pas personnellement, allaient être publiés à une époque où, rapprochés du moins par les doctrines littéraires, et membres du même corps, nous vivions dans une liaison qui ressemblait déjà à de l'amitié. Les gens de lettres à qui le libraire s'en était remis de la révision de cette édition, et parmi lesquels se trouvait l'honnête Esménard, se réjouissaient entre eux du scandale que cette révélation allait exciter, quand le hasard qui, s'il gâte bien des choses, en raccommode quelques unes aussi, déconcerta leur calcul.

Migneret, comme nombre de gens le font encore, ne se faisant pas scrupule de profiter des faveurs d'un gouvernement qu'il n'aimait pas, avait demandé et obtenu, sur ma proposition, pour son fils une place au Lycée de Paris. Jaloux de me prouver sa reconnaissance, il me pria de lui permettre de m'apporter un exemplaire de la Correspondance posthume de La Harpe, laquelle, me dit-il, était alors sous presse, et il me demanda, par occasion, si je ne pensais pas qu'il pût s'y trouver quelque chose de nature à me contrarier. Rêvant à cela, je me rappelai les vers sur *Charles IX;* et comme il m'avoua qu'ils s'y trouvaient, je ne lui cachai pas le chagrin que me donnerait la fausse position où il me mettrait en les y laissant. « Vous me ferez payer à quarante ans, lui dis-je, mes torts de vingt ans, et vous rendrez La Harpe coupable d'un abus de confiance, d'une violation de sa parole : au reste, mon parti sera bientôt pris ; je ne nierai pas ce que j'ai fait, mais je n'hésiterai pas à le désavouer. Fussé-je aussi injuste envers Chénier que je l'étais autrefois, je ne me joindrais pas à ses ennemis pour l'accabler aujourd'hui que, déchu de sa puissance, il est en butte à la rigueur du gouvernement. »

Quelques jours après, Migneret revint. « La feuille où vos vers se trouvaient était tirée, dit-il, mais j'y ai fait mettre un carton, c'est ce dont vous vous convaincrez par l'exemplaire que je vous apporte. »

Les intentions de ce galant homme n'ont pourtant pas été absolument remplies. Ces vers, dont les reviseurs avaient gardé des épreuves, ont passé dans quelques mains. M. Roger, mon confrère à l'Académie française, m'a remis celui qu'il possédait. M. Beuchot n'en a pas usé moins loyalement, et j'aime à l'en remercier ici. Mais tous ceux qui ont surpris cette confidence n'ont pas eu la même délicatesse, et c'est probablement sur un des exemplaires qu'ils avaient conservés que cette pièce a été transcrite dans une compilation que le libraire Weissembrouk publiait à Bruxelles sous le titre *d'Esprit des journaux* (11). Je doute toutefois que Chénier en ait jamais eu connaissance. Au reste, nous n'en avons pas moins vécu d'accord, même à l'Institut, ce qui n'était pas toujours facile avec lui.

La présence de Rhulières avait manqué au plaisir que me donna ma rentrée en grâce, mais on ne peut tout avoir : je m'en consolai en pensant que je n'avais pas assez d'importance pour que cet académicien, qui n'était rien moins que charitable, songeât à se moquer de moi.

C'était un homme singulier que ce Rhulières. On chercherait en vain un courtisan plus souple, un diplomate plus délié; ingénieux à flatter comme à dénigrer, à tourner un madrigal comme à aiguiser une épigramme, et aussi prodige de complimens à ses supérieurs que de sarcasmes à ses égaux, il semblait empreint de tous les caractères de la servitude. On l'aurait pris à la cour pour l'apôtre le plus dévoué du despotisme; personne cependant ne portait plus que lui dans le cœur l'amour de l'indépendance. Prenant le papier pour confident de ses opinions, c'est dans son histoire de Pologne qu'il a déposé l'expression de ses véritables affections. Ambitieux de gloire après sa mort, il est franc en face de la postérité. Ambitieux de fortune pendant sa vie, il était faux en face de la cour.

Il avait une telle habitude de flatter, qu'un jour que je le rencontrai dans la cour du Louvre, après s'être arrêté un moment avec moi : « Permettez, me dit-il, que je vous quitte; il est tout-à-l'heure deux heures, je vais où vous irez un jour : je vais à l'Académie française. » Or, à cette époque, je n'étais connu de lui que par la première partie de l'anecdote qu'on vient de lire. Ni lui ni moi ne nous doutions que ce qu'il disait dût jamais se réaliser.

Quelque temps auparavant j'avais fait connaissance avec Champfort, celui des membres de l'Académie française qui, après La Harpe, s'était le plus violemment prononcé pour la révolution, non telle que la concevaient Bailly et les *constituans*, qui ne désiraient que la réforme de la monarchie, mais telle que la concevaient Condorcet et les girondins, qui voulaient à tout prix l'établissement d'une république. Son patriotisme ne me paraissait avoir aucune analogie avec la philantropie. J'y trouvais moins l'amour du peuple que la haine des grands.

Ceux-ci l'avaient pourtant recherché. Ils s'étaient long-temps amusés des sarcasmes qu'il leur prodiguait dans leurs salons et à leurs tables où il jouait un rôle assez semblable à celui des anciens cyniques. Champfort avait beaucoup d'esprit, mais il faisait beaucoup d'esprit aussi. Il s'étudiait à donner à ses opinions la forme laconique et sentencieuse de l'aphorisme ou de l'apophthegme; et pourtant il n'avait pas besoin de recourir à cet artifice pour briller. Personne plus que lui n'abondait en saillies. Ses traits les plus heureux lui venaient sans qu'il les cherchât.

« On m'accuse d'avoir fait bien des méchancetés, lui disait un jour Rhulières avec componction, et pourtant je n'en ai fait qu'une. — *Quand finira-t-elle?* » repartit Champfort.

Caractérisant d'un trait l'esprit dédaigneux de Suard : *le goût de cet homme* est le *dégoût*, disait-il.

Ducis, à qui l'on proposait le cordon de Saint-Michel, lui demandant s'il trouvait quelque inconvénient à ce qu'il l'acceptât? « Je n'en vois qu'un, lui répondit-il, c'est que tu seras obligé de le porter. »

Sans suivre assidûment les travaux de l'assemblée constituante, il venait assez fréquemment à Versailles où l'appelaient ses relations avec quelques députés dont il traduisait les pensées, ou par l'organe desquels il publiait les siennes. D'après ce qu'il m'a dit, M. l'évêque d'Autun lui aurait plus d'une obligation de ce genre, et Mirabeau lui-même aussi.

C'est chez deux de mes plus vieux amis, MM. Maret et Méjean, qui faisaient ménage ensemble, que je rencontrai Champfort, en 1789; j'y rencontrai aussi le poète Le Brun, autre déserteur des salons de l'aristocratie, autre détracteur des grands qu'il avait long-temps flagornés, reproche qu'on ne peut pas faire à Champfort, qui n'était entré que pour les mordre chez ces grands que Le Brun ne se lassa de lécher que lorsqu'ils cessèrent d'avoir du sucre au bout des doigts.

Tout le monde connaît le talent de Le Brun. Si grand qu'il soit, il l'était moins encore que son amour-propre. Ce qu'on peut prendre dans Horace pour une fiction poétique, pour un écart d'enthousiasme, n'était chez lui que le langage de la conviction qu'il avait de son propre mérite; c'était très-sincèrement, très-positivement qu'il disait *mon génie*. Il eût juré une haine implacable à quiconque eût élevé quelque doute sur la propriété et la justesse de cette expression. D'une avidité insatiable en fait d'éloges, il les prodiguait pour qu'on les lui prodiguât; mais rien n'était plus éloigné de l'accent de la sincérité que le ton affecté qu'il prêtait à la louange; c'étaient de belles paroles chantées d'une voix fausse sur un mauvais air. Et pouvait-il en être autrement? La plupart du temps le moment où il vous adressait un madrigal était celui où il méditait une épigramme contre vous. Le besoin de médire en vers l'emportait chez lui sur tout autre besoin; et la renommée d'Archiloque et d'Alcée le flattait plus peut-être que celle de Pindare, qu'il ne dédaignait pas, comme on sait. Tout était pour lui matière à sarcasme, les difformités physiques comme les défectuosités morales; il ne les épargnait pas plus dans ses amis que dans ses ennemis, dans telle personne qui l'admirait outre mesure que dans telle autre qui, à l'exemple de Désorgues, s'admirait plus que lui. Envieux à n'en pas dormir, il ne faisait grâce à aucune célébrité. Tout éloge donné à un autre semblait pris sur ceux qu'on lui devait. Que de mauvaises nuits Delille lui a fait passer!

Si l'on en excepte quelques pièces qu'il a laissé imprimer dans les recueils, les vers de ce poète n'étaient connus que de certaines sociétés privilégiées; le reste du monde l'admirait sur parole. Comme c'était en lecture qu'il payait les invitations qu'on lui prodiguait, il ne sortait pas sans emporter son manuscrit en poche. Aussi Delille disait-il : *Le Brun croit qu'il en est des vers comme des olives, et qu'ils sont meilleurs quand ils ont été pochetés.*

La portée de son esprit était assez bornée: elle avait plus d'élévation que d'étendue. Sa conversation était des plus vulgaires dès qu'il voulait sortir de la littérature, et sur la littérature elle était sèche et pédantesque. Il a versifié des opinions philosophiques, mais il n'était rien moins que philosophe. Son talent poétique à part, lequel fut de l'ordre le plus élevé, c'était un homme assez ordinaire, et même, dans l'emploi de ce talent, ce fut un très-mauvais homme.

Ces beaux esprits n'étaient tout au plus que des connaissances pour moi, laissons-les pour des amis.

La nature de mes opinions ne m'empêchait pas de vivre en grande intimité avec des jeunes gens de l'opinion contraire. Un dissentiment politique ne m'a jamais fait renoncer à un ami, quand d'ailleurs nous étions d'accord sur la morale. Tout en voulant d'une ardeur égale le bien de la société, on peut l'attendre de systèmes différens; ce sont des erreurs d'esprit pour lesquelles on se doit réciproquement de l'indulgence; je n'ai jamais eu d'horreur que pour les anarchistes. Bien entendu que ceci s'applique aux théories; quant à l'exécution, je suis moins indulgent. Tout homme qui prétend faire le bien de l'humanité par des moyens que l'humanité réprouve m'est exécrable, quelque opinion qu'il soutienne, fût-ce la mienne.

De l'époque dont je parle date l'inaltérable amitié qui m'a lié avec quelques hommes qui n'étaient pas à beaucoup près du parti de la cour, avec Frochot, membre des états-généraux, enthousiaste de Mirabeau, dont il devint bientôt l'ami intime; avec Méjean, journaliste alors, et depuis secrétaire général du département de la Seine, fonction qu'il a quittée pour celle de ministre secrétaire d'Etat auprès du vice-roi d'Italie; avec Maret, dont la fortune devait être encore plus éclatante, et qui, après avoir rempli sous la république plus d'une mission honorable, et subi en Autriche les tortures d'une honorable détention, fut pendant toute la durée du consulat et de l'empire le ministre et le confident de Napoléon, et que je ne désignerais ici que par le titre de duc de Bassano, s'il n'avait pas toujours été *Maret* pour moi.

J'avais fait connaissance avec eux à Versailles, où le premier avait été appelé par ses fonctions, et où les deux autres étaient venus suivre les séances des états-généraux dont ils analysaient les discussions dans une feuille qui paraissait tous les soirs sous le titre de *Bulletin de l'Assemblée nationale*.

Par suite de la translation de l'Assemblée à Paris, ils quittèrent tous Versailles, et les deux derniers, pour être plus à portée de leur travail, se logeant dans le voisinage des Tuileries, vinrent s'établir rue Saint-Thomas du Louvre, dans un hôtel tenu par Mme Imbert, tante de Tallien, et qu'on nommait *Hôtel de l'Union*.

La bonne intelligence qui régnait entre les habitans de cet hôtel semblait lui avoir acquis ce titre. Là logeait aussi un homme à qui une fortune brillante et loyalement acquise a permis depuis d'encourager les lettres et les arts qu'il cultivait dès lors. Cet homme, non moins distingué par l'élévation de son caractère que par les aptitudes de son esprit, est M. Ducos*; artiste, philosophe et littérateur, il a publié un des meilleurs ouvrages qui aient été faits sur cette Italie dont on a tant écrit.

Là demeurait aussi d'Avrigny, connu alors sous le nom de chevalier de l'Œillard, nom sous lequel il était inscrit dans tous les almanachs de l'époque, et dont il avait signé quelques vers presque couronnés à l'Académie française. D'Avrigny a fait depuis *Jeanne d'Arc*.

Spirituel, mais indolent, Méjean aussi s'occupait de poésie tout en s'occupant de politique, mais il s'occupait plus encore de plaisirs. Quant à Maret, dont l'esprit également souple et solide pouvait s'appliquer à tout, et qui avait écrit en vers avec un talent rare, ajournant toute autre occupation, il se donnait tout entier à la rédaction de leur journal, qui, changeant sa forme exiguë contre l'ampleur de l'in-folio, avait pris la dénomination de *Moniteur*.

Bien que la littérature, les nouvelles et la politique fussent admises à remplir les longues

---

* Receveur général et régent de la Banque.

colonnes de cette feuille, les discussions de l'Assemblée en occupaient toujours la plus grande partie. C'était ce qu'on y cherchait avant tout ; comme cet article ne pouvait pas être traité avec trop de talent et de soin, c'est à Maret que la rédaction en était confiée. Personne ne s'en fût mieux tiré. Les peines qu'il prenait, les sacrifices qu'il s'imposait pour répondre à la confiance de l'éditeur, sont presque incroyables. Les journalistes n'avaient pas alors de places réservées ; les meilleures appartenaient au premier qui s'y installait : que faisait-il pour n'être devancé par personne ? Après avoir corrigé les épreuves du journal qui s'imprimait pendant la nuit, et donné quelques heures au sommeil à la suite d'un repas fait à la hâte, il se rendait à la porte du Manége où l'Assemblée siégeait, pour y attendre, en tête de la file qui ne tardait pas à s'allonger, l'heure où s'ouvrirait cette porte qui ne s'ouvrait qu'à dix heures. Bien plus, comme il lui était arrivé quelquefois d'être devancé par des gens qui avaient été réveillés avant lui par le même intérêt, il prenait souvent le parti, quand l'objet de la discussion était d'une importance majeure, de passer la nuit à cette porte devant laquelle il bivouaquait, couché sur la place que la fatigue ne lui permettait plus de garder debout.

Cela dura jusqu'à ce que les députés, chargés de la police de la salle, reconnaissant l'intérêt qu'ils avaient à faciliter le travail des journalistes, assignèrent une loge particulière au *Moniteur*.

Il fallait être aussi fortement constitué que l'était Maret pour ne pas être victime d'un pareil dévouement. Au reste, il eut lieu de s'en applaudir. Par suite de cette inflexible détermination, il n'est pas une délibération de l'Assemblée constituante à laquelle il n'ait assisté, pas une question d'intérêt public qu'il n'ait entendu débattre entre les publicistes de cette époque, pas une loi dont il ne connaisse le but et l'esprit. Par ce cours de législation-pratique, il acquérait sur toutes les parties de l'organisation sociale des connaissances qu'on ne saurait acquérir qu'imparfaitement dans les livres, et il se mettait ainsi, sans y penser, en état de remplir les hautes fonctions qu'il a occupées depuis.

Maret quittait pour cela un appartement commode et fort bien décoré qu'il avait rue Sainte-Croix de la Bretonnerie. Sur ses instances, ma famille vint l'occuper en avril 1790, quand mon devoir me rappela auprès de *Monsieur* au Luxembourg où j'avais un logement. Je croyais ne m'établir à Paris que pour trois mois : il en devait être autrement. C'était pour toujours que j'y transportai mon domicile, ou du moins n'en suis-je sorti depuis cette époque que passagèrement, et avec la volonté d'y revenir lors même que j'en perdis l'espérance.

Mes opinions ne m'avaient pas fait rompre avec mes anciens amis; mais elles m'en donnèrent de nouveaux. De ce nombre était le chevalier de Belleville, chevau-léger, plus riche d'esprit que de jugement, et l'un des plus féconds pourvoyeurs des *Actes des apôtres*. C'est à lui que ce recueil est redevable de la tragédie burlesque intitulée *Théroigne et Populus*, parodie quelquefois fort gaie des plus belles scènes de notre théâtre, dont il faisait application aux événemens du jour. De ce nombre était aussi le chansonnier Marchant, original qui, bien que partisan de la révolution dans le principe, était passé dans le parti contraire, non qu'il le trouvât plus raisonnable, mais parce que les opinions qu'il abandonnait lui paraissaient plus faciles à travestir en couplets que celles qu'il embrassait après les avoir chansonnées aussi. Il a mis en vaudeville la Constitution de 1791. Ses facéties n'étaient dénuées ni d'esprit, ni de gaîté; mais c'est à l'audace avec laquelle il attaquait le parti le plus fort qu'il devait surtout son succès. Infatigable dans la guerre qu'il livrait aux jacobins, il en a stigmatisé plusieurs d'un ridicule ineffaçable, et entre autres ce malheureux Gorsas dont, grâce à lui, les *chemises* ont obtenu une célébrité historique (12). J'ignore ce que Marchant est devenu après la révolution du 10 août, qui fit passer le pouvoir aux mains de ses ennemis les plus implacables. Je crois pourtant qu'il est mort naturellement, et de plaisir plutôt que de chagrin, car il vivait joyeusement. Le chevalier de Belleville, moins heureux, mourut sur l'échafaud la veille de la révolution qui fit justice de Robespierre.

Je n'étais pas étranger à la rédaction des facéties que publiait ce dernier; et je dois le dire à l'honneur de mes amis du parti contraire, à qui je n'en faisais pas un mystère, ils étaient les premiers à en rire quand elles étaient gaies. Ils avaient l'indulgence que donne à tout homme généreux le sentiment de sa force.

Ma position m'avait mis en rapport avec

M. de Bonneuil qui, comme moi, avait une charge chez *Monsieur*. Sa femme était sœur de madame d'Esprémesnil. Ces dames vivaient dans une grande intimité; j'eus bientôt occasion de connaître, soit chez l'une, soit chez l'autre, une partie des membres du côté droit, et particulièrement Cazalès, l'abbé Maury et d'Esprémesnil.

Ces trois champions d'une cause qu'ils défendaient avec plus de talent que de succès étaient remarquables par des qualités très-différentes.

Paresseux de sa nature, dissipé par habitude, élevé pour l'état militaire, et n'ayant reçu qu'imparfaitement même cette instruction superficielle qui suffit à peine à l'homme du monde, Cazalès n'en discutait pas moins les plus hauts intérêts de la société, les questions les plus ardues de la politique, avec la profondeur d'un publiciste qui aurait fait de ces matières l'objet unique et constant de ses études, et avec l'éloquence d'un orateur formé à l'exercice de la parole par une longue pratique de la chaire ou du barreau. Dans l'intelligence et la sincérité, la nature lui avait donné les deux moyens les plus puissans par lesquels on agit sur les esprits; la faculté de se faire bien comprendre ne tient-elle pas à celle de bien concevoir, et n'est-on pas presque sûr de convaincre quand on ne parle que de conviction? Ne soutenant en fait de principes que ceux qui lui paraissaient incontestables (13), et n'hésitant pas à se détacher de ceux qu'il reconnaissait pour mal fondés en justesse et en équité, comme en défendant un parti, il semblait dégagé de tout esprit de parti; il obtenait dès qu'il parlait la déférence, si ce n'est le crédit que la droiture commande même en combattant pour une cause qu'elle ne doit pas gagner. On l'estimait d'autant plus qu'on savait que ce n'était pas pour ce qu'il croyait utile, mais pour ce qu'il trouvait juste qu'il combattait.

Il n'en était pas tout-à-fait ainsi de l'abbé Maury. A sa promptitude à défendre le moindre des priviléges de l'ordre auquel il appartenait, il était évident que c'était à un ecclésiastique seul qu'on avait affaire en lui, et que l'organisation sociale qui lui convenait était celle qui respecterait l'intégrité de ces priviléges. Il semblait moins se croire envoyé aux états-généraux pour aviser au bien de l'Etat par d'utiles réformes, que pour empêcher que ces réformes ne blessassent les intérêts du clergé, et que le soulagement général ne fût obtenu aux dépens de sa fortune privée. Aussi, tout en rendant justice au talent avec lequel il soutenait ses opinions, ne s'y laissait-on jamais entraîner, et n'obtint-il guère d'autres succès que ceux d'un orateur éloquent dans une mauvaise cause, d'un acteur habile dans un mauvais rôle, ou d'un soldat qui défend en brave, dans l'intérêt de son avancement, une place qu'il sait ne pas pouvoir conserver.

D'Espréménil n'obtint pas même ce succès-là, et cependant il était véritablement éloquent: bien plus, il était homme de bonne foi. Mais il s'était placé dans une position si fausse, si désavantageuse, qu'on pouvait lui contester son talent comme ses qualités. La véhémence avec laquelle, avant la révolution, il avait attaqué les ministres, l'avait rendu populaire. On l'avait cru patriote quand il était au parlement; mais aux états-généraux, dont il avait provoqué la convocation, on reconnut qu'il n'était que parlementaire, et que c'était pour consolider, si ce n'était pour accroître les prérogatives de la magistrature, qu'il s'était prévalu des intérêts du peuple contre les exigences du roi. Dès lors le peuple, qu'il ne flattait pas, ne vit en lui qu'un déserteur; la cour, dont il se rapprochait, qu'un transfuge; et, malgré son talent, il resta nul entre les deux partis qui le dédaignèrent.

Ces trois hommes avaient aussi dans la société des physionomies très-différentes de celles que leur donnait leur attitude politique.

Les cas exceptés où la conversation roulait sur des questions d'intérêt public, Cazalès ne commandait pas à beaucoup près dans un salon l'attention qu'on ne pouvait lui refuser à la tribune. Il avait mieux que de l'esprit; mais il ressemblait en cela à ces figures qui, pour paraître belles, veulent être placées à une certaine hauteur et vues en perspective; de près l'œil, qui ne peut en saisir l'ensemble, leur accorde moins d'attention qu'à une miniature. Aussi Cazalès n'obtenait-il guère en société qu'une faveur de souvenir, et y était-il plus considéré pour ce qu'il avait dit ailleurs que pour ce qu'il disait là. Son esprit grave descendait rarement au niveau de ce ton frivole qu'il y faut prendre même pour traiter avec succès les choses sérieuses. Peu jaloux de ces succès d'ailleurs, Cazalès recherchait moins le monde qu'il n'en était recherché; il préférait à toutes les prévenances qui lui étaient prodiguées la liberté des clubs, et le jeu à tout autre plaisir.

Maury, au contraire, se plaisait beaucoup dans la société; il aimait à y trouver la compensation des avanies qu'il lui fallait souvent essuyer à la tribune, et à occuper l'attention générale dans les salons où naguère il était à peine aperçu. L'attitude qu'il y affectait était assez plaisante. Établi là comme par droit de conquête, et parlant de la manière la plus absolue, il disait tout ce qui lui venait dans l'esprit sans trop s'embarrasser des convenances. C'est à dîner surtout qu'écartant tout déguisement, il se révélait tout entier, mangeant beaucoup, buvant à l'avenant, et plaçant dans les trèves qu'il accordait à sa mâchoire plutôt qu'à son appétit, soit une anecdote philosophique, soit une bribe de sermon, soit un passage du discours qu'il venait de prononcer, soit enfin une histoire bien graveleuse, un conte de nature à déconcerter même une femme de cour. Il était facile de discerner à travers ce dévergondage qu'un seul sentiment, une passion unique le dominait, l'ambition; et qu'il n'y avait point de poste si élevé auquel il ne prétendît parvenir. « On peut tout ce qu'on veut, » répétait-il dans ses épanchemens. Sa confiance en lui-même était sans bornes. Une audace imperturbable le soutenait aussi dans les positions les plus difficiles : c'était le caractère distinctif de sa physionomie; on l'eût pris pour un grenadier déguisé en séminariste. L'uniforme qu'il portait quand il fut arrêté à Péronne devait lui aller à merveille; mais ce qui lui allait mieux sans doute, c'est le sarrau de charretier contre lequel il échangea la simarre rouge quand l'irruption des Français dans les Etats romains le força, en 1798, d'évacuer son diocèse de Montefiascone; nul vêtement ne s'accordait mieux avec son regard effronté, avec ses larges épaules, avec ses mollets carrés, avec sa corpulence athlétique.

Veut-on un exemple de sa présence d'esprit? qu'on lise le fait suivant; je le tiens du général Lafayette. Attentif à se concilier tous les partis avant que sa fortune fût faite, et presque aussi souple alors qu'il s'est montré inflexible depuis, pendant la session de l'Assemblée nationale s'entend, Maury, même dans ses sermons, ne cherchait pas moins à plaire aux philosophes qu'à leurs antagonistes. Le moyen d'y réussir était de ne pas trop ménager la cour. Un jour que, prêchant à Versailles, il ne l'avait pas ménagée assez, apercevant dans l'auguste auditoire des signes non douteux de mécontentement, *ainsi*, ajouta-t-il, *parlait Saint-Jean-Chrysostôme devant la cour de Constantinople.* Ce mot raccommoda tout. Ce qui avait paru impertinent dans la bouche d'un prestolet parut sublime dans celle d'un père de l'Eglise. On l'eût applaudi, s'il eût été permis d'applaudir devant le roi, même à la comédie. Fier de ce succès : *Leur en ai-je donné, du Saint-Jean-Chrysostôme!* disait-il en style de grenadier, quand ses amis vinrent le complimenter à l'issue de ce sermon, qui lui valut un bénéfice et sa nomination à l'Académie française.

Maury, sans être vain, était fier, et c'est son côté louable. *Vous croyez donc valoir beaucoup?* lui dit dans un moment d'humeur un homme qui valait beaucoup lui-même. — *Très-peu, quand je me considère ; beaucoup quand je me compare*, répartit Maury. Je tiens cette réplique de Regnauld de Saint-Jean d'Angély à qui elle fut adressée, et qui la citait comme une des plus heureuses qu'il eût entendues.

Loin d'avoir honte de sa basse extraction,

au comble des grandeurs, Maury en tirait vanité; il avait raison. C'était faire sentir ce qu'il lui avait fallu de mérite pour arriver si haut étant parti de si bas. Le peuple en jugeait comme lui; et c'est sous ce rapport qu'il avait obtenu dans la basse classe une considération toute particulière, en dépit de la couleur du parti pour les intérêts duquel il avait si vigoureusement milité; les petits aimaient à voir en lui un exemple de la fortune à laquelle ils pouvaient aspirer. J'aime à citer à l'appui de ce que j'avance le dialogue suivant; je l'ai entendu en 1812; je le transcris dans toute sa naïveté.

Un jour qu'il avait officié comme métropolitain à la cathédrale de Paris: « As-tu bien vu notre archevêque? disait un homme du peuple à un enfant de dix ans. — Si je l'ai vu! — N'était-il pas beau? — Il était tout d'or, comme un calice. — Eh bien! ce n'est pourtant, comme toi, que le fils d'un *bigre* * de savetier. — D'un *bigre* de savetier! papa? — Oui, mais il a travaillé à l'école; il est devenu savant; on l'a fait prêtre, et puis évêque, et puis archevêque, et puis cardinal, et qui sait si on ne le fera pas pape?

---

* *Bigre* n'est pas français. Je prie le lecteur de me pardonner ce barbarisme.

— Pape! papa? — Voilà pourtant ce que tu deviendrais si tu voulais travailler comme lui, et devenir comme lui savant à l'école. Mais tu n'es qu'un fainéant, qu'un ignorant; tu ne seras qu'une bête, tu ne seras toute ta vie qu'un *bigre* de savetier comme ton père. »

On n'en finirait pas à raconter soit les mots qu'il a dits, soit ceux qu'il a fait dire; mais tous ne seraient pas ici à leur place; j'en réserve pour d'autres articles, et surtout pour l'article qui lui sera consacré dans le chapitre de l'*Académie*, si je vis assez long-temps pour le faire.

D'Esprémesnil avait des manières toutes différentes de celles de Maury, celles de la haute société. Il n'était peut-être pas absolument exempt de cette morgue qui caractérisait Messieurs du parlement, parmi lesquels il avait joué un rôle des plus importans; mais, la déposant avec le costume de sa profession, dès qu'il n'était plus en représentation, on ne trouvait en lui que l'homme de l'humeur la plus aimable et la plus facile. C'était un composé des plus singuliers contrastes. Plus instruit qu'éclairé, il n'était pas à beaucoup près exempt de préjugés. Plus dévot que ne l'est ordinairement un homme du monde, il ne manquait pas cependant d'indulgence pour la jeunesse, et ne se plaisait jamais tant chez lui que lorsqu'on s'y divertissait. D'autre part, tout en raisonnant à merveille, il semblait quelquefois manquer de raison ; et, si ce n'est pas le besoin de croire, le désir de connaître l'entraîna plus d'une fois dans des illusions qu'on a peine à concevoir. Mesmer le compta parmi ses adeptes, et Cagliostro au nombre de ses dupes. Personne n'a plus mal conçu que lui l'époque où il se trouvait; personne n'a eu une idée moins juste de la marche des choses. Jugeant de ce qui était par ce qui avait été, il fut long-temps persuadé qu'un arrêt du parlement terminerait tout; dans la prison même où il attendait son tour pour comparaître au tribunal devant lequel personne ne trouvait grâce, il soutenait qu'il était impossible à ses juges de le condamner; et, se fondant sur la législation qu'à la vérité il connaissait mieux que personne, « Je leur garde, disait-il, un argument sans réplique : nous verrons comment ils feront pour s'en tirer. » Heureux dans son malheur, il a conservé cette sécurité jusqu'au pied de l'échafaud. C'était d'ailleurs un homme plein de bonté et d'humanité; il usait de la manière la plus honorable et la plus libérale de sa fortune, qui était considérable. Jamais malheureux ne l'a imploré en vain. Ne faisant attention qu'aux besoins, il a secouru plus d'un homme d'opinion opposée à la sienne, et cela très-gratuitement, car je sais telle personne qui ne lui a pas même payé en reconnaissance l'intérêt de l'argent qu'il lui a prêté pour la tirer d'un embarras où son honneur était compromis. J'aurai encore occasion de parler de cet homme que les passions politiques ont tant calomnié, à commencer par les siennes propres.

LIVRE III.

1790 — 1792.

CHAPITRE PREMIER.

Marius à Minturne. — Marly. — M. de Larive. — Mme Suin. — M. de la Porte, secrétaire souffleur de la Comédie Française. — Première représentation. — Anecdotes. — Fête de Voltaire.

L'année 1790 s'écoula sans qu'aucun des événemens qui la signalent ait amené pour moi le moindre incident qui mérite d'être consigné ici. J'en passai les plus beaux mois partie à

Saint-Cloud, où *Monsieur* occupait une maison qui est devenue depuis la propriété de M. de Bourienne, et partie à Marly dans un des douze pavillons qui ornaient les délicieux jardins établis à si grands frais par Louis XIV. Une famille que j'aimais tendrement et dont j'étais tendrement aimé en avait obtenu la jouissance pour la saison.

Absorbé tout entier dans les affections les plus douces, j'oubliais là ce qui s'était fait, ce qui se faisait et ce qui se ferait à Paris. J'oubliais même que les personnes avec lesquelles je vivais avaient sur la révolution des opinions opposées aux miennes, ce qu'elles oubliaient aussi. Nous nous convenions si bien, nous nous plaisions tant ensemble, que rien de ce qui était étranger au sentiment qui nous rapprochait n'arrêtait notre attention : les soins des affaires publiques ne venaient pas nous chercher dans cette belle retraite, et nous allions peu les chercher ailleurs. Je me rappelle tout ce qu'il me fallut d'efforts pour m'en arracher, le 14 juillet, où j'étais rappelé à Paris par la première fédération. Après plus de quarante ans, les souvenirs de cette époque ont encore pour moi toute leur fraîcheur, et peut-être mon cœur n'est-il pas le seul que le retour de cette journée rende annuellement à ces douces émotions.

Hélas! ces souvenirs ont plus duré que l'asile où s'écoula si délicieusement la trève que nous avions faite avec la révolution qui nous environnait. Le marteau les a démolis ces palais où le bonheur habita au moins trois mois; ces bosquets qu'un pouvoir supérieur encore à celui du grand roi embellissait pour nous de tant de prestiges, la hache les a fait tomber, la pioche les a déracinés; la charrue a nivelé ces terrasses, comblé ces bassins, effacé ces parterres autour desquels nous promenions à toute heure nos confidences et nos rêveries; les dieux qui les peuplaient s'en sont enfuis; et lorsque après trente-six ans d'une vie agitée par tant de vicissitudes, et lorsqu'au retour d'un long exil, j'ai été reconnaître la place où j'ai vu les jardins d'Armide, sans l'horloge qui se faisait encore entendre sur les débris du pavillon royal, horloge plus que séculaire, je n'aurais pas pu la retrouver, cette place, dans l'affreuse solitude dont j'étais environné, et où tout était méconnaissable, excepté la voix du temps qui là, pour moi, a pris l'accent d'une cloche funèbre.

L'hiver qui suivit fait époque dans ma vie.

C'est alors que j'entrai tout-à-fait dans la carrière des lettres. Jusque-là, je m'étais borné à travailler pour moi seul, à peu près. Avais-je fini un ouvrage, j'en entreprenais un autre, sans autre but que celui de m'occuper, car je ne croyais pas que l'accès de la scène me serait jamais ouvert.

Mon *Marius* était terminé depuis un an. Maret et Méjean, à qui j'en avais communiqué des fragmens, me firent prendre plus de confiance en moi-même. Palissot, qui eut la complaisance d'entendre une lecture de cet essai d'un novice, ayant été de leur avis, je me déterminai à présenter mon ouvrage à MM. les comédiens ordinaires du roi, ou plutôt de la nation, car c'est le titre qu'ils portaient depuis la révolution; mais comme on n'obtenait pas de prime-abord accès auprès de ces Messieurs, et qu'un auteur qui n'était pas recommandé par son nom avait besoin de se mettre sous le patronage d'un acteur en crédit, j'allai préalablement réclamer les bons offices de M. Larive, ou de Larive, pour qui Palissot me donna une lettre, et qu'il m'avait engagé à consulter sur les changemens qu'il convenait de faire à mon ouvrage avant de le lire à l'aréopage comique.

M. de Larive, depuis deux ou trois ans, avait cessé de faire partie de la société des comédiens français, mais il ne s'était pas pour cela retiré du théâtre. En conséquence d'un arrangement particulier, il jouait dans le cours de l'année un certain nombre de représentations à un prix déterminé pour chacune d'elles; et comme on avait intérêt à le ménager, vu que c'était par lui qu'en ces jours de détresse le Théâtre-Français faisait de temps en temps quelques recettes, il y avait conservé une certaine influence. Il habitait alors une maison fort élégante qu'il s'était construite au Gros-Caillou; j'allai l'y chercher. Il me reçut avec beaucoup de dignité dans une vaste pièce où son lit était dressé sous une tente et que décoraient les portraits de Gengiskan, de Bayard, de Tancrède, de Spartacus et de je ne sais quels autres héros qui tous se ressemblaient, car ils lui ressemblaient tous. Lui excepté, M. de Larive n'était content de personne. Après m'avoir dit beaucoup de mal des auteurs, beaucoup de mal des acteurs, beaucoup de mal du public, et beaucoup de bien de lui, s'excusant sur la multiplicité de ses études qui ne lui laissaient pas un moment à perdre, et après m'avoir fait cadeau d'un exemplaire sur papier vélin et doré sur tranche, de *Pyrame et Thisbé*, mélodrame de sa façon, que M. Baudron, de mélodieuse mémoire, avait mis en musique : « Monsieur, me dit-il, allez de ma part chez Mme Suin ; c'est une femme d'expérience, elle vous donnera d'excellens conseils : vous pouvez vous en rapporter à elle. Allez. » Laissant à lui-même M. de Larive qui, plein de lui-même, était entouré de lui-même, j'allai chez Mme Suin.

Mme Suin n'était plus dès lors de la première jeunesse. Assez grande, un peu sèche, un peu raide, elle avait au théâtre toutes les qualités qui constituent les duègnes, emploi qui lui était dévolu dans la comédie, et autant de dignité qu'il en faut dans la tragédie pour exceller dans les confidentes, emploi qu'elle tenait en chef. A la ville elle joignait à ces habitudes quelque peu de pédanterie. Mais ces légers défauts étaient rachetés par des qualités rares. A un esprit orné par beaucoup d'instruction, elle unissait un jugement sain, un goût sûr, et elle était véritablement obligeante.

Elle m'accueillit avec la meilleure grâce possible, me promit de me guider dans toutes mes démarches, et pour preuve : « Allez de ma part chez M. de la Porte, c'est un homme de bon conseil, » me dit-elle. Ainsi se nommait l'examinateur sans la garantie duquel un auteur qui n'était pas connu, même par une chute, ne pouvait pas être admis à lire devant le comité examinateur, qui n'était autre que le souffleur qu'on appelle aujourd'hui secrétaire. J'allai chez M. de la Porte.

M. de la Porte jouissait au Théâtre-Français d'une certaine considération; il y avait droit, non seulement parce qu'il avait soufflé Le Kain, mais parce qu'il avait été le confident des théories de ce grand acteur, parce qu'il était dépositaire de toutes ces traditions qui au théâtre ont force de loi, et aussi parce qu'indépendamment d'une longue expérience de tout ce qui concerne la scène, il avait beaucoup de bon sens.

Je ne me rappelle pas trop dans quelle ruelle du faubourg Saint-Germain s'ouvrait l'allée de la maison, au sixième étage de laquelle M. l'examinateur occupait un logement; mais je me rappelle très-bien que la porte de ce logement, où j'étais arrivé par un escalier à balustres de bois, me fut ouverte par un petit vieillard au visage ridé et grêlé, squelette vêtu d'un habit de velours de coton mordoré, coiffé d'une perruque à bourse moins jeune que sa figure, portant culotte de velours de coton noir, bas de laine de même couleur, et chaussé de souliers non cirés, lesquels étaient attachés très-haut sur le coude-pied par des boucles d'argent de la dimension la plus exiguë. Cet homme, qui représentait autant le siècle de Louis XIV que celui de Louis XV, me conduisit à travers un couloir des plus obscurs, dans une petite pièce qui évidemment servait de cabinet de travail, de salon, de salle à manger, et même de chambre à coucher; car, à travers quelques déchirures, j'aperçus un lit sans rideaux derrière une boiserie dont les panneaux grillés en fil de laiton, et remplis par une tenture de taffetas jadis mordoré comme l'habit de mon introducteur, figuraient une bibliothèque.

« Qu'y-a-t-il pour le service de Monsieur? » me dit M. de la Porte (car c'était lui), avec moins de morgue qu'un souffleur n'est en droit d'en prendre avec un auteur. Et quand je lui eus fait connaître le but de ma visite, « Si vous voulez me confier votre manuscrit, ajouta-t-il très-poliment, je l'examinerai et j'en ferai mon rapport à Mme Suin. » Et il me reconduisit, toujours poliment, jusqu'à l'escalier, à travers les ombres du couloir dont les chats, autant que j'en ai pu juger, non pas par les yeux, partageaient avec lui la jouissance.

Dès le lendemain ce brave homme avait tenu parole. « M. de la Porte m'a renvoyé votre manuscrit, me dit Mme Suin; il n'est pas mécontent de l'ouvrage, mais il croit qu'il y a quelque chose à y refaire. Il a, dit-il, écrit ses observations en marge. »

M. de la Porte était classique par excellence. Aujourd'hui, s'il pouvait ressusciter, on le prendrait pour le représentant du genre : il attaquait en conséquence dans ses notes, comme témérités, certaines innovations que Palissot avait louées comme d'heureuses hardiesses. A cela près, il avait généralement jugé mon ouvrage comme ce judicieux critique, et comme j'avais fini par en juger moi-même. Il pensait qu'il devait subir quelques réductions; que la marche en devait être simplifiée, sans m'indiquer toutefois quelles parties devaient être sacrifiées, et comme un médecin qui vous dirait vous êtes malade, sans vous dire où est la maladie, me laissant à rechercher le foyer du mal pour y appliquer le remède.

C'est en discutant avec Mme Suin sur le fond

de cette pièce que je trouvai la solution de ce problème. La tragédie complète existait dans les cinq actes que comportait alors mon *Marius*; mais elle y existait engagée, comme autrefois l'Apollon dans le marbre dont il fut extrait: mais elle y était mêlée avec des scènes parasites dans la complication d'une double-intrigue, d'une intrigue amoureuse que j'avais imaginée, non sans peine, pour lui donner l'embonpoint que je croyais nécessaire à la perfection d'une pièce de théâtre. Il ne s'agissait que de l'en dégager. « Si nous retranchions cette scène-là, si nous abrégions cette scène-ci? » me disait Mme Suin avec qui je relisais la pièce. « Nous ne remédierions qu'imparfaitement au mal, lui répondis-je : ce n'est pas de retranchement dans cette double action, mais de son retranchement absolu qu'il faut s'occuper. Pendant que je vous lisais ma pièce, cette opération s'est faite dans ma tête; j'ai vu où il fallait couper et comment il fallait recoudre. Il m'en coûtera deux actes et tout ce que j'ai imaginé pour en faire cinq; mais je conserverai tout ce que m'a fourni Plutarque : cela suffit à trois. Il m'en coûtera aussi un rôle de femme; mais comme le rôle n'est pas bon, je gagnerai en le perdant;

et puis, ce ne sera pas la première tragédie sans femme et sans amour. Dans trois jours, vous verrez comment je m'en serai tiré. » En effet, trois jours après *Marius* était réduit dans le cadre où il a été offert au public.

Le reste alla tout seul; les circonstances me servirent : c'était l'époque où quelques acteurs du Théâtre-Français se séparaient de leur société pour aller fonder, rue de Richelieu, un théâtre rival. Les sociétaires restans, que ces défections rendaient plus traitables, ne me firent pas attendre l'audition que je m'empressai de leur demander. Par suite de l'engouement auquel on s'abandonne volontiers quand il est question du premier ouvrage d'un jeune homme, ma pièce fut reçue avec acclamation, et l'on décida qu'elle serait représentée à l'ouverture de l'année dramatique, aussitôt après Pâques.

En effet, aussitôt après Pâques, la pièce fut mise en répétition ; c'était au mois d'avril, mois où je reprenais mon service auprès de *Monsieur*. Ce prince ayant appris que ce jeune homme si sérieux et si étourdi s'était avisé de faire une tragédie qu'on allait représenter, eut la fantaisie de la connaître avant la représentation, mais à l'insu de l'auteur. « Tâchez, dit-il à M. de Bonneuil, qui probablement lui avait dit la chose, tâchez d'obtenir qu'il vous la confie, et vous me la prêterez. »

M. de Bonneuil crut que le moyen le plus facile d'obtenir cette communication était de me faire connaître le but dans lequel il me la demandait. Le prince eut le jour même la pièce à sa disposition. Il s'empressa de la lire, et la remit au bout de quelques heures à M. de Bonneuil, en lui disant : « Il y a là du talent, mais le sujet n'est pas heureux ; il est trop austère. Une tragédie sans femme ! (*Monsieur* aimait les femmes, comme on voit) cela ne réussira pas. »

M. de Bonneuil qui, en échange de ma complaisance, m'avait promis de la franchise, me transmit cet arrêt.

Tout grands que soient les rois, ils sont ce que nous sommes :
Ils se trompent en vers comme les autres hommes,

lui dis-je. Le public prononcera entre *Monsieur* et moi ; mais je serais fort surpris que le public ne fût pas de mon avis. »

Affable avec moi depuis ce jour, *Monsieur*, à son lever, ne me parlait que de théâtre, mais moins en homme qui sait qu'en homme qui désire savoir. Je riais intérieurement de ses finesses, je pourrais dire même de ses malices; car il était malin, ce bon prince.

Arrive le jour fatal; j'étais au lever.

« Sangaride, ce jour est un grand jour pour vous, »

me dit-il avec une expression qui ne fut guère comprise que de moi, et où il y avait autant d'ironie peut-être que de bienveillance. En cas de revers, je m'étais bien promis de ne pas m'exposer à une autre citation de Quinault (c'était alors l'auteur favori de *Monsieur*).

Le lendemain je me présentai à lui, et je fis bien. Dès qu'il me vit, il m'adressa les félicitations les plus franches; il paraissait jouir de mon succès comme un professeur jouit de celui de son élève. Il me fallut lui rendre compte, dans les plus grands détails, de toutes les circonstances de la représentation, et comme elles l'intéressèrent, il s'amusa quelque temps à les raconter aux seigneurs de sa cour, les pressant d'aller voir *Marius*, tout en me témoignant avec grâce le regret de ce que les convenances ne lui permettaient pas d'aller juger par lui-même de l'effet de cette pièce au Théâtre-Français, que la cour boudait, et pour cause.

Cet effet avait été au-delà de mes espérances. Saint-Phal, dans le rôle du jeune *Marius*, m'avait concilié, dès le premier acte, la bienveillance du public dont il était fort aimé. Saint-Prix, dans le rôle du *Cimbre*, avait enlevé tous les suffrages; Vanhove lui-même, aussi bien servi par son instinct qu'un autre l'eût été par son intelligence, s'était souvent fait applaudir dans le rôle de *Marius*. Les défauts de ce bonhomme me servirent autant que ses qualités; son débit parfois brutal, sa taille épaisse ne faisaient pas disparate avec le portrait soit physique, soit moral que Plutarque a tracé du vainqueur des Cimbres. Il n'avait pas d'abord compris tous les détails de son rôle. Par exemple, aux premières répétitions, quand il débitait ce vers :

Hors ma gloire et ma force, ici tout m'abandonne,

il déployait, en les brandissant, deux bras musculeux dont ses poings fermés faisaient deux maillets; on eût dit Samson défiant les Philistins. Mais sur l'observation que ce mot force avait deux acceptions différentes, qu'il se traduisait en latin tantôt par *virtus*, tantôt par *robur*, suivant qu'il s'appliquait au moral ou au physique, aux facultés de l'âme ou à celles du corps, qu'il était évident qu'ici force signifiait courage et non pas vigueur; comprenant cette distinction, quoiqu'il ne sût pas plus le latin que le français, il rectifia son jeu, et, portant sur son cœur une des mains dont il avait menacé le ciel, il rendit ce passage avec autant de justesse que d'énergie; c'est même un de ceux où il fut le plus applaudi. Il joua aussi de la manière la plus heureuse la scène du Cimbre où Saint-Prix était si brillant, et parut bon même à côté de cet acteur qui y fut excellent.

La pièce fut applaudie avec transport d'un bout à l'autre. Demandé avec instance par le public, je le saluai de la loge où je me trouvais au milieu de ma famille, innovation qui fut universellement approuvée. Ce triomphe me flatta d'autant plus qu'au premier acte on avait essayé de faire tomber mon ouvrage; un signe d'improbation s'était fait entendre au moment où le jeune Marius se découvre à Céthégus; mais comme cette improbation n'était nullement justifiée par le trait auquel elle s'appliquait, et qu'elle portait évidemment le caractère de la malveillance, le public avait voulu jeter à la porte l'auteur de cette tentative qui ne se renouvela pas.

Je ne savais trop à qui l'attribuer, sinon aux acteurs dissidens. Inconnu dans la littérature, je ne devais pas avoir d'ennemis parmi les gens de lettres; ces Messieurs favorisent volontiers les débutans, ne fût-ce que pour affliger les vétérans. Aussi n'était-ce pas d'un homme de lettres que partait le coup, mais d'un homme du monde, d'un homme de ma société intime, bien plus, d'un membre de ma famille. Le fait me fut révélé le soir même avec des circonstances assez bizarres.

Pendant la petite pièce, je me promenais dans le foyer avec un de mes ci-devant amis, M. Durant: « Vois-tu, me dit-il, cet homme qui est embusqué derrière cette colonne, il semble nous observer; qui peut-il être? — L'homme qui a voulu faire tomber ma pièce, répondis-je. » En effet, j'avais reconnu, malgré le chapeau qui se rabattait sur ses yeux et la redingote qui l'enveloppait, un individu alors en procès avec ma mère, et qui malheureusement pour nous, nous appartenait de très-près. « Je veux vous féliciter de votre succès, me dit-il avec l'accent d'un homme à demi fou. Je ne vous cache pas que j'ai fait tout ce que j'ai pu pour l'empêcher. — Je m'en doutais bien à vous voir ici; mais votre malveillance ne m'a préparé qu'un plaisir ; le public m'a bien indemnisé du mal que vous m'avez voulu faire. — Je pense comme le public ; j'ai été entraîné comme lui ; c'est de bon cœur que je vous félicite : embrassons-nous. — Oh ! pour cela, c'est impossible. Je ne garde aucun ressentiment de l'injure ; mais je n'ai aucune reconnaissance pour la réparation. Nous resterons, si vous m'en croyez, indifférens l'un à l'autre. — Vous ne voulez donc pas m'embrasser? — Non, je n'embrasse que les gens que j'aime ou que je puis aimer. — En ce cas-là, nous nous battrons. Vous vous rappelez certaine scène que vous m'avez faite aux Tuileries? — Un jour où vous avez manqué à ma mère. — J'en veux avoir raison. — Quand il vous plaira. — Ce soir même, tout à l'heure. — Demain à l'heure que vous voudrez, mais ce soir c'est impossible. — Et pourquoi? — Parce que je suis lié par un engagement antérieur. — Un engagement d'honneur! — Vous l'avez dit; j'ai promis d'aller souper avec des amis qui m'attendent; laissez-moi le temps de savourer ma joie avec eux; vous enragerez pendant ce temps-là, mais ce ne sera pas long. A deux heures du matin je serai chez moi, et, à compter de ce moment, jusqu'à la fin des siècles, je suis à vous. — A demain donc puisque vous ne voulez pas m'embrasser. » Et il s'en alla.

Le souper m'attendait chez d'Esprémesnil au milieu d'une société charmante, dont sa famille n'était pas le moindre ornement. Il fut extrêmement gai. Je n'y parlai pas de mon aventure, et à cela je n'eus pas grand mérite, car, à vrai dire, je n'y pensai pas. Puis, aussi heureux qu'on peut l'être d'un bonheur qui n'intéresse pas le cœur, je retournai au Luxembourg à deux heures du matin, et je m'endormis la tête encore pleine des plus douces émotions.

Mes rêves les prolongeaient encore le lendemain quand on frappe à ma porte; je vais ouvrir, c'était mon homme. Je suis à vous, lui dis-je : avez-vous un témoin ? — J'ai avec moi non pas un témoin, me répond-il, mais un second qui vient avec moi vous demander à déjeuner.

Ce second était mon oncle; il était difficile de refuser sa proposition. Après le lever du prince, le déjeuner fut servi; il se termina, comme on le pense, par une embrassade; il fallut en passer par là.

Mon adversaire m'ayant prié ensuite de le

réconcilier avec ma famille, je promis d'y travailler, et je tins parole; mais pendant que j'y travaillais, ce gentilhomme sortit de France la veille même du jugement qui l'a condamné à restituer des valeurs dont il avait dépouillé sa femme et son enfant, valeurs qu'il emporta de l'autre côté du Rhin pour soutenir sa noblesse.

Les littérateurs qui se trouvèrent à cette représentation m'accordèrent en général des éloges; mais aucun d'eux ne s'en montra plus libéral que le vieux Lemière, avec lequel je n'avais jamais eu de relations; homme excellent, dont le cœur, s'il fut trop ouvert à la vanité, a toujours été fermé à l'envie : celui-là fait exception dans l'espèce. Il a passé sa vie à dire du bien de lui, mais il n'a jamais dit de mal des autres.

La Harpe me fut moins indulgent. Cela ne tenait pas seulement à la sévérité de son goût : ainsi que je l'ai dit, il avait donné des éloges à quelques pièces fugitives de ma façon, qu'il inséra dans sa *Correspondance russe*. Bien plus, quelqu'un lui ayant dit, moi présent, que je faisais une tragédie, il s'était offert à m'aider de ses conseils; mais comme il m'inspirait peu de confiance, et qu'indépendamment de ma répugnance à me soumettre aux idées d'autrui, je craignais qu'on ne me contestât un jour l'invention de mon ouvrage si je me rangeais parmi les disciples de ce maître, je ne profitai pas de son offre.

Un bienfait *refusé* tient souvent lieu d'offense.

C'est alors que je pris rang dans le corps des gens de lettres, si tant est que les gens de lettres puissent faire corps, s'il peut y avoir union entre des hommes continuellement divisés d'intérêts, entre les parodiés et les parodistes, entre les auteurs et les critiques, loups toujours prêts à s'entre-mordre, loups dont la moitié ne vit qu'aux dépens de l'autre ; car les loups se mangent entre eux, quoi qu'on dise. N'importe; je ne m'en réunis pas moins, sur l'invitation de Palissot, au groupe qui, sous la dénomination de famille de Voltaire, escortait le sarcophage de ce grand homme le jour où ses cendres furent transportées au Panthéon.

Décrirai-je cette solennité ? elle fut vraiment magnifique dans son commencement. Des chars découverts où se trouvaient en toilette brillante les actrices des grands théâtres, suivaient le char triomphal. Autour marchaient les acteurs en costume héroïque. On se croyait à Athènes; le temps était superbe, quand tout à coup le temps change; l'illusion s'évanouit aussitôt. Entre les torrens que vomissaient les gouttières et ceux qui grossissaient les ruisseaux, les dames les mieux empanachées ne sont plus que des poules mouillées, et les héros dans la boue ne ressemblent plus qu'à ces Romains de carnaval que je vous laisse à désigner par leur nom propre.

CHAPITRE II.

Faveur sans résultat. — Monsieur accepte la dédicace de *Marius*. — Il part pour Coblentz. — Je perds la finance de ma place.

Le succès de *Marius* me mit à merveille en cour. *Monsieur* accepta la dédicace de cet ouvrage, que je comptais livrer dès lors à l'impression, et qui n'a été publié que cinq ans plus tard.

Il a paru sous les auspices d'une femme gracieuse, spirituelle et belle. La puissance à laquelle je faisais cet hommage est la seule que la révolution n'a pas pu détrôner. J'ai cru pouvoir l'encenser sans outrager l'autre.

Ma reconnaissance pour la bienveillance que me témoignait le prince était aussi vive que si elle m'eût été imposée par des bienfaits. Le dévouement qu'elle m'inspirait était sans bornes : où ne m'aurait-il pas conduit, si on avait voulu le mettre à l'épreuve ?

J'avais cru un moment qu'au printemps nous retournerions habiter la maison de campagne où le prince avait passé l'été précédent. Telle était peut-être son intention ; mais le 18 avril 1791, la populace s'étant opposée au départ du roi, qui avait voulu se retirer pendant la semaine sainte à Saint-Cloud, *Monsieur* parut se résigner à passer l'été au Luxembourg. Je ne remarquai rien d'extraordinaire dans ses habitudes pendant les deux mois qui suivirent cette contrariété, sinon que le comte d'Avarai, fils du maître de la garderobe (14), venait plus souvent que d'ordinaire faire sa cour au prince, qu'il était admis dans sa plus intime familiarité; qu'il y était admis en frac, preuve d'une extrême faveur chez *Monsieur*, homme haut et gourmé, et qui tenait à l'étiquette plus que qui que ce fût de la famille.

Je dois ajouter que malgré son obésité précoce, qui lui interdisait certains exercices, le prince s'était mis à monter à cheval, et que, de compagnie avec son favori, il allait de temps en temps trotter sur le Boulevard-Neuf, fantaisie que j'attribuai au besoin de retrouver dans l'enceinte de Paris le plaisir de la promenade, qu'il ne lui était plus permis de prendre à la campagne. Notez qu'à cet effet il troquait l'habit de cour et le chapeau à plumet contre la redingote et le chapeau rond, travestissement qui le rendait tout-à-fait méconnaissable, si un prince ne peut pas ressembler au plus épais des bourgeois.

Ayant passé la journée du 20 juin à Versailles chez le marquis de Cubières avec Cazalès, l'abbé Poule, le baron de Crussol, le duc de Brissac et quelques membres du côté droit, fine fleur de l'aristocratie, et n'étant rentré que très-tard, je m'étais réveillé fort tard le 21, et je craignais d'avoir manqué l'heure du lever. J'appris en conséquence, non sans plaisir, quoiqu'il fût plus de neuf heures quand je descendis chez *Monsieur*, que le service n'avait pas encore été appelé; mais ce plaisir se changea en inquiétude, quand dix heures sonnèrent sans que *Monsieur* eût donné signe de vie. On ne savait qu'en penser, lorsque l'officier qui commandait la garde nationale de service au Luxembourg entre dans le salon d'attente, et demande à être introduit sur l'heure dans la chambre à coucher du prince. L'huissier lui répond qu'il ne peut ouvrir sans un ordre de *Monsieur* lui-même, que d'ailleurs la porte est fermée tous les soirs en dedans aux verroux par le premier valet de chambre, qui seul peut les tirer. « Je ne saurais me payer de ces raisons, réplique l'officier; des bruits sinistres se répandent. Le roi, dit-on, s'est échappé cette nuit avec sa famille. Responsable de la personne de *Monsieur*, il m'importe de m'assurer qu'il n'en a pas fait autant : ouvrez donc, si vous ne voulez me mettre dans la nécessité d'enfoncer cette porte. »

Cette nouvelle nous frappa de stupeur. On engagea l'officier à s'adresser à M. de Bonneuil qui avait accès chez le prince par l'intérieur. On le trouva tout habillé chez lui, attendant que la sonnette l'appelât, et fort surpris de ne pas l'entendre. Prenant sur lui de devancer le signal, il entre, puis revenant presque aussitôt pâle, déconcerté, il avoue à l'officier qu'il n'a trouvé personne, et qu'il y a lieu de croire que le prince, qui s'était couché à onze heures et demie, n'avait point passé la nuit dans son lit dont les draps étaient glacés.

Pressé de donner des renseignemens sur les moyens par lesquels s'est opérée cette évasion, M. de Bonneuil proteste qu'il les ignore. En effet, il les ignorait. Le prince, qui ne doutait ni de la discrétion ni du dévouement de M. de Bonneuil, n'avait pas cru devoir lui confier un projet à l'exécution duquel il n'aurait pas pu concourir (15). Se refusant néanmoins à croire qu'un homme dont le lit était placé dans la chambre même du prince n'eût pas su tout ce qui s'était passé pendant la nuit dans cette chambre, on s'empara de lui; et sans égards pour son âge et pour ses infirmités, manifestées par un tremblement qu'on attribuait au sentiment de sa faute, on conduisit ce vieillard à pied à la prison de l'Abbaye, à travers la populace qui demandait sa tête.

J'étais auprès de lui quand on lui signifia l'ordre en vertu duquel on l'arrêtait; après lui avoir rendu les services qu'il pouvait attendre d'un galant homme en pareille occasion, et m'être chargé de ses commissions auprès de sa famille, présumant qu'on pourrait bien arrêter aussi les autres officiers de la maison du prince, je remontai précipitamment chez moi, où je changeai mon habit contre un frac, mon épée contre une badine, mon chapeau à cornes contre un chapeau rond; et comme j'avais remarqué que la porte du palais était gardée par un poste qui ne laissait sortir personne, je me jetai dans un souterrain qui communiquait par-dessous la rue de Vaugirard avec l'hôtel qui fait face au Petit-Luxembourg, et je m'échappai par cette voie. Il était temps. A peine en étais-je sorti, qu'un détachement de gardes nationaux vint placer une double sentinelle à cette issue, qui lui avait été indiquée par le suisse du Luxembourg, suisse un peu moins fidèle que ceux des Tuileries.

M. de Bonneuil, à qui *Monsieur* semblait devoir tout dire et qui paraissait placé de manière à tout voir, n'avait rien su, n'avait rien vu; bien plus, il n'avait rien pu voir, rien pu savoir. Cassé par l'âge, et attaqué d'une affection nerveuse, il ne pouvait en effet rendre physiquement aucun service à un voyageur qui, peu alerte, avait besoin de trouver, dans le seul homme qu'il pût emmener avec lui, la qualité qui lui manquait. Ne se livrant dès lors qu'à des gens qui pouvaient l'aider, *Monsieur* se cacha de son camarade de chambrée, et rien ne lui fut plus facile que de le tromper. Le prince une fois couché et ses rideaux tirés, le premier valet de chambre allait faire sa toilette de nuit dans son appartement particulier avant de venir occuper le lit qu'on lui roulait dans la chambre du maître. Profitant de ce moment, *Monsieur* se leva, passa dans son cabinet où l'attendait M. d'Avarai, « qui m'*habilla*, dit-il, et puis quand je le fus, » c'est le texte (16), c'est-à-dire quand *Monsieur* fut *habilla*, sortant avec son confident par une issue non surveillée, *Monsieur* rejoignit une voiture qui l'attendait dans la cour du grand Luxembourg, où il monta en citant, par allusion à sa situation présente, un trait d'un opéra, non pas de Quinault, mais d'un Despréaux qui n'est pas Boileau (17). Le premier valet de chambre, qui cependant était venu se mettre au lit sans regarder plus qu'à l'ordinaire si le prince était dans le sien, se leva le lendemain sans y regarder davantage.

Monsieur n'emmena avec M. d'Avarai qu'une seule personne. Je m'étonnai, dans les dispositions où il était pour moi, qu'il ne m'eût pas préféré au subalterne sur lequel tomba son choix. Un motif assez raisonnable l'y détermina sans doute : il trouva dans cet individu, non moins dévoué mais plus adroit que moi, un homme qui ferait avec son propre service celui de sa maison tout entière. Personne, pas même le comte d'Avarai, ne valait celui qu'il a choisi.

Si le prince m'en avait requis, je l'eusse incontestablement accompagné; mais que ne m'en eût-il pas coûté pour satisfaire à cette réquisition, pour briser des liens qui tous tenaient à mon cœur! rien ne m'eût caché l'étendue d'un pareil sacrifice. En vain la cour était-elle persuadée que cette absence ne serait pas longue; je ne partageais pas cette illusion.

Monsieur ne m'avait pas tout-à-fait oublié; j'en eus bientôt la preuve. Quelques jours après son départ, je reçus une lettre du marquis d'Avarai, lettre fort polie, où il me mandait par ordre de ce prince que sa maison était dissoute, et ma charge supprimée conséquemment. Ainsi, non seulement la pension que m'avait accordée *Madame* ne fut pas portée sur les états de la maison de *Monsieur*, mais le prix de la charge que j'avais achetée chez *Monsieur*, dans le but de faire ratifier par lui ma pension, a été perdu pour moi sans retour.

Preuve, dira-t-on, de la détresse où se trouvait *Monsieur*, soit; mais preuve aussi que je n'ai pas été comblé des bienfaits de *Monsieur*, comme quelques personnes se sont plu à le répéter. La lettre que je reçus en cette occasion, et qui me privait d'une partie de ma fortune, est la seule qui m'ait été écrite au nom de *Monsieur* avant la restauration. Après la restauration, l'abbé de Montesquiou m'en adressa une autre au nom du même prince, lettre fort polie aussi. Je la reproduirai en son lieu : on verra si c'était une faveur qu'elle m'annonçait.

Cette mesure qui m'enlevait le *tiens* et le *tu l'auras*, ce que j'espérais avoir et ce que j'avais, n'est imputable, au fait, qu'à la force des choses ; commandée par la force des choses, elle s'étendit sur toutes les dupes qui avaient acheté comme moi l'honneur de servir le prince ; c'est aux circonstances qui ruinaient le prince qu'il faut imputer la ruine des individus qui avaient lié leur sort au sien ; ainsi faisais-je. Mais d'autres circonstances ont relevé depuis la fortune de ce prince ; bien plus, elles l'ont accrue. Rentré souverain en 1814 dans cette France d'où en 1791 il s'était échappé sujet ; au lieu d'un apanage il y a trouvé un royaume. N'aurait-il pas dû réparer alors le dommage appelé par sa fuite sur la fortune de ses serviteurs ; et quand il retrouvait en conscience plus qu'il n'avait laissé, leur restituer ce qu'ils avaient perdu, ou leur conserver du moins le bien-être qu'ils s'étaient honorablement acquis ? Non seulement je ne fus pas indemnisé du prix de ma charge, qu'au reste je ne réclamai pas, mais je perdis la place que j'occupais dans le conseil de l'Université, place acquise par de longs services dans l'instruction publique.

M. de Bonneuil, qui était devenu mon beau-père, avait payé cent et tant de mille francs la charge qui de la chambre de *Monsieur* l'avait conduit en prison. Il n'a pas mieux placé son argent que moi le mien; cette somme est à jamais perdue pour sa famille. Sa Majesté s'est-elle bien acquittée envers la mémoire d'un serviteur aussi dévoué, en accordant, sur sa cassette, 1,500 francs de pension à sa veuve, qui fut incarcérée dix-huit mois sous le régime de la terreur, par suite du dévouement le plus exalté pour la cause de Sa Majesté?

L'ivresse d'un premier succès, l'espérance d'en obtenir un second m'empêchèrent d'apprécier le dommage que cet événement portait à mes intérêts. Plus passionné que jamais pour le théâtre, je ne songeais qu'à mettre à la scène la révolution opérée à Rome par la mort de *Lucrèce*, sujet auquel la feinte démence de *Brutus* me semblait devoir donner une physionomie toute particulière. Je consacrais journellement tout mon temps à ce travail jusqu'à l'heure où j'allais m'en délasser dans des sociétés d'opinions analogues aux miennes, telles que celles de la marquise de Groslier, du baron de Crussol, et surtout de d'Esprémesnil, dans les terres duquel je passai les mois de septembre et d'octobre.

Je ne me reporte pas à cette époque sans me rappeler avec une vive reconnaissance les prévenances et les bontés dont m'accabla Mme de Groslier. J'ai rencontré peu de femmes aussi aimables. Douée du sentiment de tous les arts et d'un talent remarquable pour l'un d'entre eux, la peinture, elle avait fait de sa maison le centre d'une des réunions les plus intéressantes. Des peintres, des littérateurs, des orateurs en faisaient partie, et s'y trouvaient avec les hommes de cour les plus spirituels, qu'elle cajolait moins qu'eux.

Le Brun avait été choyé là comme un favori, adulé comme un roi, gâté comme une maîtresse. La dame, qui était l'âme et l'esprit de cette société, trouvait mille manières ingénieuses d'exprimer son admiration pour ce poète insatiable de louanges. Elle lui fit présent, une fois entre autres, d'un beau portefeuille, sur la ser-

rure duquel étaient gravés ces vers extraits des
œuvres qu'il devait renfermer:

> Et le dragon des Hespérides
> Gardait un or moins précieux.

M*me* de Groslier avait désiré me connaître: admis au nombre des élus, je me trouvai souvent chez elle, non pas avec Le Brun, que ses opinions en avaient écarté, et qui pourtant n'y laissait pas de vide, mais avec les peintres Robert et Van-Spendouk, avec l'avocat de Bonnières, avec ce bon Philippon de la Madeleine, et aussi avec l'abbé Maury. Plus réservé, mais moins amusant là qu'ailleurs, quoiqu'il y fût plus ridicule, qu'avait-il imaginé pour accaparer l'attention? c'était de remplacer par des bribes de sermons les histoires un peu lestes qu'il contait d'habitude. Tout en prenant le café, il nous débita en trois dîners les trois divisions de son *Panégyrique de Saint-Vincent de Paule*, ouvrage inédit alors, et qu'il regardait comme son plus bel ouvrage. Servi dans un pareil moment, au fort de l'été et pendant le travail de la digestion, ce dessert-là, si bon qu'il fût, pouvait bien passer pour un hors-d'œuvre.

Maury, qui était chez M*me* de Groslier en

représentation, s'y composait de son mieux. Le bailli de Crussol, qui présidait là et commandait le respect, le forçait à se respecter lui-même. Mais chez le baron de Crussol, où nous nous retrouvions aussi, mais en réunion moins nombreuse, c'était autre chose. A table avec six ou sept convives et les domestiques écartés, il s'y montrait à nu, attaché au parti qu'il défendait sans conviction, mais avec toute la passion qu'il portait à son propre intérêt; c'est là que je lui ai entendu donner avec une singulière franchise l'explication de sa politique et de ses succès. « Avec une volonté ferme et une attitude audacieuse, disait-il, on réussit à tout. L'attitude seule y suffirait même, tant le grand nombre se laisse prendre facilement aux démonstrations. J'en ai fait l'épreuve dès mon arrivée à Paris. J'étais bien pauvre : forcé de courir après la fortune, et la poursuivant à pied, je faisais de mon mieux pour ne pas me crotter. Me fallait-il traverser le Pont-Neuf? je m'emparais des dalles, dont la surface unie est plus douce au piéton que la surface raboteuse du pavé; et désirant bien n'être pas obligé de les céder, j'y marchais d'un pas si ferme et d'une contenance si déterminée, que bien que mon habit soit essentiellement pacifique, je n'ai pas rencontré un homme, même en uniforme, qui ait fait mine de vouloir me les disputer. »

La dernière fois que je le vis, c'était avec plusieurs membres du côté droit qui devaient partir le lendemain pour Coblentz. Il nous dit qu'il était résolu à sortir de France aussi, mais après la séparation de l'Assemblée constituante, qui travaillait alors à la révision de la constitution ; ses fonds étaient faits pour ce voyage, et il avait de plus, ajoutait-il, mille louis qu'il tenait à la disposition du roi, de la fortune duquel il désespérait plus que de la sienne. Aussitôt après l'acceptation de la constitution, il partit en effet, mais sans abondonner ses mille louis que je sache.

Presque tous les personnages éminens de la noblesse et du clergé prirent le même parti à la même époque : si bien que trois mois après, à mon retour de Normandie, je ne retrouvai à Paris personne de cette société ; elle était passée tout entière de l'autre côté du Rhin.

CHAPITRE III.

Tragédie de *Lucrèce*.— Artistes et poètes : David, Vincent, MM. Percier, Fontaine, Alexandre le fondeur. — Du costume tragique. — La *Mort d'Abel*, *Henri VIII*, *Abdélaïs et Zuleïma* ; Murville, Masson de Morvillers, Fontanes, le baron de Clootz.

A la fin de cette année 1791, je présentai aux comédiens français ma tragédie de *Lucrèce*. Ils la reçurent avec enthousiasme. Le personnage de *Brutus* les frappa surtout, et son éclat les éblouit assez pour leur empêcher de voir les défauts de cette composition. Ils décidèrent en conséquence que cette pièce serait mise à l'étude aussitôt après la *Mort d'Abel*, tragédie de Legouvé, reçue quelques jours auparavant avec enthousiasme aussi. Comme la recherche que le nouveau Théâtre-Français apportait à soigner les accessoires de la représentation théâtrale avait éveillé l'émulation de l'ancien, et qu'il commençait à avoir honte de représenter la tragédie avec des habits d'une magnificence gothique et des décorations en guenilles et sans caractère, il fut décidé qu'à l'occasion de *Lucrèce*, le matériel des tragédies romaines serait entièrement renouvelé, et que l'on consulterait, tant pour la confection des décorations que pour celle des costumes, les architectes et les peintres les plus connus par la pureté de leur goût et par l'étendue de leur érudition.

Le premier auquel on devait naturellement s'adresser était David. Déjà la réputation de ce restaurateur de l'école française était devenue de la gloire : c'était juste. Dans son tableau des *Horaces*, son génie s'était élevé à la hauteur de celui de Corneille. Si nul peintre vivant n'avait exprimé les sentimens romains avec plus d'énergie, nul non plus n'avait retracé les mœurs romaines avec plus de fidélité.

Ce grand artiste m'avait témoigné quelque bienveillance, même avant le succès de mon *Marius*. Quand il avait été question de mettre cet ouvrage à la scène, il m'avait donné un croquis fait par lui-même du tableau de Drouais, tableau qu'il regardait comme sorti de son propre atelier, où Drouais s'était formé. Après le succès, se prenant pour moi de l'intérêt le plus vif et m'engageant avec chaleur à poursuivre la carrière où j'étais entré. « Avez-vous quelque sujet en tête, me dit-il ? » et sur ce que je lui répondis que je m'occupais du sujet de *Lucrèce* : « La chute des Tarquins ! L'expulsion des rois ! bon, cela, s'écria-t-il : venez me voir quand vous aurez fini ; tout ce que je sais, tout ce que j'ai, ma mémoire et mon portefeuille, tout est à votre service. Il vous faudra les meubles du temps ; j'ai ce qu'il vous faut : les métiers de Pénélope feront à merveille dans la chambre de *Lucrèce*. »

Il y avait six mois que cela s'était passé : me rappelant cette offre obligeante et spontanée, j'aurais cru manquer à la politesse en n'en réclamant pas l'accomplissement. J'allai donc trouver David. Il occupait alors au Louvre, façade de l'est, un logement qui depuis a été habité par Gérard, maison à deux étages, bâtie dans un de ces salons où sont exposés les tableaux de l'époque actuelle.

Ne voyant dans David que son talent, et ne m'inquiétant nullement de ses opinions politiques, je pensais qu'il en usait de même à mon égard, ou du moins que la divergence de nos opinions ne serait entre nous qu'un pur objet de plaisanterie. Je me trompais quelque peu.

L'acceptation de la constitution n'avait pas arrêté le mouvement révolutionnaire. Cette constitution ne satisfaisait pas l'exigence des esprits. Nombre de gens se trouvaient encore à l'étroit dans les limites d'une monarchie, si tempérée qu'elle fût; et l'impulsion qu'ils avaient reçue le 14 juillet 1789, loin de s'affaiblir après trois ans, les précipitait dans la république. David était de ces gens-là; j'aurais dû le reconnaître aux considérations d'après lesquelles il avait approuvé le sujet que je venais de traiter. Mais encore une fois, je ne prenais pas alors très-sérieusement les choses, et je supposais volontiers aux autres, sur cet article, l'indulgence que j'y apportais moi-même.

Arrivé à la porte de David, je sonne, on ouvre; c'était lui. Je le salue; il me rend affectueusement ma politesse; mais tout à coup cette expression de bienveillance disparaît; je vois sa physionomie, qui par elle-même n'était rien moins que gracieuse, devenir plus rébarbative à mesure que je lui expose le but de ma visite; et lorsqu'enfin j'en viens à l'article des métiers de Pénélope : « Je n'ai pas de dessins pour vous, « je n'ai pas de dessins pour quelqu'un qui porte « ce que vous portez là, » me répond-il de l'accent le plus brusque et fronçant ses terribles sourcils, tout en me frappant sur le ventre. Cette boutade me force à examiner moi-même. Je m'aperçois que mon gilet est semé de fleurs de lis ainsi que ma cravate, et que ce signe non équivoque de mon opinion fourmille jusque sur mes gants. « M. David, lui répliquai-je en riant, « nous ne rougissons pas de ces marques-là dans « notre parti ; nous aimons même à les montrer, « tandis que dans le vôtre, les gens qui les por-« tent, et il y en a plus d'un, se gardent bien de « s'en vanter, et pour cause, » ajoutai-je en lui frappant sur l'épaule.

Il ne fallait plus compter sur l'obligeance de David après cette explication. Les acteurs à qui je racontai le fait, et qui partageaient mes opinions, résolurent alors de s'adresser à Vincent, chef d'une école rivale de celle de David, et à M. Paris, architecte des *Menus-Plaisirs*. Le premier se rendit avec empressement à leur invitation, et dessina avec un soin et une exactitude extrêmes nos costumes. Quant au second, s'excusant sur ses occupations, il fit mieux que s'il s'était chargé de ce travail, puisqu'il le fit confier à MM. Percier et Fontaine, qui arrivaient tout récemment de Rome. C'est eux qui dessinèrent nos décorations.

De ce moment date mon amitié pour ces deux hommes qui, toujours inséparables, ont acquis en commun une si grande célébrité, amitié qu'ils me rendent, je crois ; je le dis avec autant d'orgueil que de reconnaissance.

Le même sentiment, fondé sur une estime égale et entretenu par de fréquentes relations, me lia dès lors aussi avec Vincent. C'est non seulement un des artistes, mais un des hommes les plus recommandables que j'aie rencontrés. L'esprit qui domine dans ses compositions, moins empreintes de génie que celles de David, se reproduisait dans ses discours. Peut-être cet esprit était-il plus analytique, plus didactique que brillant ; mais il était d'une extrême finesse. Sa tendance le portait à tout expliquer, à tout démontrer, et il y réussissait à merveille ; peut-être même y réussissait-il trop, car l'attrait du succès l'engageait souvent dans des discussions qui avaient moins de charme pour ses auditeurs que ses simples conversations, et l'a même entraîné quelquefois dans le paradoxe ; mais ces erreurs de son esprit ne se sont jamais reproduites dans sa conduite : elle a toujours été celle d'un homme honnête et humain. Pendant le long cours de la révolution, on n'a eu à lui reprocher aucun écart. Modéré par nature comme par principes, il s'est montré également exempt d'exigences cruelles et de lâches concessions.

Les projets de ces messieurs une fois adoptés, on s'occupa de leur exécution : ce n'était pas une petite affaire. Alexandre, sculpteur en bois et fondeur aussi, fut chargé sous l'inspection de Vincent, de tout ce qui tenait à l'ameublement et aux armes. La confection des décorations fut confiée à un nommé Protin, qui travaillait sous l'inspection de MM. Percier et Fontaine.

Six semaines suffirent à peine à la fabrication de ces objets. Que ce temps me parut long ! je m'en souviens comme d'une maladie. Dévoré d'impatience et d'inquiétude, je le passai dans un état d'agitation fébrile et de contraction nerveuse, qui me permettait à peine de dormir et de manger. Il me semblait que le jour de la représentation, objet tout à la fois de mes craintes et de mes désirs, n'arriverait jamais;

je ne savais qu'imaginer pour le hâter, tout en tremblant de le voir arriver. Incapable de penser à autre chose, je ne trouvai pas d'autre moyen de me distraire de cette anxiété que de m'occuper de tout ce qui se rattachait à sa cause. Je me fis l'inspecteur des travaux que j'occasionais. Courant d'atelier en atelier, il ne se passait pas de jour qu'Alexandre ne me vît tomber chez lui pour voir où en était le mobilier des Tarquins, et où Protin ne me sentît sur ses épaules, jugeant de ses progrès dans son interminable tâche. Or, il y avait loin de l'un chez l'autre, et loin de l'un et de l'autre chez moi, Alexandre travaillant dans la rue du Faubourg-Montmartre, et Protin dans la nef du Panthéon. Quant à moi, je demeurais rue Sainte-Avoye, et c'est à pied que je parcourais les trois faces de ce triangle. Chez le fondeur, je ne m'arrêtais guère; chez le peintre, c'est autre chose. Attaché par ses procédés, je passais les trois quarts de la journée à les étudier; il me semblait que je les hâtais en les regardant. Le tracé fini, on en vint à peindre : quittant alors mon rôle passif, de spectateur que j'avais été je devins acteur. La brosse en main, sous la direction du décorateur, je plaçais sur la toile les teintes de vert, de jaune, de bleu ou de blanc qui, retouchées par lui, se changeaient en rochers, en gazon, en colonnes, en ciel ou en divinité. A peu près comme le souffleur d'un organiste coopère à l'exécution d'un motet, j'ai coopéré ainsi à la confection du camp de Tarquin-le-Superbe, à celle de la pelouse sur laquelle ce camp était assis, et aussi à une statue de Mars, qui n'en était pas le moindre ornement. Fontaine, qui moins souvent que moi venait savoir où en était la besogne, m'a surpris plus d'une fois m'escrimant dans cet autre genre de barbouillage, ce qui le divertissait assez. Il n'est pas une des trois décorations dont il avait donné le dessin à cette occasion qui ne portât des traces de mon talent; la postérité néanmoins n'en saurait juger, toutes les trois ayant été anéanties par le premier incendie de l'Odéon.

Les tailleurs, qui cependant ne restaient pas oisifs, renouvelaient en entier la garde-robe héroïque du Théâtre-Français; il y avait nécessité. Malgré la réforme opérée trente ans avant par Le Kain et par Mlle Clairon, rien de moins exact que les costumes qu'ils avaient substitués à l'habit français qu'antérieurement à eux portaient les héros tragiques. Empaquetés dans le velours et dans le satin, drapés comme des baldaquins, empanachés comme des chevaux de parade, les personnages qui en étaient affublés ne ressemblaient plus à des courtisans de Louis XIV, mais ils ne ressemblaient pas davantage aux contemporains des Gracques ou des Atrides. Qui voudrait aujourd'hui figurer avec succès dans une mascarade, n'aurait rien de mieux à faire que de prendre l'habit avec lequel le premier acteur de l'époque jouait *Ninias*, *Œdipe* et *Catilina* : c'est le prototype du grotesque.

C'était celui du beau pour les acteurs du Théâtre-Français; tous se piquaient d'avoir une garde-robe pareille à celle de M. Le Kain, qu'il était plus facile d'imiter dans sa toilette que dans son jeu. Naudet, tout homme de sens qu'il était, s'endetta, m'a-t-il dit, à se faire en velours et en brocard un équipement honnête pour l'emploi des tyrans. Vanhove, non moins magnifique, s'était ruiné pour figurer décemment dans l'emploi des rois : il avait, il est vrai, dans son vestiaire quelques pièces à plusieurs fins ; mais, à l'en croire, elles lui avaient *coûté bon*. Certaine cuirasse entre autres, dans laquelle il jouait indifféremment Mithridate, Agamemnon et le vieil Horace, cuirasse de velours vert, à quatre poils, enrichie d'écailles d'or et d'un trophée composé de canons, de tambours, de fusils groupés avec un goût exquis, et dans laquelle il s'était ménagé deux poches, l'une pour son mouchoir et l'autre pour sa tabatière; certaine cuirasse, dis-je, ne lui coûtait pas moins de cinquante-trois louis.

Les soldats, les citoyens étaient équipés à l'avenant. Grecs, Romains, Babyloniens, tous usaient les mêmes habits.

La sévérité avec laquelle David habilla les personnages qu'il mit en scène dans ses tableaux fit enfin ressortir ces anachronismes; mais elle n'exerçait encore qu'une faible influence sur le théâtre avant 1791. Les vieux acteurs ne pouvaient se décider à renoncer à un ridicule qu'ils avaient acheté si cher; et les jeunes gens ne se dérobaient qu'à demi à cette mode consacrée par un grand exemple et par un long usage. Mais dès qu'un second théâtre leur eut été ouvert, rejetant cette vieille friperie, ils se conformèrent aux modèles retracés sur les monumens antiques; et Talma introduisit dans cette partie de la représentation dramatique la fidélité que l'école française mettait dans cette partie de ses tableaux.

Le public ayant accueilli cette innovation avec enthousiasme, force était aux anciens comédiens ordinaires du roi de s'y conformer; grâce au concours de lumières et de talens dont ils s'entourèrent à cet effet, ils égalèrent et surpassèrent même en cela leurs rivaux.

J'ai nommé Alexandre; quoique cet artiste soit oublié, il a droit à être rappelé au souvenir de quiconque aime les arts. C'est lui qui, de concert avec Talma dont il exécutait les idées, mit dans la fabrication du mobilier dramatique cette exactitude qui n'est pas moins nécessaire à l'illusion théâtrale que l'exacte observation des mœurs de la nation et de l'époque auxquelles appartient l'action représentée. Alexandre, à beaucoup d'érudition sur cet article, joignait une intelligence très-fine, mais applicable à cela seulement. Quant au reste, c'était un des hommes les plus ignorans et les moins déliés qui fussent au monde. Ses naïvetés, ou plutôt ses balourdises, car il participait beaucoup de la nature de l'arlequin, étaient aussi divertissantes que la plus plaisante comédie : on ne porte pas la bonhomie plus loin. Une seule chose m'étonnait et me chagrinait en lui, c'était de lui entendre parler le langage des terroristes le plus forcenés : il débitait cependant leurs atroces maximes d'un ton si bénin, que ce contraste entre sa musique et leurs paroles avait je ne sais quoi de bouffon, qui forçait encore à sourire.

Un jour pourtant où il avait enchéri sur ses exagérations accoutumées, Talma ne put pas s'en tenir. Le tirant à part, il lui en fit reproche devant moi. « Que tu es bon ! répondit Alexandre ; est-ce que tu crois que je pense tout cela ? — Pourquoi donc le dire ? — Parce que ce terroriste nous écoutait. — De qui donc veux-tu parler ? — De qui ? de ce petit Bouchez (ainsi se nommait le dessinateur du théâtre de la République) ; toutes les fois qu'il est près de moi, j'en dis autant. J'en dirais davantage si je le pouvais. — Et pourquoi donc ? — Parce que, si je parlais autrement, il me dénoncerait aux jacobins, et me ferait guillotiner. — Lui ! je vous croyais amis. — Nous, amis ! allons donc. — Vous vous tutoyez. — Qu'est-ce que cela prouve ? est-ce que tous les gueux ne se tutoient pas aujourd'hui ? — Soit ; mais vous vous appelez amis. — C'est vrai encore ; mais je ne l'aime pas plus pour cela, ce vilain homme. Ah ! que je l'*hais*, que je l'*hais*, que je l'*hais!* Mais le voilà qui revient, je vais recommencer; » et il recommença.

Ce pauvre homme faisait là, sans trop s'en douter, la confession de bien des gens. Que de poltrons applaudissaient à ce régime dont ils avaient horreur !

Il est assez difficile de raconter toutes ses naïvetés, tous les mots de la langue étant à son usage et se plaçant dans ses discours, qui étaient beaucoup plus purs d'intention que d'expression.

Sa figure étonnée, ses yeux ronds et saillans comme les lanternes d'une voiture, sa bouche entr'ouverte comme celle que le crayon prêterait à sa stupéfaction, n'ajoutaient pas peu de comique à ses propos, qu'on ne saurait épurer sans les dessaler.

Alexandre avait toutefois plus de goût dans ses ouvrages que dans ses discours : c'était un véritable artiste. Par lui nos ameublemens, modelés sur ceux du théâtre, ont été amenés à cette simplicité de forme qu'il avait empruntée à l'antique, et que Jacob leur conserva tout en les ornant, mais que ses successeurs altèrent, en s'efforçant de les porter à un plus haut degré de perfection.

Pendant que l'on se préparait à représenter *Lucrèce*, on représentait la *Mort d'Abel*. Cette tragédie eut un grand succès; elle le méritait. — La matière créée par Gessner y était adaptée à un cadre dramatique avec un rare talent. Une marche simple, un intérêt habilement gradué, des scènes bien conduites s'y trouvaient réunis à un style quelquefois énergique, souvent tendre et toujours harmonieux. C'était une hardiesse que de mettre à la scène une action qui date du premier âge du monde, et dans les développemens de laquelle le crime devait se montrer naïf comme l'innocence. Legouvé s'est tiré avec beaucoup d'adresse de ces difficultés. Sans tomber dans la niaiserie, caractère de l'homme incapable de savoir, il a su conserver à ses personnages la naïveté, caractère de l'homme qui ne sait pas. Pour appeler l'intérêt sur Caïn, il le montre asservi à une fatalité assez semblable à celle qui poursuit les héros de la mythologie, et les pousse malgré eux dans le crime. Je ne sais pas si dans un sujet emprunté aux livres canoniques cela est orthodoxe, mais du moins est-ce dramatique. C'est à cette fiction que le rôle de Caïn doit surtout le grand effet qu'il a produit.

Ce rôle était joué admirablement par Saint-Prix. Sa voix grave et sombre, ses formes nerveuses et athlétiques répondaient parfaitement à l'idée que chacun se fait du premier laboureur et du premier meurtrier. Aussi était-il applaudi avec transport dès qu'entrant en scène, d'un ton profondément mélancolique, il récitait ce vers :

« Travailler et haïr, voilà donc mon partage ! »

Il était fort applaudi encore, lorsque, se laissant attendrir aux caresses d'Abel, il disait avec une expression très-vraie cet autre vers :

« Un frère est un ami donné par la nature. »

Mais cet applaudissement-là était moins mérité, quant à ce qui en revenait au poète, s'entend. La vérité que ce vers exprime n'est pas vieille comme le monde, bien qu'elle doive durer autant que lui ; elle n'était pas applicable à la situation. A une époque où il n'y avait sur la terre qu'une famille, et où tous les membres de cette famille se tenaient par les rapports du père aux enfans, des enfans au père ou du frère au frère, l'homme pouvait-il avoir une idée de ce que c'est qu'un ami ? Cette idée n'a pu lui venir que lorsqu'il y a eu sur la terre une seconde famille. Alors, en comparant le sentiment qui le portait vers un étranger à celui qui l'attachait à un individu formé du même sang que lui, l'homme a pu dire le vers en question, et faire une distinction entre la tendresse fraternelle et l'amitié; mais avant, non.

Aussi ce vers n'avait-il pas été inspiré à Legouvé par son sujet; bien plus, n'était-il pas de lui. Une confidence de Saint-Prix, à qui je faisais part des observations qu'on vient de lire, m'en prouva la justesse en me révélant ce petit mystère. « Ce vers, me dit-il, se trouvait dans une œuvre d'un M. Beaudoin, droguiste et poète à Saint-Germain-en-Laye, dans une tragédie de *Persée et Démétrius*, que je jouai par complaisance, avec quelques camarades qui m'y aidaient par complaisance aussi, devant un public complaisant comme nous. Dans mon rôle, qui était fort long, il n'y avait que ce vers-là de remarquable. Regrettant de le voir enfoui dans une pièce ignorée, je m'en emparai par forme d'indemnité, et j'engageai M. Legouvé à l'intercaler dans mon rôle de Caïn, sans trop penser à l'inconvenance que vous venez de relever. Legouvé n'y a pas pensé plus plus que moi, et le public, qui n'y pense pas plus que nous, l'applaudit avec transport, ce qui me confirme la justesse de cet axiome de Voltaire : *Il vaut mieux frapper fort que frapper juste.* »

Le chef-d'œuvre de l'art, lui répondis-je, est de frapper juste et fort; le public ne rétracte jamais les applaudissemens qu'on lui arrache ainsi. A ce titre, nombre de vers de la *Mort d'Abel* seront constamment applaudis : ceux-là appartiennent à Legouvé, et ce n'est pas par droit de conquête.

Sans parler de tous les ouvrages dramatiques qui ont été mis à la scène à cette époque, disons deux mots de ceux qui obtinrent, sinon le plus de faveur, du moins le plus d'attention de la part du public.

Sortant de sa longue inertie, stimulé par les efforts d'un théâtre rival, après avoir essayé en vain d'appeler chez lui la foule par les débuts d'un élève de Mlle Raucourt, fils, c'est de l'élève qu'il s'agit, d'un premier président de je ne sais quel parlement du midi, le premier Théâtre-Français avait donné avec succès le *Conciliateur* de Demoustiers, le *Lovelace* de M. Lemercier, et avec le plus grand succès le *Vieux Célibataire* de Collin d'Harleville. Désespérant de pouvoir disputer la palme comique à une société qui s'appuyait sur Molé, Fleury, Mlle Contat, et aussi sur Mlle Devienne, c'est dans la tragédie que le second théâtre chercha ses moyens de fortune. Les talens de Monvel, de Talma, de Mme Vestris et de Mlle Desgarcins, sur lesquels il se fondait, lui permettaient cette ambition.

Il débuta par la représentation de *Henri VIII*, tragédie de Chénier. Cette pièce, bien qu'elle ait été applaudie, n'a pas été reçue avec la même faveur que *Charles IX*. Elle me semble cependant réunir bien plus d'élémens de succès; elle me semble bien plus dramatique, et le pathétique qui manque souvent dans la première pièce, est allié fort habilement au terrible dans celle-ci. Le rôle d'Anne de Boulen abonde en détails touchans : ses scènes avec son mari, ses scènes avec sa fille arrachent les larmes. Jeanne Seymour est pleine de charmes et de sensibilité, Elisabeth de grâce et de naïveté; Crammer est un digne ministre du dieu qui soutient le faible et qui console l'affligé; Norris enfin qui, appelé comme accusateur de Boulen dans cet odieux procès, s'y porte accusateur du tyran, est un des personnages qu'on ait le plus heureusement jetés dans un drame pour en raviver l'action.

Henri VIII fut néanmoins joué presque dans la solitude. A quoi cela tient-il? aux circonstances; elles avaient favorisé le succès de *Charles IX*, où l'auteur, en appelant l'odieux sur des complots de cour, flattait la prévention générale, qui regardait la cour comme le foyer des maux de l'Etat; elles contrarièrent le succès de *Henri VIII*, où l'intérêt se portait sur une reine, ce qui était en opposition avec les préventions du parti dominant, pour qui l'infortunée Marie-Antoinette était un objet de haine. Quand le public est agité d'une passion, c'est toujours dans l'intérêt de cette passion qu'il juge. *Henri VIII* n'est pas resté à la scène. Je pense néanmoins que si cette pièce y reparaît, elle n'en sortira plus. C'est une des meilleures tragédies de Chénier, qui en a fait d'excellentes.

Jean-Sans-Terre fut donné sans succès aucun sur le même théâtre, à la même époque. Ce n'est certes pas une des bonnes tragédies de Ducis. On y trouve tous les défauts qui déparent ses beaux ouvrages, et peu des beautés qui l'ont si souvent placé au niveau de nos plus grands maîtres. C'est une tragédie aussi mal exécutée que mal conçue : elle n'a jamais pu se relever.

Abdelazis et Zuléima, pièce bien inférieure sous tous les rapports à *Henri VIII*, eut momentanément un sort plus heureux. Cela ne tient pas seulement à la surprise du public, qui n'attendait pas tant de ce pauvre André Murville. Quoique faiblement conçu, cet ouvrage, tant soit peu romanesque, n'est pas dénué d'un certain intérêt. On y trouve même une assez belle situation. Le style y manque de vigueur, mais non de grâce et de pureté ; l'on y rencontre souvent des vers heureux. *Abdelazis* obtint un certain nombre de représentations de suite ; peut-être serait-il resté au théâtre, si les acteurs ne s'en étaient lassés avant les spectateurs ; ce qui donna lieu à une des aventures le plus bouffonnes qui aient jamais égayé le parterre.

Monvel ayant déclaré qu'il ne pouvait ou ne voulait pas jouer cette pièce un jour où elle était annoncée (au théâtre ces deux mots sont synonymes), et ceux des acteurs qui auraient pu le remplacer n'étant pas prêts, *le combat finis-*

sait faute de combattans. « Messieurs, dit Murville, *à Dieu ne plaise que faute d'un moine l'abbaye faille!* Si M. Monvel est utile à ma pièce, du moins ne lui est-il pas indispensable. Je sais quelqu'un qui, à son défaut, se chargera de son rôle, et qui s'en tirera, j'espère, aussi bien qu'un autre. Ce quelqu'un, c'est moi. »

Comme on se regardait en riant, « ceci n'est pas une plaisanterie, ajouta-t-il; je le répète, je me charge du rôle de M. Monvel. Je ne serai pas le premier auteur qui ait joué dans son propre ouvrage. Eschyle, Sophocle, Euripide l'ont fait; je puis du moins les imiter en cela, et donner aux modernes un utile exemple. Je sais le rôle, comme on le pense bien; je ne demande qu'une répétition pour prendre les positions au théâtre. Indiquez cette répétition pour demain, et la représentation pour après-demain. — Et nous annoncerons aussi que vous remplirez le rôle de Monvel, dit Gaillard, qui, directeur du théâtre, se gardait bien de ne pas tirer parti d'une prétention si favorable à la recette. — J'y compte bien, répond Murville. »

L'affiche est rédigée en conséquence, et le nom de Murville y est inscrit en lettres d'un pied parmi ceux des acteurs. Indépendamment des gens qui prirent la chose au sérieux, ceux qui la prenaient en plaisanterie voulurent assister à cette représentation : il y eut foule.

La symphonie exécutée, le rideau se lève. Murville se présente, quoique son rôle ne l'appelât pas encore sur la scène ; il est vêtu du costume de l'acteur qu'il supplée. Sa tête est coiffée d'un volumineux turban ; un gilet turc dessine sa taille un peu épaisse ; son gros ventre, soutenu par une ceinture dans laquelle est planté un yatagan, s'enferme dans un ample pantalon qui cache la courbure de ses jambes et va se perdre dans des bottes de maroquin jaune ; un schall, jeté négligemment sur ses épaules, complète ce costume assez exact pour qu'on ne prît pas notre débutant pour un chrétien. Mais par malheur il avait gardé ses besicles. Cela détruisit l'illusion. Un rire général éclata dès qu'il parut, et redoubla aux trois saluts qu'il adressa au public, saluts les plus gauches qui jamais aient été faits sur la scène. A travers ce brouhaha, il débita une fable assez ingénieuse, dans laquelle se comparant à je ne sais quel oiseau qui osait remplacer le rossignol, il sollicitait l'indulgence du parterre pour son ramage. Peine perdue ; son ramage ne parut qu'un gloussement.

Bref, achevée ainsi qu'elle avait été commencée, ainsi qu'elle avait été continuée au milieu des acclamations les plus ironiques, sa tragédie, tuée par son propre père, fut victime de l'expédient qu'il avait imaginé pour en prolonger l'existence. En vain Monvel se résigna-t-il à reprendre son rôle, le public déclara n'y vouloir plus voir que Murville; mais celui-ci n'eut pas le courage de s'exposer une seconde fois aux applaudissemens qui lui avaient été si unanimement prodigués.

Murville, que j'ai été à même de juger, ne manquait pourtant ni de talent ni d'esprit; mais il manquait absolument de jugement : c'était un sot dans toute l'acception du mot. Champfort, qui s'en est beaucoup moqué, parce qu'il l'a beaucoup connu, l'a peint assez bien dans ce couplet qu'il chantait sur l'air *vive Henri IV!*

> Toujours à table,
> Quand il n'est pas au lit;
> Qu'il est aimable
> Quand il sait ce qu'il dit!
> Mais c'est pis qu'un diable
> Pour cacher son esprit.

Murville était sujet à ces sortes d'incartades.

Prenant la parole au milieu d'une séance solennelle de l'Académie française, un jour il en avait appelé au public du jugement des quarante qui n'avaient pas montré pour son ouvrage toute l'admiration qu'il lui portait, et ne lui accordaient qu'une mention quand ils lui devaient une couronne.

Une autre fois, à la suite d'une représentation d'*Héloïse*, tragédie de sa façon, au dénouement de laquelle on compte un homme de moins, quoiqu'il n'y ait personne de tué, il s'avance sur le théâtre sans avoir été appelé, et vient remercier de l'avoir applaudi le parterre qui tout aussitôt le siffle. Rien ne manqua au reste à son triomphe; c'est entouré de gardes qu'il sortit de la scène, où il était entré seul, et qu'il alla coucher au violon.

Je le répète, c'était un homme absolument dénué de bon sens; il en donna une preuve encore en s'enrôlant comme volontaire dans un des bataillons qui sortirent de Paris en 1792. Sa conformation n'était pas plus celle d'un soldat que d'un comédien. Dans l'un et l'autre état, il faut y voir clair sans lunettes; aussi ne put-il être employé que dans les bureaux de l'état-major. Il servait ainsi de la plume près du commandant de la place, à Bayonne, quand j'y passai, en 1800, avec Lucien Bonaparte pour aller en Espagne. Peu de temps après, il fut mis à la réforme; au bout de dix ans de service, il n'était que capitaine. A l'armée comme au Parnasse, il n'a pas pu arriver aux grades supérieurs.

Murville avait épousé une fille de Sophie Arnoud, femme plus célèbre par son esprit que par son talent, et par ses bons mots que par son chant, quoiqu'elle ait été première actrice de l'Opéra. La moins piquante de ses saillies n'est pas celle que lui inspira son gendre. « Je veux être de l'Académie à trente ans, disait-il, ou je me brûle la cervelle. — Taisez-vous, *cerveau brûlé*, » répliqua Mlle Arnoud.

Réformé par suite de ses défectuosités, Murville, de retour à Paris, y serait mort de misère, si Legouvé, à qui il avait appris à faire des vers, ne fût venu à son aide. La mort précoce de son élève hâta peut-être la sienne. J'ignore qui l'a soutenu jusqu'en 1814, époque où il est mort sans avoir été de l'Académie.

Murville me fait penser à un autre littérateur, ou plutôt à un vrai littérateur, car Murville ne fut jamais qu'un versificateur; je veux parler de Masson de Morvillers. J'avais fait connaissance avec celui-là en 1788 à Versailles où il résidait auprès du gouverneur du dauphin, le duc d'Harcourt, dont il était secrétaire. C'était un homme plus honnête qu'aimable; son talent poétique avait plus d'énergie que de grâce. Il n'est guère connu que par des épigrammes plus âcres que gaies, quoiqu'il ait travaillé à l'Encyclopédie. Rien qu'à voir Masson, on eût été convaincu de l'influence du physique sur le moral. Son aspect était triste comme son humeur; la bile qui animait ses écrits semblait remplacer le sang dans ses veines. Il mourut, après avoir langui long-temps, d'une jaunisse invétérée.

Affectant un grand mépris pour les préjugés, soit religieux, soit nobiliaires, il avait vigoureusement attaqué les uns et les autres dans des vers qu'il ne lisait pas à tout le monde, et dont il m'avait fait confidence. Quel fut mon étonnement de les trouver, en 1793, dans l'*Almanach des Muses*, souscrits d'un nom qui n'est pas le sien! Ces pièces sont intitulées, l'une *le Despotisme oriental*, l'autre, autant que je puis m'en souvenir, *Epitre à un bâtard ou à un enfant naturel*.

La plus originale des épigrammes de Masson est, sans contredit, celle qu'on trouvera dans mon troisième volume, et dans laquelle la Rome antique est opposée à la Rome moderne. Je l'ai retenue pour la lui avoir entendue réciter, et je l'ai envoyée, dix ou douze ans après, à la *Décade philosophique*, où elle a vu le jour pour la première fois, si quelque plagiaire ne s'en est pas antérieurement emparé. Tout était pour cet esprit caustique et morose matière d'épigrammes. Il en vit une même dans le sujet qui inspira au bon Ducis le poëme si touchant qu'il intitule *la Côte des deux Amans*. Voici l'épitaphe qu'il composa pour le héros qui, dans cette aventure, succomba sous le plus doux des fardeaux, et que j'ai retenue à la volée; je la crois inédite :

« Il est mort en portant sa belle,
« Le pauvre amant qui gît ici !
« S'il eût été porté par elle,
« Il serait mieux, sa belle aussi. »

Vers la même époque, je liai, non pas amitié, mais connaissance avec M. de Fontanes, depuis M. Fontanes qui, chargé de couronnes académiques, était désigné dès lors comme un des futurs continuateurs de notre gloire littéraire. Il jouissait à ce titre, dans la bonne compagnie, d'une estime que ne diminuait pas la circonspection avec laquelle il s'isolait au milieu de la révolution, car ce n'est que plus tard qu'il manifesta les opinions auxquelles il dut d'abord sa proscription, et puis sa fortune. Il se trouvait quelquefois en maison neutre avec moi et le baron de Clootz. L'exagération est une maladie contagieuse; je le sentais quand je discutais avec le cosmopolite que je viens de nommer, et mon royalisme n'était guère plus modéré alors que le jacobinisme de ce malheureux Prussien. Calme et froid, Fontanes riait entre nous deux aux dépens de tous les deux. Il avait raison; j'en ferais autant aujourd'hui. Nos premiers rapports datent de loin, comme on voit : bien que fondés sur une certaine conformité d'opinion, ils ne se changèrent pourtant pas en amitié. Nous nous perdîmes de vue pendant quelques années, puis nous nous retrouvâmes avec des opinions tout-à-fait conformes, et nous ne nous en aimâmes pas davantage. J'aurai occasion de revenir sur son chapitre.

Le baron de Clootz, dont il est ici question, était l'extravagant qui porta la parole au nom de la députation qu'à l'en croire le genre humain envoyait de toutes les parties du monde à l'Assemblée constituante pour la complimenter sur ses travaux; de là le sobriquet d'*Orateur du genre humain* par lequel il était désigné. Il s'était affublé, lui, du prénom d'*Anarcharsis*, faisant tout à la fois allusion par là à sa patrie, qu'il regardait comme la Scythie moderne, à Paris où il voyait la moderne Athènes, et à lui barbare qui voyageait en Grèce pour se civiliser. Il avait bien choisi son temps et bien choisi son nom; les facteurs de la petite poste et les citoyens de la section, parodiant ce nom sans malice, l'appelaient *Canard-Six*.

Aussi extravagant en morale qu'en politique, *Anacharsis Clootz* professait ouvertement l'athéisme. Ainsi que tout gouvernement, toute religion lui était insupportable, mais surtout la chrétienne. Au seul nom de son fondateur, il entrait en convulsion comme un romantique au nom de Racine, comme un hydrophobe à l'aspect d'un verre d'eau : c'était l'ennemi personnel de Jésus-Christ.

Robespierre, qui prit fait et cause pour ce dernier, envoya *Canard-Six* à l'échafaud dans un même tombereau avec les Ronssin, les

Vincent, les Hébert, les anarchistes les plus ignobles. Tout en faisant pitié, Clootz était encore ridicule au milieu de ces gens qui faisaient horreur.

CHAPITRE IV.

―――

M{ll} Contat. — Sa société. — M. Lemercier. — Vigée. — Desfaucherets. — Maisonneuve. — Florian. — Première représentation de *Lucrèce*. — Mlle Raucourt.

L'Assemblée constituante, à l'exemple de Lycurgue, s'était éloignée après avoir rempli sa laborieuse et périlleuse mission. Mais l'établissement de la constitution n'avait pas rétabli l'ordre; l'Assemblée législative ne s'occupait qu'à détruire cet acte qu'elle avait juré de maintenir. Les factions s'agitaient plus que jamais. Si l'on en excepte les ambitieux dont cette fermentation favorisait les espérances, la grande majorité des Français, déçue dans les siennes, gémissait entre les regrets du passé et la crainte de l'avenir. Quelques sociétés cependant, conservant leurs douces habitudes, cherchaient encore dans les lettres des plaisirs, ou plutôt des distractions à ces anxiétés toujours croissantes. Telle était la société de Mlle Contat. Laissons de côté les affaires publiques pour rentrer un moment dans le cercle qui se rassemblait autour d'elle : nous sommes en avril 1792; l'époque approche où des événemens terribles, événemens par le choc et sous le poids desquels la société française va se dissoudre, viendront le rompre et le disperser.

C'est à la date de la réception de *Lucrèce* que se rattache celle de mes premiers rapports avec cette célèbre actrice. La conformité d'opinion contribua beaucoup à fortifier cette liaison. Invité à l'aller voir, je la trouvai entourée d'hommes aussi honorables que spirituels; là se réunissaient, une fois par semaine au moins, Vigée, Desfaucherets, Maisonneuve et Lemercier.

Le moins aimable et le moins remarquable de ces Messieurs n'était pas celui dont le nom termine cette liste. Fort jeune alors, il avait déjà composé un nombre d'ouvrages assez considérable pour équivaloir au produit d'une vie des plus longues et des mieux remplies; il semblait ne vivre que pour le travail, et cependant il ne négligeait pas la société. Cela se conçoit; il devait s'y plaire, car il y plaisait, car il y plaisait beaucoup, soit par le charme de son esprit, soit par la singularité de ses doctrines, dont la hardiesse, qui nous étonnait fort à cette époque, passerait aujourd'hui pour timidité. Ses propositions nous semblaient tant soit peu hétérodoxes; mais il les exposait d'une manière si ingénieuse, mais il les défendait d'une manière si piquante, mais il en supportait la critique avec tant de bonne grâce qu'on eût été presque fâché de le convertir et de lui faire abjurer des systèmes qui fournissaient un aliment perpétuel à la conversation la plus amusante.

Notez, au reste, que ces systèmes, dans lesquels il a composé *Pinto*, drame si spirituel, ne l'ont pas empêché de faire *Agamemnon*.

Vigée aussi avait de l'esprit, mais il n'en avait pas assez pour se garder du bel esprit. Sa conversation tant soit peu apprêtée, son ton tranchant et dogmatique prévenaient d'autant plus contre lui que la portée de son talent, qui se renfermait dans un cadre assez étroit, et s'appliquait moins à l'imitation de la nature qu'à celle des manières de la société dite *bonne*, ne justifiait pas suffisamment le ton de supériorité qu'il affectait quelquefois dans la discussion :

sujet à plus d'un genre de prétention, enclin à la fatuité, et même au pédantisme, qui est encore de la fatuité, il était assez irritable et passablement susceptible; mais, avec tout cela, bonhomme, homme de cœur, et rachetant quelques petits défauts par d'essentielles qualités.

Je suis d'autant plus fondé à le dire que, dans nos fréquens rapports, j'ai eu avec lui plus d'une bisbille, provoquée par mes défauts autant que par les siens, mais toujours raccommodées par ces qualités-là. C'est pour le prouver que je veux raconter ce qui suit.

En 1799, Legouvé et moi nous coopérions avec lui à la confection d'un recueil périodique intitulé: *Veillées des Muses*. L'époque n'était pas très-favorable aux entreprises de ce genre. Tout aux intérêts politiques, le public prêtait alors presque aussi peu d'attention à la littérature qu'aujourd'hui. Notre affaire n'était pas en état de prospérité, à beaucoup près. Vigée, qui par son âge avait le droit de nous donner des conseils, ne nous les épargnait pas, et, malgré le ton qu'il y mettait, nous ne lui en savions pas mauvais gré; nous l'acquittions sur la question intentionnelle. Un soir, au Théâtre-Français, comme je me promenais derrière la scène, il arrive, m'aborde et met la conversation sur l'objet de notre commun intérêt. «Je fais du « mieux que je puis et le plus que je puis, lui « répondis-je. Remarquez que je fournis exac- « tement ma tâche, et que je m'étudie à varier « les sujets de mes articles. — Je le sais bien, « me répliqua-t-il; mais peut-être y aurait-il « encore quelque chose de mieux à faire. — « Indiquez-le-moi, mon cher, et je le fais sur- « le-champ. — Eh mais! vous devez me com- « prendre. — Qu'est-ce encore? expliquez-vous. « — Eh mais! vous me comprenez bien; c'est.... « — Qu'est-ce enfin? — C'est *brrr.* » (Je ne sais trop comment figurer ici le bruit inarticulé qu'il faisait en imprimant un mouvement rapide à sa langue appuyée contre la voûte de son palais; ce bruit, qui ressemblait assez à celui des moineaux qui s'envolent, me portait à croire qu'il en était ainsi de ses idées, et que la difficulté qu'il avait à les recueillir le portait à recourir à cette onomatopée). «Expliquez- « vous plus clairement, lui dis-je. — Ceci est « pourtant bien facile à comprendre. — Pas si « facile que vous croyez. — Je le conçois, pour « peu qu'on n'y mette pas de bonne volonté. — « Je suis plein de bonne volonté, je vous l'as-

« sure, mais mon intelligence n'égale pas ma
« bonne volonté. — Comment? — Je ne com-
« prends pas ce que signifie *brrrr!* — *Brrrr!* signi-
« fie qu'il faut recourir à des moyens nouveaux.
« — Mais ces moyens quels sont-ils? Je crois
« connaître à peu près tous les mots de notre
« langue; *brrrr!* est un mot inconnu pour moi;
« je ne le trouve dans aucun dictionnaire. De
« grâce, substituez-y une périphrase. — Vous me
« persifflez! — Non, je vous jure, mais je vou-
« drais m'instruire, et savoir précisément ce que
« signifie *brrrr!* — C'est une leçon que vous de-
« mandez? — Oui. — Eh bien! sortons, je vous la
« donnerai à dix pas d'ici, » réplique mon homme
qui graduellement s'était échauffé au point de
ne pouvoir plus se contenir, et qui se fâchait
d'autant plus que je riais davantage. « J'accepte
« volontiers cette proposition, si vous vous en-
« gagez à me donner en route la première leçon
« dont j'ai besoin, si vous me promettez de m'ap-
« prendre au juste le sens et la valeur de *brrrr!* —
« Encore! c'en est trop : sortons. — Sortons. »

Nous sortions, lui étouffant de colère, moi
étouffant de rire, quand nous rencontrons Laya
et Legouvé. « Il nous faut des témoins, dit Vigée; ces messieurs nous en serviront. — Des

témoins! à propos de quoi? s'écrie Legouvé; est-ce qu'il est question de se battre? — Il est question, dit Vigée en me désignant, d'avoir raison de monsieur, qui, depuis une heure, se moque de moi. — Vous voulez que je vous donne un démenti; je n'aurai pas ce tort-là. — Vous l'entendez, Messieurs. — De quoi s'agit-il donc? dit Laya. — De rien, en vérité, mes amis. M. Vigée, qui d'ordinaire me donne des avis excellens, et d'ordinaire aussi les exprime en termes très-clairs, pense que, pour mettre en crédit les *Veillées des Muses*, il faut faire des articles d'un genre nouveau, genre qu'il désigne par le mot *brrrr!* Ne comprenant pas trop ce que signifie ce mot *brrrr!* je le prie de me donner une leçon de grammaire; il me propose une leçon d'escrime : est-ce ma faute? — La patience d'un saint n'y tiendrait pas; marchons, poursuit Vigée. — Marchons, mon cher ami; mais, chemin faisant, donnez-moi, par grâce, la définition de ce *brrrr!* Si vous me tuez, je mourrai satisfait; et je serai satisfait aussi si je vous tue, car j'aurai appris quelque chose de neuf, quelque chose que je ne puis apprendre que de vous, car vous seul savez positivement ce que *brrrr!* veut dire. »

Tout en parlant ainsi, nous étions descendus dans la cour du Palais-Royal ; autre rencontre. Desfaucherets nous croise. Même question, même explication. « En conscience, dit-il, en s'efforçant de garder son sérieux, voulez-vous donner suite à cette affaire? Pensez-vous, dit Laya, que le public apprendra sans rire que deux amis se seront battus pour une cause pareille? — Ce n'est pas moi, répliquai-je, qui demande le combat; je ne demande qu'une explication, celle de *brrrr!* — Finissons, dit Legouvé. Si je vous ai accompagnés jusqu'ici, ce n'est certes pas dans l'intention d'assister à un duel, mais dans l'espérance de rompre une dispute, qui, si elle se fût prolongée sur le théâtre, aurait fini par placer la comédie derrière la toile. Donnez-vous la main, que cela finisse, et allons souper ensemble. — Vous avez raison, reprit Vigée, dont le grand air avait rafraîchi la tête assez incandescente de sa nature, et que de plus échauffaient ce soir-là quelques verres de vin de Champagne; il serait ridicule de se battre pour un pareil sujet; mais il serait ridicule aussi de souper ensemble. — Quand on n'a ni faim ni soif, répliquai-je; eh bien! j'en appelle à Philippe à jeun. Demain, à déjeuner. »

Le déjeuner eut en effet lieu le lendemain; les fonds du journal en firent les frais. Il fut très-gai; et il aurait fourni l'article demandé par Vigée, l'article *brrrr*, si un de nous avait eu l'esprit d'y insérer seulement un procès-verbal exact de la querelle que je viens de raconter.

Puisque je suis sur l'article Vigée, encore une petite anecdote où il figure aussi plaisamment au moins que dans celle qu'on vient de lire, et après je n'en parlerai plus que sérieusement, si j'ai encore occasion d'en parler.

Il y avait quinze ou seize ans que nos relations d'affaires, mais non pas nos relations d'amitié, étaient rompues; je le voyais même assez rarement, parce qu'il avait quitté Paris, et qu'il vivait retiré à Neuilly, dans une petite maison de campagne qu'avait possédée son père. Il avait passé là les dernières années de l'empire et la première année de la restauration, jouissant, disait-il, *procul negotiis*, de ce bonheur tant désiré par Horace, et cultivant *paterna rura*, l'héritage paternel, non pas *bobus* mais *manibus suis*, de ses propres mains. Un beau matin, en 1815, quelques jours après le retour de Napoléon, il tombe chez moi. Il avait l'air inquiet. « Qu'y a-t-il? lui dis-je; vous tracasserait-on? la police ferait-elle des siennes contre vous? seriez-vous compromis? parlez, mon cher: de quelque chose qu'il s'agisse, je suis à votre dévotion. — Je le sais, et c'est pour cela que je viens chez vous. J'ai besoin de l'appui de votre beau-frère. — De Regnauld*? — De Regnauld. — Vous pouvez compter sur lui comme sur moi. Voyons, de quoi s'agit-il? — Avant tout, je vous dirai que cette affaire est tout-à-fait étrangère à la politique. — C'est bon : poursuivez. — Je suis menacé d'un procès criminel. — Criminel! et pour quel fait? — Pour fait d'assassinat. — D'assassinat! l'affaire est sérieuse. — C'est bien pis, elle est ridicule; et voilà ce qui me fait trembler. — Jusqu'ici, mon ami, vous m'aviez paru plus brave. — Toujours railleur! — Mais encore, le fait? — Le voici :

« Vous savez que je déteste le bruit, et que c'est pour n'en plus entendre que je me suis confiné à la campagne. J'y vivais assez doucement, rien ne troublait la paix de ma solitude, quand un maudit maréchal est venu établir son enclume à mon oreille, dans la maison voisine de la mienne. C'est un homme laborieux; dès

* Regnauld de Saint-Jean d'Angély.

la pointe du jour il se met à l'ouvrage pour ne le quitter que le soir. Dès lors plus de relâche à son soufflet, à ses marteaux ; jugez quel sabbat ! Moi qui aime à dormir la grasse matinée, et même à faire la sieste, je ne pouvais fermer l'œil ; c'est à se damner. Comme cette maison appartient à un blanchisseur, et qu'il a ma pratique, je priai ce propriétaire de me débarrasser d'un voisin aussi incommode, et de donner congé à son maréchal. — Ce que le blanchisseur a fait, sans doute. — Pas du tout. « Mon locataire me paie bien, m'a
« répondu le drôle : il se met au travail d'assez
« bonne heure, à la vérité ; mais, comme il faut
« moi-même que je me lève de bonne heure, il
« me rend service en me réveillant ; je ne le con-
« gédierai donc pas, quoiqu'il n'ait pas de bail.
« — Si tu ne le congédies pas, je te congédie,
« moi ; ou le maréchal sera mis à la porte au
« terme prochain, ou la mienne te sera fermée,
« et je te retirerai ma pratique : songe-s-y. »

« Le terme échu, entendant encore retentir la maudite enclume, je tins parole, et je donnai mon linge sale à un autre blanchisseur. M. Vigée me le paiera, dit celui-ci en recevant son congé, à ce que m'a rapporté ma gouvernante. Je le lui ai payé, en effet : voici ce qu'il imagina pour se venger.

« On sort de chez moi, comme vous savez, par deux issues, par une grande porte qui ne s'ouvre que pour les voitures, et par une porte bâtarde qui s'ouvre à tout le monde. La porte bâtarde, s'il vous en souvient, est couronnée d'un large auvent. Peu de jours après cette menace, comme je sortais pour aller me promener, je remarquai sur le pas de ma porte des ordures de la nature de celles que certaines inscriptions défendent, sous peine de punition corporelle, de déposer au pied des édifices auxquels on doit du respect; je les fis enlever, et continuai ma promenade. A mon retour, même chose. « C'est comme un fait exprès, » dit mon jardinier, qui derechef nettoya la place. Il avait deviné. A dater de ce jour, la plaisanterie se renouvelait dès que j'avais les talons tournés. L'on ne pouvait ni entrer, ni sortir, sans regarder à ses pieds. On prendrait de l'humeur à moins. « Faites le guet, dis-je à mon monde, et au « moindre bruit, venez m'avertir : je me charge « de corriger ces vilains-là; malheur à celui « que je prendrai sur le fait ! »

« Mon jardinier et ma gouvernante se mettent

au guet. Quoiqu'il ne se passât pas de jour où l'on ne me jouât une fois au moins le même tour, on n'avait pourtant pris personne encore sur le fait, quand, entrant précipitamment dans la salle à manger, au moment où je dînais : Il y en a un, me dit ma gouvernante; monsieur, monsieur, il y en a un! Me saisissant aussitôt d'un pistolet chargé... — Comment, chargé ? —Oui, chargé à poudre, que je gardais à côté de moi; je cours à la porte, je l'ouvre, et j'y trouve... — Qui ? — Mon blanchisseur qui se vengeait. Effrayé à l'aspect du pistolet, le misérable se lève, et, sans se rajuster même, s'enfuit chez le maire, y rend plainte contre moi, m'accuse d'avoir voulu lui brûler la cervelle. — Quelle calomnie! — Interpellés par lui, des gens qui m'ont vu sortir le pistolet en main appuient la déposition; le maire, qui est compère et peut-être complice du plaignant, dresse procès-verbal, les témoins signent, la plainte est envoyée par-devant le procureur du roi, et me voilà à la veille d'être traduit par-devant les assises... — Pour un fait dont vous pourrez vous laver, mais qui entachera votre innocence d'un ridicule indélébile. — Tirez-moi de là, mon ami! Votre beau-frère ne peut-il pas arrêter cette affaire? »

Regnauld, à qui je racontai le fait, non pas sans rire, se chargea, non pas sans rire, d'en parler à Courtin, alors procureur-général. Ce magistrat convint avec nous, non pas sans rire aussi, qu'une pareille cause rentrait dans la catégorie des causes grasses (18), et que, comme le carnaval était passé, il fallait en ajourner l'instruction et en remettre le jugement au prochain Mardi-gras, si la partie ne se désistait pas.

La crainte d'un procès en police correctionnelle, qu'il eût perdu, vu qu'il avait été pris en flagrant délit, *flagrante delicto*, et la promesse de quelques écus, amenèrent le blanchisseur à conciliation, à la grande satisfaction de Vigée, qui m'a répété cent fois que je l'avais tiré du plus mauvais cas où il se fût trouvé de sa vie.

Maisonneuve, homme fort ordinaire, n'était pas sans prétentions. Le succès de sa tragédie de *Roxelane et Mustapha*, qui vaut beaucoup mieux dramatiquement, mais beaucoup moins académiquement que celle de Champfort, lui avait fait prendre une idée trop favorable de lui-même, et un peu trop défavorable des autres. Il était plus que sévère pour leurs ouvrages, et les dénigrait plus qu'il ne les critiquait. Sa censure était d'autant plus fatigante que, dépourvu de goût, il était aussi dépourvu de grâce. Tout se ressentait en lui du peu d'habitude qu'il avait de la société; tout avait en lui le caractère du petit commerçant. On le reconnut surtout quand il s'avisa de donner une comédie. Fausse par le ton comme par les idées, cette pièce, écrite sur le comptoir, n'était ni l'œuvre d'un homme du monde, ni l'œuvre d'un homme de lettres : elle tomba dès le premier acte. Heureux au théâtre dans un seul ouvrage dénué de style, Maisonneuve connaissait moins l'art que le métier.

Desfaucherets était surtout un homme du monde ; il possédait à un degré éminent le genre d'esprit le plus à la mode alors. Sa conversation, quoique futile, était piquante. Personne ne parlait avec plus d'aisance la langue des salons ; personne ne savait mieux jouer avec les mots, et en tirer des sens détournés. Il improvisait un proverbe avec une facilité extrême, et composait pour une société, dont il était l'âme, des comédies, parmi lesquelles il s'en trouve une, le *Mariage secret*, qui n'a pas été moins bien reçue au Théâtre-Français qu'elle ne l'avait été au théâtre particulier sur lequel elle avait été représentée d'abord, et qui n'est pas plus de Louis XVIII, à qui des courtisans font l'honneur de l'attribuer, que *Marius à Minturnes*, qu'ils m'ont fait l'honneur de lui attribuer aussi. Desfaucherets était, je le répète, homme du monde autant qu'on le peut être; mais il n'était guère plus homme de lettres que Maisonneuve. S'il versifiait facilement, ses vers n'étaient rien moins que faciles; son style abonde en incorrections, et son meilleur ouvrage est moins d'un homme qui a bien fait, que d'un homme qui aurait pu bien faire. Taillé sur le patron du marquis de Bièvre, c'était, en résumé, un homme fort aimable, pourvu toutefois que l'humeur ne le gagnât pas, ce qui lui arrivait dès qu'il ne jouait pas le premier rôle : était-il éclipsé, grâce, esprit, gaîté, tout l'abandonnait; il devenait terne comme un ange déchu, maussade comme un roi détrôné.

Florian, qu'il rencontrait dans une autre maison que celle dont il est ici question, lui joua quelquefois ce tour, sans trop s'en douter.

Puisque j'ai nommé Florian, qu'on me permette de lui consacrer un petit article; cela ne nous éloignera pas pour long-temps de

Mlle Contat, chez laquelle je me suis toujours empressé de revenir.

A juger du caractère d'un auteur par ses ouvrages, on se tromperait souvent. Après avoir lu *Estelle*, ou *Galathée*; après avoir vu *Arlequin bon père*, ou *les deux Jumeaux de Bergame*, je me figurais dans Florian l'homme le plus sensible et le plus langoureux qui existât et qui pût exister; un véritable Céladon, qui, d'une voix douce et d'un accent pastoral, ne modulait que des madrigaux, ne soupirait que des élégies; et comme l'imagination se plaît à faire concorder l'homme physique avec l'homme moral, je me le représentais blanc et blond comme Abel, et je n'oubliais pas de lui donner des yeux bleus. C'était justement l'opposé de la réalité. Ses traits n'avaient pas la dureté de ceux de Caïn; mais l'expression de son visage, un peu basané et animé par des yeux noirs et scintillans, n'était rien moins que sentimentale : ce n'était pas ceux du loup devenu berger, mais peut-être ceux du renard; la malice y dominait, ainsi que dans ses discours, généralement empreints d'un caractère de causticité qui me surprit un peu, et m'amusait beaucoup. Il excellait dans la raillerie, mais il ne se la permettait que comme représailles, et il avait quelquefois occasion d'en prendre, car ses succès lui attirèrent plus d'une attaque.

La malice de son esprit ne se révéla guère au public que dans ses fables, qui ne parurent qu'en 1793. Plusieurs d'entre elles, et particulièrement *la Chenille et le Renard*, où il ripostait, m'a-t-il dit, à des critiques de Mme de Genlis, peuvent passer pour d'excellentes épigrammes. Bienveillant d'ailleurs envers ceux qui n'étaient pas malveillans pour lui, il le fut pour moi, et j'eus lieu de juger à ses prévenances qu'il aimait à encourager les jeunes gens.

J'ai dit qu'il excellait à railler, j'ajouterai qu'il excellait aussi à contrefaire : ces deux facultés se tiennent. Cette dernière tendance explique le goût ou plutôt la passion qui le portait à jouer la comédie, et surtout le personnage d'Arlequin, qui n'est au fait qu'une caricature, et qu'il jouait à merveille : cette passion était une espèce de folie. Les succès qu'il avait obtenus prêtant un attrait de plus à celui qu'avait déjà pour lui ce dangereux amusement, il pensa un moment à en faire son unique occupation, et voulait, en se faisant passer pour mort, se procurer la liberté d'exercer sous le masque une profession que les convenances sociales et les préjugés de sa famille ne lui permettaient pas d'exercer à visage découvert. Son fol amour pour Mme Gonthier, actrice qui jouait dans ses arlequinades, et à laquelle il aurait pu dire ainsi en public ce qu'il se dépitait de lui faire dire par un autre, le fortifiait dans ce projet. Je ne sais qui l'empêcha de le mettre à exécution ; quelque infidélité de sa Colombine, peut-être : à quelque chose malheur est bon.

L'âme de Florian n'était pas des plus fortes. Incarcéré, sous le régime de la terreur, malgré les précautions qu'il avait prises pour se mettre à l'abri de toute persécution, il passa dans des transes continuelles le temps de sa longue détention, moins courageux que quantité de femmes, ou pas plus héroïque que M. de Larive, son camarade de prison, qui s'y montrait brave moins comme César que comme Arlequin.

Retournons chez Mlle Contat. Si spirituelles que fussent les personnes qui s'y sont réunies, il ne s'en trouva jamais de plus spirituelles qu'elle. Cette intelligence si juste et si vive, qui prêtait à son jeu tant d'esprit et de mouvement, se retrouvait dans ses discours. Comme l'acier fait jaillir le feu d'un caillou, elle tirait de l'esprit des gens qui en avaient le moins; mais rencontrait-elle un interlocuteur en état de faire sa partie, elle se surpassait elle-même, et sa conversation n'était pas moins abondante en traits et en saillies que le plus piquant de ses rôles. L'esprit, chez elle, n'excluait pas la raison; la sienne était aussi solide que son esprit était délié. On avait lieu souvent d'être surpris de la profondeur de ses pensées; j'ai eu l'occasion de le reconnaître dans des entretiens particuliers qui roulaient sur des questions philosophiques, sur les questions les plus graves, et dont elle-même avait provoqué la discussion. Sa première éducation avait été peu soignée; mais il était impossible de s'en apercevoir, par suite des efforts qu'elle avait faits pour acquérir ce qui ne lui avait pas été donné. Elle comptait la lecture au nombre de ses plaisirs les plus vifs, et préférait à toute autre celle des livres sérieux. Elle s'exprimait avec pureté sans pédantisme, avec élégance sans recherche, et elle écrivait comme elle parlait, le plus spirituellement et le plus naturellement possible. Elle eût pris rang, si elle eût voulu, parmi les femmes poètes. Elle tournait fort bien les vers, à en juger par des essais qu'elle m'a montrés, mais qu'elle n'a jamais voulu publier : c'étaient des couplets fort gais et fort mordans. J'ai conservé long-temps une chanson en style amphigourique, où elle avait enfilé très-plaisamment, sur l'air du *Menuet d'Exaudet*, les expressions bizarres que Beaumarchais recherche trop souvent et qu'il prodigue surtout dans sa *Mère coupable*, à la première représentation de laquelle j'avais assisté avec Mlle Contat. Elle m'avait donné la seule copie qu'elle en eût faite, ou plutôt elle m'en avait donné le brouillon; je ne sais ce qu'il est devenu.

Elle avait une facilité singulière pour saisir les ridicules et pour en donner : aussi était-il dangereux de l'avoir pour ennemie; mais, en revanche, il était heureux de l'avoir pour amie. Il n'y avait pas de sacrifices dont elle ne fût capable en amitié; j'en parle par expérience, et je le prouverai en son lieu.

Florian excepté, les personnes que je viens de nommer, jointes à M. *Louis* de Girardin et à son frère *Amable*, jeune homme qu'une mort prématurée enleva en 1793, formaient, à l'époque où j'y fus admis, la société de Mlle Contat, qui, fondée sur des analogies d'opinions autant que sur la conformité de goûts, fut bientôt dissoute par l'arrestation de celle qui en était l'âme.

Dépassant, ou plutôt rompant la digue que l'Assemblée constituante avait cru lui opposer, la révolution cependant continuait sa marche; en vain une opposition généreuse, dans laquelle se signalait le courageux et spirituel Stanislas Girardin, s'obstinait-elle à retenir la France dans les limites de la monarchie; obéissant au mouvement qu'une faction violente lui imprimait, elle se précipitait dans l'abîme de la république.

La lutte entre les deux partis était dans toute sa force, quand fut donnée la première représentation de *Lucrèce*. En traitant avec indépendance ce sujet, qui se trouvait si singulièrement en rapport avec les intérêts qui agitaient alors la société, en y mettant les partis aux prises, j'avais cru me concilier tous les partis. Mauvaise spéculation: ni l'un ni l'autre ne fut pleinement satisfait; applaudie tour à tour avec transport par une moitié des spectateurs, *Lucrèce* le fut rarement par les deux moitiés réunies. Son succès ne répondit ni à mes espérances, ni à l'attente des comédiens. Néanmoins le rôle de *Brutus*, qui, dans un délire apparent, conduit une conspiration contre les *Tarquin*, et tire de son délire même les moyens par lesquels il la noue et la dénoue, le rôle de Brutus, dis-je, dont l'invention m'appartient tout entière, eut son plein effet; il obtint des applaudissemens unanimes et constans. *Lucrèce* fut jouée pendant le cours de l'été depuis le commencement de mai jusqu'au 21 juin, époque où éclatèrent les premiers symptômes de la conspiration tramée contre le trône, qui fut avili ce jour-là, et devait être renversé le 10 août suivant.

La distribution de cette pièce nuisit aussi à son effet. C'est pour Mlle Sainval cadette que j'avais conçu le rôle de *Lucrèce*. La sensibilité et la décence qui caractérisaient le jeu de cette actrice et n'en excluaient pas l'énergie, s'accordaient parfaitement avec l'idée que je m'étais faite de l'héroïne romaine, qu'à l'exemple de J.-J. Rousseau j'ai montrée sensible pour la montrer plus vertueuse, car je ne vois pas de vertu là où il n'y a pas de combat : malheureusement pour moi, Mlle Sainval, sur ces entrefaites, se retira-t-elle du théâtre. Force me fut de m'accommoder de Mlle Raucourt. Raucourt et Lucrèce, quel solécisme !

Le jeu composé et compassé de cette actrice, sa déclamation pédantesque et saccadée, dont les défauts s'accroissaient de ceux d'un organe tout à la fois sec et rauque, étaient en discordance continuelle avec le personnage qu'elle représentait. C'était pour la pudeur de l'acteur qui était en scène avec elle, moins que pour la sienne, qu'une pareille *Virago* donnait de l'inquiétude. Elle joua Lucrèce en femme d'esprit ; mais l'esprit ne supplée pas le cœur.

Femme singulière que celle-là, pour ne pas dire monstrueuse ! Comment aurait-elle exprimé des sentimens qu'elle ne connut jamais ! C'étaient d'étranges passions que les siennes ! On a parlé de ses amours : ils ont traversé ceux de plus d'un pauvre garçon, bien qu'elle ne les disputât pas à leurs maîtresses. La présence des jeunes gens dans les coulisses, les soins qu'ils rendaient aux jolies femmes dont la scène française était ornée alors, lui déplaisaient sensiblement, sans cependant qu'elle réclamât ces soins pour elle. S'arrogeant le pouvoir du censeur, ne voulut-elle pas un jour, dans l'intérêt de l'art et des mœurs, disait-elle, interdire l'entrée des coulisses à tous les auteurs, excepté celui dont la pièce se jouait! C'est ce que me signifia un garçon de théâtre, en me barrant le passage. « Je comprends, lui répondis-je de manière à être entendu de tout le monde : Mlle Raucourt fait de vous son garde-chasse, elle vous charge de veiller sur ses terres ; mais n'est-elle pas sur les nôtres ? Allez lui dire que si quelqu'un chasse ici en fraude, ce n'est pas nous, et qu'après tout, les capitaineries sont supprimées ; » et je passai.

Un trait achèvera de la peindre. Elle eut successivement, et non pas avec des hommes, des liaisons aussi intimes que celles d'Armide avec Renaud, ou d'Angélique avec Médor, s'isolant, comme ces héroïnes, de toute société, et faisant ménage avec l'objet de sa prédilection. Dans ce ménage, elle affectait le rôle de maître de la maison, et se plaisait à en revêtir le costume. Lorsque des relations de théâtre m'appelèrent chez elle, où demeurait alors une jeune femme à qui l'on reprochait de n'avoir plus d'amans, vingt fois j'ai trouvé ma Lucrèce en redingote et en pantalon de molleton, le bonnet de coton sur l'oreille, entre sa commensale qui l'appelait *mon bon ami*, et un petit enfant qui l'appelait *papa!*

Mlle Raucourt, illustrée par quarante ans de dévergondage, fut pourtant, lors de la première restauration, l'objet des faveurs d'une cour qui ne parlait que de régénérer les mœurs! « C'est une femme sans principes, » disais-je à un dispensateur des faveurs royales, homme aussi dévot que moral. — Sans principes, c'est possible; mais elle a de si bonnes opinions! »

Mlle Raucourt exceptée, les principaux acteurs s'acquittèrent de leurs rôles de la manière la plus satisfaisante, Saint-Prix surtout : c'est lui qui était chargé du rôle de Brutus; il s'y montra acteur consommé.

Ajoutons toutefois que Fleury, qui, par complaisance, avait accepté un rôle dans cette tragédie, y fut mauvais; mais personne ne le lui reprocha : il avait promis d'y être mauvais, il a tenu parole.

CHAPITRE V.

Journée du 20 juin. — D'Esprémesnil assassiné. — Il est sauvé par l'acteur Micalef. — Mot de d'Esprémesnil à Pétion. — Je suis conduit avec lui à l'Abbaye. — Fête de la patrie en danger.

Les ignobles attentats qui signalèrent l'agression du 20 juin sont trop connus pour que je les retrace ici; je n'en pourrais parler d'ailleurs que sur la foi d'autrui. J'ai bien vu défiler, en longue et épaisse colonne, les hordes déguenillées qui envahirent les Tuileries, mais je n'ai pas eu la tentation de les suivre; l'horreur étouffait en moi la curiosité. Qu'aurai-je été chercher là? un spectacle qui eût accru ma stérile indignation? Quand je vis l'audace des ennemis du trône et la pusillanimité de ses amis, je tins la royauté pour détruite; elle le fut en effet dès le jour où on viola impunément son sanctuaire. Ce jour-là, les grenouilles sautèrent à loisir sur le soliveau; ce jour-là, les grenouilles devinrent des hydres.

Les amis de l'ordre, et parmi eux se trouvait un grand nombre de révolutionnaires désabusés, protestèrent le lendemain contre ces attentats. Ils demandèrent, par une pétition revêtue de vingt mille signatures, qu'il fût informé contre ses auteurs; mais cette démarche, à laquelle je m'associai huit ou dix fois, car j'ai bien mis mon nom chez dix notaires différens, cette démarche n'eut d'autre effet que de les compromettre par la suite.

En vain le général Lafayette vient-il appuyer, au nom de l'armée, la réclamation des honnêtes gens, on ne lui répond que par des cris de proscription. Entretenue par les déclamations des journaux, la fermentation n'en devint que plus violente, et elle s'accrut encore par l'arrivée des députations que les départemens envoyaient à la fédération provoquée par la déclaration de guerre que la Prusse et l'Autriche venaient de faire à la France. Ces députations, tirées de la classe la plus infime de la population départementale, donnaient pour alliée à la canaille de Paris toute la canaille de la France.

Depuis l'arrivée des fédérés, peu de jours se passaient sans désordres. En sortant des orgies qu'on leur préparait dans tous les cabarets de Paris, les brigands qui, sous le nom de Marseillais, avaient asservi la capitale, demandaient hautement l'abolition de la royauté. Malheur à tout homme d'opinion contraire qui se trouvait sur leur passage; assailli par ces misérables, dès qu'il leur était désigné, il courait risque d'expirer sous leurs sabres, si la garde nationale ne se faisait pas sabrer pour le secourir.

Le 17 juillet, comme il traversait la terrasse des Tuileries, d'Esprémesnil est reconnu par ces forcenés; des injures qu'ils lui prodiguent, ils en viennent bientôt aux voies de fait. La foule qui se presse autour de lui l'entraîne par les cheveux jusqu'au Palais-Royal. Là, vingt glaives se croisent sur sa tête; vingt assassins se disputaient le plaisir de le frapper : cet empressement le sauva, les uns, parant les coups que portaient les autres. Quoique atteint de plusieurs blessures graves, il attendait encore le coup mortel, quand une patrouille de garde nationale, commandée par Micalef, acteur de l'Opéra-Comique, accourt, le délivre non sans partager ses périls, et le porte au corps-de-garde le plus proche, celui de la Trésorerie.

J'étais pour lors au Théâtre-Français, ignorant ce qui se passait, et attendant que l'on commençât le spectacle. Comme je jasais avec Mlle Devienne, dans le cabinet de laquelle je me trouvais, et qui s'apprêtait pour la représentation, arrive Belmont, cet acteur qui jouait les paysans avec tant de naturel; sa figure était toute renversée. « Qu'y a-t-il? lui dis-je; encore quelque nouvelle atrocité! — Vous avez raison, me répond-il; » et il me raconte la chose dans toute son horreur, malgré tout ce que fait pour l'en empêcher la jolie soubrette qui en était déjà instruite, et qui, connaissant mon attachement pour d'Esprémesnil, m'avait gardé le secret, et m'amusait de peur que je ne vinsse à le découvrir. M'échapper de ce cabinet, malgré les supplications de cette aimable femme et les efforts que Belmont fait pour me retenir, traverser les vestibules malgré l'opposition des agens du théâtre à qui, par intérêt pour moi, on avait recommandé de ne me pas laisser sortir, tout cela fut l'affaire d'un moment; les écartant des mains et des coudes, je m'élance dans la rue, et me voilà, sans chapeau, franchissant, au pas de course, l'intervalle du théâtre à la Trésorerie.

Ce poste était facile à défendre; une haie de militaires en fermait tous les abords. Elle s'ouvrit, non sans difficulté, à ma prière, qui m'attira plus d'un sarcasme, et je rejoignis enfin le malheureux d'Esprémesnil, qui, contre toute probabilité, respirait encore. Mais dans quel état, grand Dieu! couvert de boue et de sang, de contusions et de plaies, et n'ayant pour vêtement que la houppelande du portier, sur le lit duquel il était étendu.

D'Esprémesnil gardait, au milieu de tant de dangers, un calme imperturbable, un calme que ses ennemis eux-mêmes ne purent pas conserver. *Et moi aussi, monsieur, j'ai été l'idole du peuple*, dit-il à Pétion, qui, à son tour, idole du peuple pour quelques jours, était venu s'assurer des faits.

Saisi d'un spasme des plus violens, à ce propos où il voyait peut-être une prédiction, à ce spectacle où le présent lui montrait l'avenir, Pétion se retira après avoir donné ordre de transférer son ancien collègue à l'Abbaye Saint-Germain, non pour l'y constituer prisonnier, mais pour tromper la fureur du peuple, et pour mettre ce proscrit sous la protection des soldats qui gardaient cette prison. Il n'y avait, au fait, pas d'autre moyen de le sauver pour le moment que de laisser croire aux assassins que la victime qu'on leur dérobait était réservée pour le bourreau.

Les consolations que je m'étais empressé de lui apporter ne furent pas les seules que d'Esprémesnil reçut en cette circonstance. En fait de pitié et de courage, il est rare que les hommes les plus actifs ne soient pas rivalisés par des femmes. A peine étais-je arrivé, qu'une de ses nièces, Mme Buffaut, qui depuis est devenue ma sœur, vint me rejoindre au chevet de son grabat. Quand la translation eût été décidée, elle le remit entre mes mains, et ne nous quitta qu'après nous avoir vus monter dans le fiacre où, nous traitant en criminels pour protéger notre innocence, on nous menait en prison pour assurer notre liberté. Une garde nombreuse devançait, suivait, entourait notre voiture, devant et derrière laquelle roulaient plusieurs pièces de canon; mais ces colonnes, qui empêchaient la populace d'approcher, n'empêchaient pas les vociférations d'arriver à nos oreilles à travers le bruit dont le pavé retentissait sous les roues de l'artillerie. Applaudissant aux précautions prises contre elle, parce qu'elle les croyait prises contre nous, cette populace nous accablait d'injures; traitant le malheur comme le crime, elle faisait surtout des vœux pour que notre séjour en prison ne fût pas long, et ce n'était pas par pitié. D'Esprémesnil souriait à ces expressions d'une rage impuissante; quant à moi, rassuré sur son danger, je riais de l'erreur stupide dont se repaissaient ces cannibales.

Arrivé à l'Abbaye, le blessé fut installé dans la chambre du concierge; c'était précisément celle que, l'année précédente, avait occupée son beau-frère, ce pauvre M. de Bonneuil, lorsqu'il fut incarcéré par suite de l'évasion de *Monsieur*.

D'Esprémesnil, que ce transport avait extrêmement fatigué, se coucha. Comme il n'y avait là personne pour le soigner, je me chargeai de le veiller. La fièvre ne s'était pas encore déclarée; mais l'agitation, que tant d'émotions violentes avaient provoquée et entretenue, ne lui permettait pas de fermer l'œil. Je ne dormais pas non plus. Pendant la durée de cette longue et douloureuse insomnie, que de confidences je reçus de lui! Ses regrets sur le passé, ses inquiétudes pour l'avenir, il m'avouait tout. Comme il gémissait de la déplorable situation où se trouvait la France! Et cette situation avait été provoquée par les interminables querelles du parlement et du roi! et personne plus que lui n'avait animé le parlement dans sa résistance! Voulant raffermir l'État, il avait ébranlé la monarchie! voulant tirer la France d'une fondrière, il l'avait entraînée dans un abîme! Qu'était-ce donc que la sagesse humaine? comment réparer tant de maux? Mille projets se croisaient dans sa tête. Son idée dominante était d'écrire au roi; je devais remettre cette lettre. Rêves d'un malade, ils s'évanouirent avec la nuit. D'Esprémesnil ne m'en reparla pas depuis.

Le lendemain, dès le matin, Mme d'Esprémesnil vint me remplacer. Son chirurgien, qu'elle avait amené, leva le premier appareil. C'est alors seulement qu'on put juger du nombre et de la gravité des blessures. Une seule lui parut dangereuse : c'était un coup de sabre qui avait entamé profondément le sommet de la tête. La fièvre commençant à se développer, et le docteur ayant déclaré qu'il y avait péril à déplacer le malade, il fut convenu qu'il resterait à l'Abbaye jusqu'à nouvel ordre; et, comme on ne voulait pas se confier à des étrangers, que chaque soir un de ses amis viendrait relever les dames qui passeraient le jour auprès de lui, les dames s'étant réservé le droit de le garder depuis le lever jusqu'au coucher du soleil.

Je passai plusieurs nuits à son chevet, et il y avait mérite à moi, car personne n'était plus dormeur que moi, et puis plus de distractions, plus de conversations, plus de confidences. Accablé par la fièvre, d'Esprémesnil était tombé dans un état de somnolence qui dura plusieurs jours, pendant lesquels il ne donnait preuve de vie que par les gémissemens inarticulés que lui arrachait la douleur.

Au bout de douze ou quinze jours, ces symptômes alarmans disparurent. On s'occupait de lui chercher un asile hors de chez lui, car le porter chez lui, c'eût été le rendre aux assassins, quand, sur un propos de la Vaquerie, concierge de l'Abbaye, Mme d'Esprémesnil craignit que la sortie de son mari n'éprouvât des difficultés, et que la chambre qui lui avait jusqu'alors servi d'hôpital ne fût une prison. Le bruit courait que des ordres avaient été donnés à cet effet, depuis qu'il avait été mis sous la protection des geôliers. Comme on disait que c'était à la réquisition du maire de Paris, elle me pria de m'en assurer. Je pris la voie la plus courte : je m'adressai au maire de Paris lui-même, à M. Pétion. C'est la seule fois que je me trouvai en rapport avec ce magistrat, si on peut donner ce nom à l'homme qui, chargé de maintenir l'ordre dans Paris, y entretenait le trouble, y organisait le désordre. Je fus introduit sans difficulté dans son salon, où je n'attendis pas long-temps. Il vint m'y trouver, non pas en simarre, comme le prévôt des marchands, mais en robe de chambre de molleton, comme Mlle Raucourt. Après lui avoir dit ce qui m'amenait, j'ajoutai, non sans quelque chaleur, que d'Esprémesnil ne pouvait être retenu qu'illégalement à l'Abbaye, qui lui avait été ouverte comme refuge : « Rien de plus facile que de donner à cette détention les formes légales, me répondit-il avec tranquillité; mais comme nous n'avons aucun intérêt à retenir M. d'Esprémesnil, dites-lui qu'il sortira quand il voudra. »

Sur cette réponse, on se hâta de tirer d'Esprémesnil de dessous les verroux, qui, d'un moment à l'autre, pouvaient devenir moins complaisans, et on le transporta près des Invalides, à l'hôtel Besenval, que le vicomte de Ségur avait mis à sa disposition : installé là sous un nom étranger, il y fut soigné exclusivement par sa famille et par ses gens jusqu'à son entier rétablissement. C'était au commencement du mois d'août.

Cependant l'état des choses empirait de jour en jour. Les traités de Pilnitz et de Berlin, par lesquels l'Autriche et la Prusse, à la demande des princes français, s'engageaient à réprimer la révolution française, traités auxquels la Russie avait accédé, recevaient leur exécution. Deux cent mille hommes menaçaient nos frontières du nord et de l'est; plusieurs engagemens avaient même eu déjà lieu en Flandre et en Alsace : les trois armées qu'opposait la France à cette ligue étaient insuffisantes contre des troupes aussi nombreuses. Loin de dissimuler ses embarras, l'Assemblée législative crut utile de les avouer; elle déclara *la patrie en danger.*

La promulgation de ce décret se fit, avec la plus imposante solennité, le 11 juillet. D'heure en heure le canon tira pendant toute la journée. Accompagnés d'un cortége nombreux, des officiers municipaux parcouraient les rues au bruit d'une musique militaire, qui de temps en temps se taisait pour laisser entendre la proclamation par laquelle ils appelaient les citoyens à la défense des frontières.

Dans toutes les places publiques, sur des échafauds dressés à cet effet, étaient établies des tentes ornées de drapeaux, où des vétérans inscrivaient les noms des citoyens qui s'enrôlaient au service de l'État. Cet appareil produisit un enthousiasme prodigieux : avec les bataillons qu'il créa, sortirent de la capitale la plupart de ces hommes qui, à peine réputés alors pour soldats, devaient quelques mois après prendre place parmi les généraux et vaincre leurs anciens.

Les solennités les plus graves offrent toujours quelques disparates. Les gens de la campagne, dont l'esprit n'était pas aussi développé que celui du peuple des villes, ne comprirent pas tous l'objet de cet appareil ; plusieurs d'entre eux n'y virent qu'une cérémonie de la nature de celles dont on amusait alors les badauds à la moindre occasion. Attirés par le bruit du canon, et réjouis par les fanfares de la trompette, ils s'en retournèrent très-satisfaits de la fête de *la patrie en danger.*

CHAPITRE VI.

Je suis employé à la fabrication des assignats. — Journée du 10 août. — Aventures particulières. — Massacres de septembre. — Anecdotes. — Je fuis de Paris.

Le départ de *Monsieur* avait renversé tous mes calculs; avec ma fortune à venir, il m'enlevait, ainsi que je l'ai dit, une partie de ma fortune présente. M. de la Porte, intendant de la liste civile, avec la famille de qui j'étais lié, et chez qui j'allais depuis quelque temps, avait bien l'intention de m'admettre dans son administration, mais il fallait que l'occasion se présentât. Force me fut donc, en attendant, de chercher dans mon industrie des ressources pour subvenir à l'entretien de ma famille.

Le produit d'une pièce au Théâtre-Français était presque nul alors. Par suite des règlemens que les membres de cette société n'avaient pas voulu modifier, ce qui avait déterminé le plus grand nombre des auteurs à les abandonner pour s'attacher au théâtre du Palais-Royal, non seulement la part de l'auteur dans les produits de sa pièce était moindre qu'au nouveau théâtre, mais l'auteur contribuait aux frais occasionés par son ouvrage dans une proportion égale à la part qui lui était attribuée dans la recette. Ainsi le Théâtre-Français ayant fait à l'occasion de *Lucrèce* trente ou quarante mille francs de dépense, c'est-à-dire ayant renouvelé entièrement ses décorations et ses costumes, mes droits avaient été absorbés par cette dépense.

Je me retournai d'un autre côté. On organisait alors des bureaux pour la confection des assignats. M. Delaitre, naguère intendant de la liste civile, était un des chefs préposés à cette fabrication, qui exigeait un nombre considérable d'employés. Il m'y fit donner une place peu importante, mais qui me convenait fort, en ce qu'elle ne me prenait pas plus de trois heures par jour, et que j'avais la faculté de m'y faire remplacer quand je le jugeais à propos, ce qui s'accordait à merveille avec mes habitudes peu sédentaires.

J'allai passer quelques jours à Saint-Germain, immédiatement après la dernière visite que je fis à d'Esprémesnil. L'état dans lequel je laissais Paris était fort inquiétant : les bruits les plus sinistres se succédaient, se multipliaient avec une effroyable rapidité; le roi, suivant les uns, devait, sous l'escorte des Suisses, se retirer à Rouen, où commandait le duc de Liancourt. Suivant d'autres, ce n'était pas à Rouen, mais au-delà des frontières que le roi devait être conduit par un corps de dix mille nobles. Ses ennemis, se fondant sur ces bruits accrédités par eux-mêmes, et se prévalant d'émeutes qu'ils provoquaient pour proposer les mesures les plus outrageantes contre lui, on parlait de la *suspension* du roi, de sa déchéance, de son jugement même. Mais comme ces bruits circulaient depuis plusieurs semaines, mes oreilles commençaient à s'y faire, et je n'imaginais pas qu'une révolution fût prochaine.

A parler franchement, je partageais assez l'opinion des gens qui des événemens de la guerre attendaient le rétablissement de l'ordre. Sans croire qu'à l'entrée des princes français sur notre territoire la population entière se mettrait à genoux, il me semblait impossible qu'elle les arrêtât long-temps, et que la libération du roi ne fût pas la conséquence de leurs infaillibles succès.

Les espérances de notre parti étaient aussi folles que les projets de l'autre étaient atroces; l'illusion même était portée à un tel point, chez plusieurs individus, qu'ils indiquaient étape par étape la marche des alliés sur la capitale. Martini, auteur de la musique du *Droit du Seigneur* et de celle de *la Bataille d'Ivri*, avec lequel je m'étais lié chez Vigée, vint me trouver un matin pour me communiquer un projet qui, disait-il dans son jargon quasi tudesque, ferait notre fortune. « Les alliés vont entrer en France; dimanche prochain ils seront à Longwi, le dimanche suivant à Verdun, et le dimanche d'après à Paris. C'est réglé comme un papier de musique. Vous concevez bien, mon cher, qu'arrivés ici on leur donnera des fêtes. La première chose qu'ils feront, après avoir été à Notre-Dame, sera d'aller à l'Opéra. Je viens vous proposer de faire ensemble un opéra pour la circonstance. Il n'y a pas un moment à perdre. Vite, vite à l'ouvrage! Ce n'est pas moi qui vous retarderai. Où sont vos paroles? ma musique est déjà faite. »

Pendant quatre ou cinq jours que je passai à Saint-Germain dans une société qui, sans être indifférente aux intérêts publics, ne s'en occupait pas exclusivement, j'avais presque oublié la fureur des partis qui se provoquaient sur les débris de la royauté, dans la capitale. Le 10 août au matin, sans trop y songer, j'y retournais. La voiture publique dans laquelle j'étais casse sur le pont du Pec. Prenant mon parti, je poursuis ma route à pied. Comme j'entrais dans le bois du Vésinet, un cocher qui conduisait une berline vide me propose d'y monter. La chaleur était extrême; j'accepte, et pour un *corset**, me voilà me carrant dans un équipage qui se trouve appartenir à quelqu'un de ma connaissance, au marquis de Lucenai. Ne nous étant pas arrêtés à Nanterre pour faire rafraîchir les chevaux, je n'avais recueilli aucun renseignement sur l'état où se trouvait Paris. Je fus donc un peu surpris, arrivé sur la hauteur de Courbevoie, de voir plusieurs groupes de paysans qui de là regardaient cette grande ville avec une expression de terreur. Voyant d'épaisses colonnes de fumée s'élever

* Assignat de la valeur de 5 francs

du côté des Tuileries, je commence à croire que le jour de l'explosion est arrivé.

Les réponses que ces bonnes gens firent à mes questions me confirmèrent dans cette idée, quoiqu'ils ne me donnassent aucun détail. Ils savaient bien qu'on se battait, qu'on s'égorgeait au château, mais ils n'en savaient pas davantage, les barrières étant fermées depuis le matin. « On entre bien, disaient-ils, mais on ne sort pas. — Puisqu'on entre, poursuivons notre chemin. » Le cocher fut de cet avis.

Comme on m'avait prévenu qu'un poste de garde nationale gardait la barrière des Champs-Élysées, et qu'on nous questionnerait : « Laissez-moi répondre, dis-je au cocher ; mes papiers sont en règle, nous éviterons ainsi toute perte de temps. Dites que vous êtes à moi. »

Nous arrivons à la barrière. « Arrêtez ! crie un factionnaire en guenilles ; caporal ! hors la garde ! » Un caporal et quatre hommes viennent me demander mon passeport ; heureusement avais-je songé à prendre celui que j'avais obtenu, comme patriote, sur le témoignage de mon boulanger et de mon apothicaire, à ma section : je l'exhibe. On me demande à qui la voiture : « A moi, » répondis-je, conformément à la convention. Je me croyais tiré d'affaire, quand le caporal, qui en me quittant était allé interroger le cocher, revient et me dit : « La voiture est à un marquis ; descendez, votre passeport est faux ; venez au corps-de-garde, le commandant décidera ce qu'on doit faire de vous. — Au corps-de-garde ! au corps-de-garde ! répètent, avec un accent qui tenait de la fureur, les soldats ou plutôt les forts de la halle qui lui prêtaient main-forte. — Au corps-de-garde, » répartis-je, en affectant une sécurité que je n'avais pas.

Le poste auquel on me conduisit était établi à gauche, dans une de ces masses de pierres accumulées par Ledoux à l'entrée des Champs-Élysées, dans une de ces cavernes qu'il appelait pavillons. « Commandant, dit le caporal, voici un homme qui m'a l'air diablement suspect. Il dit que cette voiture est à lui ; le cocher dit, lui, qu'elle est à un marquis. Un marquis ! pourquoi ce titre n'est-il pas sur son passeport ? C'est un aristocrate déguisé. — C'est un bon citoyen s'il y en a un, répond le commandant en se jetant à mon cou ; c'est l'auteur de *Marius*, c'est, poursuivit-il avec une emphase qui m'eût fait rire en tout autre moment, c'est l'auteur de ce vers superbe :

Le peuple de tout temps fut l'appui du grand homme.

L'auteur d'un pareil vers peut-il être un aristocrate? — C'est vrai, disent ceux des gardes nationaux qui étaient habillés, car tous ne l'étaient pas. — Je vous réponds de lui, » ajouta le commandant. Puis, me conduisant dehors : « Va-t'en, et crois-moi, va-t'en à pied, si tu ne veux pas être arrêté de nouveau. La journée est terrible : les Marseillais ont emporté les Tuileries d'assaut ; le roi s'est réfugié à l'Assemblée ; l'exaspération du peuple est au comble ; il égorge tout ce qui lui paraît suspect ; il a massacré de fausses patrouilles ; il voit des aristocrates partout. Si je n'avais été là, on te faisait un mauvais parti. Poursuis ton chemin, sans laisser voir l'impression que feront sur toi les objets que tu vas rencontrer, soit dans les Champs-Élysées, soit autour du château. Adieu, » et m'embrassant de nouveau, il ordonna au factionnaire de laisser sortir cet excellent citoyen.

Ces conseils étaient bons ; aussi me venaient-ils d'un bon ami, de Theurel, qui, commandant du bataillon de la Halle au Blé, par un hasard des plus heureux pour moi, était venu occuper le poste où je le trouvai. Je lui dus la vie, soit parce que, envoyé en prison, il m'eût été difficile d'y arriver sain et sauf à travers une populace ivre de sang et non rassasiée; soit parce que, si j'avais pu y arriver, j'y serais probablement resté jusqu'au 2 septembre; et l'on sait quel fut, dans cette effroyable journée, le sort des prisonniers.

Docile à ces conseils, je payai le cocher, en lui disant de se tirer d'affaire comme il pourrait, et de faire à sa tête, puisqu'il n'avait pas voulu faire à la mienne; puis, au lieu d'entrer à Paris, je me jetai dans la grand'rue de Chaillot, où demeurait Mlle Contat, à qui j'allai demander des nouvelles.

« Comment vous trouvez-vous dans ce quartier un pareil jour? me dit-elle avec l'accent de l'effroi; venez-vous des Tuileries? étiez-vous à cette horrible affaire? » Ses questions se succédaient avec une inconcevable rapidité. « J'arrive de Saint-Germain, répondis-je. Je ne sais qu'imparfaitement ce qui s'est passé ici; veuillez me mettre au courant. » Par un récit des plus animés, elle m'apprit bientôt ce qui s'était passé, non seulement dans la matinée, mais pendant l'affreuse nuit qui avait précédé ce jour plus affreux. « Tout est perdu, ajouta-t-elle; les brigands sont les maîtres, quel sera le terme des massacres? que deviendrons-nous? »

Je voulais passer outre; elle s'y opposa : « Dînez avec moi, me dit-elle. Le premier emportement tombé, il y aura moins de risque à rentrer dans Paris, puisque vous voulez y rentrer. » Je restai chez elle jusqu'à cinq heures.

L'horrible spectacle que celui qui s'offrit à moi depuis la place Louis XV jusqu'au pont Royal! Dans les fossés de la place, je vis d'abord plusieurs têtes, que, las de s'en amuser, les assassins avaient abandonnées comme on abandonne une boule quand on est las de jouer aux quilles. Les Tuileries étaient ouvertes à tout le monde; mais, vu les scènes qui venaient de s'y passer, et les acteurs qui remplissaient ce sanglant théâtre, elles étaient plus fermées pour moi que jamais. Je suivis le quai, pour éviter l'aspect du carnage, mais le carnage avait débordé jusque-là; le quai était jonché de cadavres, dont le nombre s'accroissait de ceux qu'on y précipitait à chaque instant de la terrasse du jardin, aux acclamations de ces individus qui se transportent et fourmillent partout où il y a quelque chose à voir; engeance qui disparaît dans les jours paisibles, mais qui, dans les circonstances extraordinaires, à l'occasion d'une fête ou d'un supplice, sort de dessous le pavé; engeance qui n'est ni bonne ni méchante, mais qui, essentiellement curieuse, parut si souvent, pendant le cours de la révolution, sanctionner par sa présence les actes qui lui inspiraient le plus d'horreur.

Il est à remarquer que, dans cette terrible journée, le massacre ne s'étendit guère au-delà des limites du Carrousel et ne franchit pas la Seine. Partout ailleurs je trouvai la population aussi tranquille que s'il ne s'était rien passé. Dans l'intérieur de la ville, le peuple montrait à peine quelque étonnement. On dansait dans les guinguettes.

Au Marais, où je demeurais alors, on n'en était qu'à soupçonner le fait. Comme à Saint-Germain, on se disait qu'il y avait quelque chose à Paris, et l'on attendait patiemment que le journal du soir dît ce que c'était. Au reste, il en a été ainsi aux époques les plus orageuses de la révolution, à ses péripéties les plus tumultueuses : le mal à l'accomplissement duquel participaient des habitans de tous les quartiers n'agitait pas tous les quartiers; il se concentrait ordinairement autour du local occupé par la législature, ou autour de celui où siégeait la commune, qui fit long-temps la loi aux législateurs.

On sait quelles furent les suites du 10 août. Louis XVI ne sortit de la salle où il était entré libre et roi, que dépouillé de la royauté et de la liberté. Le décret qui les lui ravissait fut discuté et rendu en sa présence même : on préludait, par la déchéance du monarque, à la destruction de la monarchie.

Aux assassinats illégaux succédèrent les assassinats juridiques, et ce ne sont pas les moins odieux. Traduits devant un tribunal spécial, les défenseurs du roi furent envoyés à l'échafaud. Les prisons cependant se remplissaient de nobles suspects et de prêtres réfractaires : c'était un avis pour quiconque avait été attaché à la maison des princes. On m'engageait à me cacher. Convaincu dès lors que l'excès de méfiance, comme l'excès de confiance, avait ses inconvéniens, je pris un parti mitoyen : sans abandonner ma place à la fabrication des assignats, je cessai de résider à Paris; j'y venais tous les matins à l'heure du travail, et, le travail fini, je retournais chez ma mère, qui s'était retirée à Maisons près Charenton.

Les anciens passeports ayant été infirmés, je m'en fis délivrer un nouveau, moyennant trente sous, par le greffier de la mairie de l'endroit, honnête tailleur qui m'avait raccommodé un habit, et me certifia domicilié dans sa commune. Grâce à cette pièce, je circulai librement dans les circonstances les plus difficiles, comme on le verra.

Le parti qui disputait les profits du 10 août aux Girondins, auteurs de cette révolution, ne négligeait cependant rien pour en aggraver les conséquences. Dans le but de se saisir de tous les partisans de la cour, la commune de Paris, où il dominait et qui dominait l'Assemblée législative, avait ordonné des visites domiciliaires, par un arrêté que les législateurs avaient converti en décret. Ce décret fut aussitôt mis à exécution.

Bien qu'on eût augmenté leur nombre et leur capacité en convertissant d'anciens couvens en maisons de détention, les prisons étaient encombrées de prévenus qu'on y entassait journellement. Que faire de tant de prisonniers? On résolut de les exterminer en masse et d'un seul coup.

La nouvelle de la prise de Verdun fut le signal de ce massacre. Sous prétexte qu'en partant pour la défense des frontières ils ne voulaient pas laisser la capitale en proie aux vengeances des aristocrates, des bandes d'assassins, qui se donnaient pour patriotes, coururent aux maisons où les nobles et les prêtres étaient enfermés, et les égorgèrent après leur avoir fait subir une espèce de procès devant un tribunal formé aussi d'assassins. A l'Abbaye, aux Carmes, au Châtelet, à Bicêtre, à la Salpétrière, à la Force, aux portes de toutes les prisons enfin, se tinrent pendant cent heures ces horribles assises, et, pendant cent heures, des charrettes, où les corps de leurs victimes étaient amoncelés, les portèrent hors de la capitale, où on les jetait pêle-mêle dans des carrières abandonnées. Plusieurs fois je rencontrai, sur la route de Charenton, les tombereaux partis de la Force pour aller remplir les insatiables catacombes de cette contrée. Une pluie de sang, dont la trace, commençant à la prison, se prolongeait jusqu'à ce village après s'être mêlée aux boues du faubourg Saint-Antoine, attestait le passage continuel de cet horrible convoi. Une fois, j'en frissonne encore, assis sur un monceau de cadavres, deux monstres, qui guidaient une de ces boucheries ambulantes, déjeunaient tranquillement du pain qu'ils rompaient de leurs mains sanglantes, tout en s'abreuvant d'une liqueur que l'imagination la plus froide pouvait ne pas prendre pour du vin. A l'horreur que vous fait le récit de ce spectacle, jugez, lecteur, de celle j'ai éprouvée, de celle que j'éprouve, moi qui l'ai vu, moi qui le vois!

Le 2 septembre, au son du tocsin, au bruit de la générale, prévoyant les conséquences de nos défaites, dont la nouvelle se criait dans toutes les rues, je m'étais mis en route pour Maisons. Arrivé à la barrière, je trouvai le chemin fermé. Un *sans-culotte*, non pas de nom seulement, un *sans-culotte* dans toute la vérité du terme, y était en faction, le sabre à la main. Cela m'inquiétait un peu. Une femme qui, malgré la mesquinerie de sa toilette, ne me semblait pas appartenir à la classe inférieure, était en explication avec cette singulière sentinelle; j'écoutai leur colloque pour me régler sur ce que j'entendrais. «On ne passe pas, madame, lui disait ce brave, en lui faisant une barrière du plat de son sabre. — Mais, monsieur, je vais chez moi, à Bercy. — Votre passeport? — Le voilà. — Est-il visé à la section? — Je ne suis pas de Paris; je vais à Bercy, vous dis-je. — Allez faire viser votre passeport *aux Enfans Trouvés.* — Mais, monsieur.... — Pas de raison, » ajouta-t-il en jurant et en lui présentant la pointe de son arme.

Peut-être, me dis-je, ce héros ne sait-il pas lire. Pour m'assurer du fait, je m'avance hardiment. « Votre passeport? — Le voilà, répondis-je, en le présentant à rebours à ce factionnaire, qui le regarde avec attention sans le mettre dans son bon sens. — Il faut qu'il soit visé. — *Aux Enfans Trouvés?* Vous voyez bien que rien n'y manque, » répliquai-je, en lui montrant la signature que l'officier public y avait apposée, et un large cachet qui représentait, non pas le timbre de la commune de Maisons, mais la première lettre du nom de l'honorable syndic de son administration municipale. J'avais deviné juste. La barrière de fer s'abaissa devant ces respectables caractères. « C'est bien, camarade, tu peux passer, me dit en souriant le geôlier d'une des cent portes de la plus grande prison qui fût alors en France. »

Le lendemain je repassai par la barrière; mon

premier soin fut d'aller *aux Enfans Trouvés* me mettre en règle. Revenus à Paris, revenons sur les horreurs dont cette malheureuse cité était le théâtre. On ne peut se les exagérer. Ce n'était plus seulement à la porte des prisons que le sang coulait. Partout où la populace rencontrait un Suisse ou un malheureux réputé pour tel, il était assassiné sur-le-champ; son corps était traîné dans la fange par des bourreaux, et sa tête, fichée au bout d'une pique, était promenée de rue en rue, comme celle de l'infortunée princesse de Lamballe. Ainsi de toutes parts les cadavres venaient s'offrir aux yeux de ceux qui les fuyaient. Passant par inadvertance devant celle des entrées de l'hôtel de la Force qui donne sur la rue Culture-Sainte-Catherine, je vis le vaste portique de cette prison rempli dans toute sa capacité, jusqu'à hauteur d'homme, de corps amoncelés. Forcé de revenir dans ce quartier le lendemain, et croyant, en évitant de passer par la même rue, ne plus revoir ce spectacle, j'en rencontre un plus horrible encore à celle des portes de la même prison qui donne sur la rue Saint-Antoine. Armés de massues à battre le plâtre, des misérables, postés des deux côtés du guichet, attendaient à la sortie les prisonniers pour les assommer; et la foule hébétée encourageait par ses acclamations ces actes de férocité, où elle ne voyait que des actes de justice.

Cependant on détruisait de toutes parts les attributs de la royauté. Renversées de leur base, les statues des rois tombaient en tonnant sur le pavé qu'elles enfonçaient. Celle de Henri IV même, celle devant laquelle le peuple, au commencement de la révolution, avait exigé qu'on fléchît les genoux, se brisait sous les outrages du peuple; tant la révolution avait dépassé son but! On conçoit que l'effigie de Louis XIV n'ait pas été plus respectée. Le grand roi se vengea dans sa chute. De la main de bronze qu'il étendait sur la place Vendôme, il écrasa un des misérables qui le détrônaient. C'était tomber en roi. « Ainsi sont les tyrans, disaient les orateurs de la canaille; leurs simulacres même sont à craindre pour le peuple. »

Quand les égorgeurs furent las de tuer, ou plutôt quand il n'y eut plus personne à égorger, les barrières se rouvrirent, et la libre communication entre la capitale et les départemens se rétablit. « Ces flots de sang sont toujours sous mes yeux, dis-je à ma mère; ils me poursuivent, ils me talonnent, ils m'enveloppent comme la marée montante. Je ne saurais rester au milieu du meurtre et des meurtriers; je ne saurais rester plus long-temps en France : je pars pour l'Angleterre. — Tu feras bien, » me dit ma mère, qui craignait ou de me voir jeter en prison, ou de me voir contraint à marcher contre les princes.

Mon plan de campagne est aussitôt arrêté. Nous décidons que je me rendrai d'abord à Amiens, où je déposerai ma femme dans la maison de son père, et que de là j'irai à Londres, où je prendrai conseil des événemens.

Les préparatifs de mon voyage furent bientôt faits; le bagage que j'emportais en Angleterre n'était pas beaucoup plus lourd que celui que Sterne apporta en France. Je chargeai ma femme, qui approuva ma résolution, de me le faire parvenir à Amiens; et le 5 septembre, à cinq heures du soir, me voilà en route pour Saint-Germain où je vais à pied, et d'où je comptais me rendre à Beauvais par Pontoise, à pied aussi, les voitures publiques n'ayant pas encore repris leur service.

J'arrivai à Saint-Germain à la nuit. Après avoir

raconté ce qui s'était passé à Paris, j'exposai ce que je voulais faire. On ne contraria pas une détermination fondée sur de si graves intérêts, et le lendemain matin, m'arrachant à cette famille que j'aimais, et qui m'aimait comme la mienne, je me dirigeai à travers la forêt vers Pontoise, ou plutôt vers Londres, ne doutant pas que tous les obstacles dussent s'aplanir devant un passeport minuté et signé par Grumeaud, secrétaire ou greffier de la commune de Maisons près Charenton.

LIVRE IV.

DU 5 SEPTEMBRE AU 20 DÉCEMBRE 1792.

CHAPITRE PREMIER.

Voyage à travers champs. — Contraste singulier — J'arrive à Amiens. — Je pars d'Amiens pour Boulogne. — Aventures qui ne sont rien moins que tragiques.

JE ne crains pas la solitude; bien plus, je l'aime quand elle ne m'est pas imposée. Rien ne m'est plus doux que de vivre isolé au milieu des êtres qui me sont chers, et dont je me sens entouré, mais non pas pressé; savoir qu'ils sont là, et que je puis à mon caprice les rapprocher de moi ou me rapprocher d'eux, c'est être avec eux. C'est un bonheur pour moi de les avoir à ma portée comme les livres de ma bibliothèque, comme mes livres favoris, parmi lesquels je médite souvent à toute autre chose qu'à ce qu'ils contiennent, mais dont je jouis par cela seul que je puis les feuilleter à ma fantaisie.

L'isolement dans lequel j'allais me jeter n'était pas de cette nature; c'était peut-être pour toujours que j'allais me séparer de tout ce qui m'était cher. L'adieu que je leur disais était peut-être un éternel adieu. Cette réflexion m'arracha des larmes. Néanmoins, à huit heures du matin je me remis en route. Le temps était superbe. La forêt est magnifique; elle me prêta son ombre jusqu'à Conflans-Sainte-Honorine. Là je passai la Seine, et je me rendis ensuite à Pontoise, où j'arrivai à midi, tantôt courant, tantôt marchant, toujours rêvant.

Tout en dînant à je ne sais quelle auberge, je demandai le chemin le plus court pour gagner Beauvais. On m'en indiqua un qui abrégeait de deux ou trois lieues; en le suivant on n'en aurait guère que dix à faire. Espérant que le reste de la journée me suffirait pour cette course, je me jette dans des chemins de traverse, et prenant toujours le plus court, de village en village, j'arrive au jour tombant dans un hameau nommé Fleury.

J'étais encore à six lieues de Beauvais. L'épicier du lieu, si l'on peut donner ce nom à un marchand qui vendait de tout, excepté des épices, l'épicier du lieu, chez qui j'entrai pour prendre des renseignemens, me les donna avec obligeance, me nommant tous les endroits par lesquels je devais passer, et entre autres un village qui porte un nom éminemment empreint de féodalité, *Saint-Jean messire Garnier*. Il m'engagea toutefois à ne pas aller plus loin. « De jour, me dit-il, vous vous en tireriez facilement; mais de nuit vous pourriez vous égarer, et vous ne rencontreriez personne pour vous remettre dans votre route. — Mais où coucher? — A l'auberge. — Et où est l'auberge? — Ici. — Vous auriez une chambre à me donner? — Celle où vous êtes; » et ouvrant une alcôve ou plutôt une armoire pratiquée dans la boutique même entre deux compartimens remplis de chandelles et de fromages, et cachée sous un placard de papier, il me fait voir un lit, le seul dont il pût disposer sans obliger quelqu'un de sa famille à coucher à l'étable.

J'avais fait plus de dix lieues dans la journée. « Demain, me dis-je, en partant avant le jour, je regagnerai le temps perdu. Couchons ici; je n'en serai pas moins dans vingt-quatre heures à Amiens, comme je l'ai résolu. » Je me rendis en conséquence aux sages conseils de mon hôte. Soupai-je seul? soupai-je avec sa famille? soupai-je même? je ne m'en souviens pas. J'avais, je crois, plus besoin de dormir que de manger; et l'on n'en doutera pas quand on saura que je dormis du sommeil le plus profond dans le plus mauvais lit qui fût dans le département de Seine-et-Oise ou dans le département de l'Oise, car je ne sais pas au juste auquel des deux appartient Fleury.

Avant de rêver les yeux fermés, je rêvai quelque temps les yeux ouverts, repassant dans ma mémoire ce que j'avais vu dans la semaine. Quel contraste entre les scènes tumultueuses qui ensanglantaient la capitale et la tranquillité qui régnait dans les campagnes que je venais de parcourir et dans le hameau où je me reposais! La sensation que j'éprouvais à ces réflexions m'est encore présente. Telle est celle que produisit en moi, à la première lecture de l'épopée du Tasse, l'épisode d'Herminie et le tableau de la paix dont les pasteurs jouissent sur les bords du Jourdain, pendant que la guerre déchaîne ses fureurs sous les remparts de Solyme. Ainsi que ces pasteurs, les villageois qui m'accueillaient ignoraient tout ce qui se passait dans les villes; et comme j'en acquis la certitude par des questions adroitement faites, non seulement ils ne connaissaient pas la nouvelle révolution qui se consommait, mais ils ne savaient même pas ce que c'est qu'une révolution; chose surprenante, mais concevable, si l'on songe que Fleury est à six lieues de toute ville, et qu'il est placé au milieu des terres. Les vociférations de la populace, l'appel des tambours, le son des cloches, le bruit du canon, ne m'atteindront point ici, dis-je en fermant les yeux.

Il y avait quelques heures que je dormais, quand un vacarme effroyable, produit par les instrumens et les chants les plus discordans, se fit entendre autour de la maison et m'éveilla en sursaut. Me serais-je trompé? disais-je en me frottant les yeux. Ce village aurait-il aussi ses jacobins, ses cannibales? voilà bien leurs chants de mort, leur musique barbare. A qui en veulent-ils? n'est-ce pas à moi? rien n'est plus probable. Ils ont attendu que je fusse au lit pour me saisir plus facilement; les voilà, ils entrent pour me prendre.

En effet, ma porte s'ouvrait. « Levez-vous, Monsieur, levez-vous vite, me dit mon hôte. — Pourquoi? qu'y a-t-il? — Un charivari, Monsieur, un charivari. »

Le mariage d'un jeune homme et d'une vieille femme mettait en effet sur pied cette population villageoise. Armée de poêles, de poêlons, de chaudrons, de casseroles, que les femmes faisaient résonner sous leurs pincettes, et de cornets à bouquin, dans lesquels les vachers soufflaient de toutes leurs forces, elle célébrait de la manière la plus bruyante une noce des plus ridicules. Ces bonnes gens riaient, pendant qu'à dix lieues de là des milliers de familles étaient dans les larmes; ces bonnes gens se divertissaient, pendant que Paris était plongé dans le deuil et dans l'effroi!

On se lasse même de s'amuser. Au bout d'une

demi-heure, nos carillonneurs s'aperçurent qu'ils avaient envie de dormir, et laissèrent dormir les autres. Je repris mon somme, qui ne cessa qu'au moment où le maître de la maison, pressé du besoin de rouvrir sa boutique, vint m'annoncer qu'il était jour. Cette fois je me levai, et après avoir soldé mon compte, qui, tout enflé qu'il était, n'égalait pas le pour-boire d'un garçon de restaurateur de Paris, me voilà sur le chemin de Beauvais.

A Beauvais non plus on ne s'occupait guère de ce qui se passait à Paris. On savait bien qu'on s'y égorgeait; mais qu'y faire, quand ce ne serait pas pour le mieux? Privés de nouvelles par la clôture des barrières, les compatriotes de Jeanne Hachette attendaient patiemment qu'elles se rouvrissent pour juger de l'à-propos de ces massacres. En attendant, rien de changé chez eux; les choses y allaient le même train que la veille, et n'y allaient pas mal, autant que j'en pus juger à la peine que j'eus à traverser leur marché encombré de chalands, de marchands et de marchandises. Ce sont les seuls obstacles que je rencontrai là. Pas de gardes à l'entrée de la ville, pas de gardes à la sortie. L'inquisition révolutionnaire n'était pas encore organisée. Personne ne me demanda mon passeport.

Après avoir déjeuné, j'en avais besoin, et fait, comme de raison, une visite à la cathédrale sans nef, et qui n'en est pas moins une merveille, je me dirigeai sur Breteuil, bourg où la route de Beauvais rejoint celle de Paris à Amiens. Ce voyage fut moins agréable que celui du matin. De Fleury à Beauvais, j'avais couru à travers un pays charmant, et pour ainsi dire de bocage en bocage; de Beauvais à Breteuil je suivis, entre deux lignes de pommiers rabougris, une route des plus ennuyeuses, une grande route enfin.

J'étais arrivé au point où les deux chemins se joignent, et je n'avais pas rencontré une seule voiture de voyage. Fatigué par l'ennui plus que par la marche, je commençais à trouver le chemin long, quand les claquemens d'un fouet de poste se firent entendre à mon oreille. Il était trois heures; j'avais encore sept lieues, sept grandes lieues à faire pour arriver à Amiens. Les portes s'y fermaient à la chute du jour. Me serait-il possible de faire ces sept lieues sans dîner? et si je m'arrêtais pour dîner, me serait-il possible d'arriver à Amiens avant l'heure fatale?

La voiture cependant approchait; je cours à sa rencontre. A mes signes, le postillon s'arrête. Je me présente à la portière. « Quoi! c'est vous, mon cousin? me dit le maître de la voiture en abattant la glace. — C'est vous qui nous faites cette peur-là? dit la dame qui voyageait avec lui, et qui se trouvait être ma cousine; et par quel hasard vous trouvez-vous sur la grand'-route, si loin de Paris, et si peu près d'Amiens? — Je vous conterai cela; mais sachez ce que je venais demander aux voyageurs, quels qu'ils fussent, que j'ai enfin le bonheur de rencontrer. — Qu'est-ce? — Ce n'est pas la bourse ou la vie, mais la permission de prendre place sur un strapontin, en payant un cheval, comme de raison. » Ce dernier article seul fut l'objet d'une difficulté : on me céda pourtant par pitié autant que par politesse, car je n'en voulus point démordre, et j'étais évidemment fatigué : ainsi, au rebours du médecin de village, j'achevai en poste le voyage que j'avais commencé à pied.

Cette voiture était la première voiture de poste qui fût sortie de Paris depuis sept jours.

Arrivé à Amiens, je fis connaître l'intention où j'étais de passer en Angleterre. Au bout de quelques jours, on me dit qu'un voiturier n'attendait, pour retourner à Boulogne-sur-Mer, qu'un quatrième voyageur. Mon bagage était arrivé. Le 12 septembre je me mis en marche.

J'étais dans un âge où les impressions sont plus vives que durables. Si un officieux ne se fût pas occupé de me faire partir, peut-être ne serais-je pas parti; peut-être aurais-je attendu à Amiens, où tout était tranquille, que le calme rétabli à Paris me permît de retourner, sans trop de risques, dans cette ville où tant d'affections me rappelaient. Le hasard, qui pour les trois quarts du temps arrange ou dérange tout, décida de moi en cette circonstance, et ce n'est ni la première ni la dernière fois que sa volonté m'a dispensé d'en avoir une.

Ici je m'embarque dans des aventures un peu moins sérieuses que celles qui les ont précédées et que celles qui les suivront; mais elles n'en sont pas moins véridiques. Elles ne seraient pas déplacées dans un chapitre de *Tom-Jones*: mais est-il rien de plus vrai que *Tom-Jones*?

Notre voiture ressemblait fort à celles qu'on appela depuis *coucous*. J'y avais pour compagnons de voyage une jeune femme, son fils, enfant de huit à neuf ans, et un jeune homme de vingt-cinq à vingt-six. La dame, comme de raison, prit une des places du fond; le monsieur, par droit d'antériorité d'inscription, se plaça à côté d'elle; l'enfant et moi, nous occupâmes sur le devant une banquette sans dossier. Nous ne nous connaissions ni les uns ni les autres; mais des voyageurs ont bientôt fait connaissance. Quoi de plus propre à établir l'intimité, que les rapprochemens inévitables en voiture? En peu d'heures on s'est deviné; au bout d'un jour on s'aime ou l'on se hait à la rage.

Nous allions à petites journées, le cocher s'arrêtant pour faire dîner ses bêtes et nous laisser dîner nous-mêmes. Nous fîmes notre première station à Pecquigny. Là, sans savoir nos noms, nous savions déjà quelle était l'humeur de chacun de nous, et même quel intérêt nous faisait courir les grands chemins.

La dame allait, comme moi, à Londres, quittant, comme moi, la France, par horreur de ce qui s'y passait. Le monsieur retournait chez lui, moins dans un intérêt politique que dans un intérêt de santé; la sienne se trouvant compromise par la multiplicité de ses bonnes fortunes, il allait respirer l'air natal et se mettre au lait par ordre des médecins, qui l'envoyaient en Picardie, comme on envoie un cheval au vert, pour se refaire.

La femme la plus indulgente devient maligne auprès d'un homme ridicule. J'avais reconnu à certains mouvemens de deux genoux sur lesquels on m'avait permis de m'appuyer, que les travers du Lowelace de Boulogne-sur-Mer n'échappaient pas à la pénétration de notre compagne. D'ailleurs, il ne négligeait rien pour soutenir vis-à-vis d'une jolie femme le caractère qu'il se donnait. Galant et fat tout à la fois comme le héros de la diligence de Joigny, c'était le type de toutes les caricatures de Picard, qui, s'il ne l'a pas vu, l'a deviné.

Pendant le dîner, la confiance augmentant en raison de l'ancienneté de la connaissance, nous échangeâmes des confidences plus complètes. La dame, j'ai oublié son nom, la dame qui, en qualité de veuve, n'était comptable à personne de ses actions, nous fit entendre que son cœur l'entraînait au-delà du détroit où un autre cœur l'appelait, et tout en parlant elle pressait sur son cœur un médaillon d'or large comme le balancier d'une ancienne pendule, lequel était suspendu à son cou par un cordon de cheveux. Cela me fit songer que je quittais un bonheur égal au moins à celui qu'elle allait chercher, et je poussai un soupir. « Vous souffrez? » me dit-elle. Remontés en voiture, elle compatit de nouveau à la gêne où j'étais sur ma banquette, et me reprochant la discrétion qui depuis mon soupir me portait à me jeter en avant quand je pouvais trouver en arrière un appui, elle exigea le soir ce qu'elle n'avait fait que permettre le matin, et malgré les cahos la voiture me parut douce.

Nous soupâmes à Abbeville, et nous soupâmes assez gaîment, grâce à notre camarade, qui, sans trop s'en douter, jouait pour nous, depuis notre départ, une comédie qui ne devait finir qu'à notre arrivée. Après le souper nous nous retirâmes par couples, la dame errante dans une chambre à deux lits pour elle et pour son fils, moi dans une chambre à deux lits aussi, dont l'un fut occupé par notre aimable compagnon.

Avant de nous congédier, la dame, tout en jasant, se débarrassa de ses bijoux et détacha de son cou le médaillon mystérieux. Nous la priâmes de nous laisser voir ce qu'il contenait. Cédant à nos instances après quelques difficultés, elle fit jouer un ressort : un portrait parut, et je vis avec quelque plaisir que ce portrait ressemblait moins au plus beau qu'au plus honnête homme du monde.

La dame ne nous permit pas d'assister au reste de sa toilette, mais en revanche j'assistai à celle de mon camarade de chambrée. J'eus le plaisir de le voir dépouiller l'une après l'autre toutes les pièces de son ajustement. La friperie du vicomte de Jodelet n'était pas plus compliquée. Qu'on s'imagine un manteau enveloppant une redingote boutonnée sur un habit recouvrant une veste sous laquelle une camisole se nouait par dessus une chemise qui cachait un gilet de flanelle, et l'on n'en aura pas fait l'inventaire en totalité.

Après avoir déposé dans un chapeau à cornes le faux toupet qui masquait les lacunes ou plutôt les clairières que la main des plaisirs avait faites dans sa chevelure d'un blond un peu ardent, et avoir remplacé ce toupet par un bonnet à coiffe garnie de mousseline et ceinte d'une fontange, il passa sous ses rideaux et ne parla plus que pour se plaindre de la dureté de son lit.

Je n'avais pas vu ce coucher sans rire. Je ris bien davantage au lever, quand, après avoir endossé l'une après l'autre les pièces dont j'ai fait ci-dessus l'énumération et d'autres dont je n'ai pas parlé, il voulut procéder à sa toilette de tête; je l'entends jeter tout à coup des cris lamentables; plus de toupet dans le chapeau! Se glissant par la chatière, une chatte qui avait mis bas pendant que nous dormions s'était emparée de cette quasi-perruque, et après l'avoir crépée et recrépée, ou plutôt cardée et recardée, elle en avait fait un matelas pour sa naissante famille. C'est au moment où elle allait chercher un fagot, qu'avertie par des miaulemens, la servante retrouva cette autre toison d'or sous minette dans un coin du bûcher.

Nous fîmes d'autant plus gaîment la roufe d'Abbeville à Montreuil où nous dînâmes, que le propriétaire de la perruque paraissait plus affligé de sa mésaventure, quoiqu'il fût rentré dans sa propriété. Le dîner néanmoins le remit en bonne humeur, et rétablit la confiance entre nous.

A mesure que nous approchions de Boulogne, la dame et moi nous réfléchissions cependant à ce que nous allions y faire. Nous nous demandions réciproquement des conseils. « Le syndic de la commune, nous dit le tiers qui nous écoutait, est mon propre frère. C'est un homme très-obligeant et de plus très-bien pensant. Je vous présenterai à lui; il visera vos passeports ou vous en donnera de nouveaux si les vôtres ne sont pas en règle. » Je n'entendis pas cela sans plaisir, parce qu'il me semblait que je pouvais être muni d'un passeport plus valide encore que celui qui m'avait été délivré par Grumeaud, tailleur et greffier à Maisons près Charenton. Quant à la dame, elle était encore moins en règle que moi, car elle n'avait pas même un mauvais passeport.

Arrivés à Boulogne, notre compagnon, devenu notre protecteur depuis que nous avions franchi la porte de la ville, descendit chez le procureur syndic même. « Descendez avec moi, nous dit-il, votre affaire s'arrangera tout de suite, et vous pourrez partir dès ce soir. » Nous le suivons, et nous voilà dans le cabinet de M. le procureur syndic.

Cette magistrature était alors confiée à un des hommes les plus prudens qui aient existé depuis Ulysse de prudente mémoire, à un homme qui, tout en servant le parti qui règne, sert d'avance le parti qui règnera, à un homme qui, pendant quarante ans, n'a pas cessé de remplir des fonctions publiques. M. le procureur syndic nous reçut avec beaucoup de politesse, trouva notre résolution très-naturelle, gémit avec nous d'une révolution qui enlevait le sceptre à la race de saint Louis, pour le livrer à des scélérats qu'il était obligé de servir. « Que ne suis-je à votre place! » disait-il en soupirant; puis il me demanda mon passeport pour le viser. Je le lui présente : « Et vous voulez vous embarquer avec ce chiffon-là? avec un chiffon griffonné par un greffier de village! — De village ou de ville, il n'en a pas moins le droit de donner des passeports. — Sans lui contester ce droit, je me bornerai à vous faire observer que ce passeport est pour l'intérieur; qu'il ne vous autorise pas à sortir du royaume. — Il ne me le défend pas non plus, Monsieur: mais vous n'avez pas de temps à perdre; abrégeons la discussion. Si vous ne pouvez pas viser ce passeport, soyez assez bon pour m'en donner un autre. — Je le désirerais; mais dans la situation actuelle des choses, c'est impossible; cela me compromettrait; on m'accuserait de favoriser l'émigration. Voyez où cela me mènerait. — Que faire donc? — Partir sans passeport; rien n'est plus facile. On vous en donnera les moyens à l'auberge, *au Lion d'Argent, chez d'Ambron.* Toutes les nuits des barques transportent de l'autre côté du détroit, par centaines, des gens qui sont dans le même cas que vous. Nous n'autorisons pas ces évasions, mais nous ne les empêchons pas. »

Après tout, nous ne pouvions pas exiger davantage de M. le procureur syndic. Nous prîmes congé de lui. Son frère nous reconduisit à notre voiture, et après nous avoir souhaité une bonne santé, un bon voyage : *Au Lion d'Argent*, dit-il au cocher; et le cocher nous conduisit *au Lion d'Argent*.

Chemin faisant nous avions réglé, la dame et moi, ce que nous devions faire dans l'intérêt commun. Ma compagne de voyage craignait le scandale, et craignait aussi de passer la nuit seule avec un bambin, dans une chambre mal fermée. « Comme le sera certainement la vôtre, » lui dis-je. Nous convînmes donc, pour concilier les intérêts de la peur avec ceux de la convenance, que nous serions frère et sœur *au Lion d'Argent*, que son fils coucherait auprès d'elle et lui servirait de garde-du-corps, et qu'un paravent déployé autour d'eux leur ferait dans notre chambre commune une chambre particulière.

L'arrangement était d'autant mieux conçu, que d'Ambron se trouva n'avoir qu'une chambre à nous donner. Tout s'exécuta comme il avait été convenu; et quoique nos sentimens ne fussent peut-être pas tout-à-fait aussi innocens que ceux qui nous étaient prescrits par la qualité que nous prenions, nous n'étions vraiment que frère et sœur quand, après trois jours d'attente, nous nous embarquâmes pour Douvres.

CHAPITRE II.

Trajet de France en Angleterre. — Séjour à Douvres. — Rencontre quasi-romanesque. — J'arrive à Londres. — Anecdotes.

Je n'ai pas perdu la mémoire de l'engagement que j'ai pris avec le lecteur et avec moi-même; je n'écris pas un roman. Si donc il se trouve dans les incidens de ce voyage certains faits de caractère tant soit peu romanesque, qu'on n'en accuse pas mon imagination, mais le hasard qui dans ses jeux se plaît quelquefois à procéder dans l'ordre qu'eût adopté la combinaison du romancier. C'est un peu pour le prouver que je consigne ici cet épisode, qui ne se rattache que légèrement à des intérêts publics.

Dans les instructions envoyées de Londres à ma sœur improvisée, l'heureux mortel dont elle colportait l'effigie lui recommandait de s'adresser, pour ce qui concernait le passage, au capitaine Descarrières, commandant de paquebot. Notre premier soin fut donc de nous informer de ce capitaine. Il était en mer, et ne devait revenir que le lendemain ou le surlendemain. Il fallut prendre patience. Nous employâmes notre temps le mieux possible, si l'innocence est ce qu'il y a de mieux au monde, le tuant aussi gaiement qu'on le peut entre frère et sœur, parcourant la ville, visitant le port, gravissant les falaises, du haut desquelles nous apercevions celles qui ceignent l'Angleterre, et qu'à leur blancheur on prendrait de là pour les murailles d'une immense citadelle; mais dans ces courses pendant lesquelles son bras s'enchaînait au mien qui lui servait souvent d'appui, ne pensant peut-être pas assez elle à ce qu'elle allait rejoindre, moi à ce que j'avais quitté. Le plus âgé de nous avait à peine vingt-six ans; c'eût été notre excuse si nous en avions eu besoin.

Le surlendemain de notre séjour, au retour d'une promenade, on nous annonça que le capitaine Descarrières était arrivé, et qu'il viendrait nous voir avant de partir, car il devait retourner à Douvres ce soir même. Un moment après, il vint en effet conférer avec nous. « N'ayant point de passeport, vous ne pouvez, nous dit-il, passer sur mon bord. N'importe, vous serez à Douvres demain matin. Plusieurs personnes qui sont dans le même cas que vous doivent aller rejoindre, à une lieue d'ici, une barque que j'ai fait mettre à leur disposition. A dix heures du soir, un homme de confiance viendra vous prendre et vous conduira au rendez-vous malgré les garde-côtes, dont vous tournerez les postes. Confiez-moi vos bagages, je les porterai à Douvres; ils vous attendront à *Kings-Head*, à *la Tête du Roi* (la dame avait déclaré vouloir descendre dans cette auberge), et je vous y retiendrai un appartetement. Le prix du passage par barque est double de celui du paquebot; vous concevez pourquoi. Ce n'est qu'en payant grassement les gens qui me servent en fraude, que je puis compter sur leur fidélité. Cela payé, vous n'aurez d'ailleurs plus rien à leur donner à quelque titre que ce soit; et puis ils ne vous demanderont rien. »

Nous payâmes les trois guinées; le capitaine fit enlever nos bagages; et la nuit venue, après avoir réglé nos comptes, nous attendîmes en soupant le guide qui devait nous conduire au lieu de l'embarquement.

Il arriva entre neuf et dix heures du soir, nous recommanda de garder le silence le plus profond, et après nous avoir fait traverser la ville, il nous mena par des sentiers détournés à un endroit où nous fûmes rejoints par une compagnie de quatre ou cinq personnes, à laquelle nous nous mêlâmes sans dire mot. Nous marchâmes ainsi pendant une heure et demie par la nuit la plus obscure, évitant les villages, et nous arrivâmes enfin au bord de la mer, sur une plage où elle a si peu de profondeur qu'elle n'est pas même accessible aux barques les plus légères. Il fallut en conséquence nous laisser porter jusqu'à l'embarcation qui nous attendait là, et sortir de France comme Anchise sortit de Troie, mais non pas sur le dos d'un fils de Vénus.

Notre bâtiment était une simple barque de pêcheur; barque non pontée, et du plus petit échantillon. Trois hommes manœuvraient cette coquille de noix sur l'Océan, mer sans bornes dans certaines directions, mer très-étroite dans la direction que nous suivions; car pendant la nuit nous ne perdîmes pas un seul moment de vue les phares de France et ceux de l'Angleterre entre lesquels nous naviguions.

Conformément à ce que nous avait dit le capitaine Descarrières, les matelots eurent pour nous de grandes attentions: ils nous couvrirent de leurs capes, nos vêtemens ne nous garantissant pas suffisamment de la fraîcheur de la nuit: ils portèrent même l'attention jusqu'à nous offrir de serrer nos pistolets dans une armoire qui était à la poupe près du gouvernail, l'air de la mer pouvant les gâter, disaient-ils. Je les remerciai de cette obligeance superflue pour moi, je n'avais pas d'armes. Mais deux voyageurs de la compagnie que nous avions recueillie en avaient; ils les confièrent à ces bonnes gens, qui les enveloppèrent bien soigneusement dans des lambeaux d'étoffes de laine, et les enfermèrent sous clef et à double tour, de peur de la rouille.

Nous avions quitté la terre à près de minuit; le vent était favorable, mais faible. Quand le jour se leva nous étions encore au milieu du canal. C'est alors seulement que nous pûmes envisager nos compagnons de voyage et nos conducteurs.

Je ne fus pas peu surpris de reconnaître dans une des dames qui voguait avec nous cette femme que le 2 septembre j'avais rencontrée à la barrière de Charenton, et dont la conversation avec le *sans-culotte* m'avait procuré les documens sur lesquels je rectifiai mon plan de campagne. Un intérêt bien grave, ainsi que je l'avais présumé, la poussait alors hors de Paris. Mais qui était-elle? vêtue de la robe qu'elle portait la première fois que je la vis, elle avait un ton et des manières qui ne s'accordaient guère avec l'extrême modestie de ce costume. Elle affectait, ainsi que sa société qu'elle semblait dominer, de se tenir loin de nous, de faire bande à part, dans une circonstance où la conformité d'intérêt et d'opinion semblait devoir nous rapprocher. C'était probablement quelque dame de haute volée. Je ne puis toutefois que le présumer, ne l'ayant pas entendu nommer; mais c'était évidemment une maîtresse femme.

Dans la compagnie de cette dame, qu'on ne nommait pas, se trouvait un personnage qu'elle nommait à tout propos, et qui ne me parut rien moins qu'un maître homme, quoiqu'il portât le nom de Charost. Ce M. de Charost-là n'était certainement pas celui dont l'active, l'infatigable philantropie appela sur ce nom une si belle illustration. C'était un homme de quarante à quarante-cinq ans, espèce de fat suranné, qui, du ton le plus léger, débitait des fadaises et des fadeurs à ces dames, dont il semblait être le complaisant.

Ma *sœur* riait avec moi de ces gens qui ne voulaient pas rire avec nous, quand un incident imprévu vint mêler à cette distraction un intérêt presque tragique.

Nos patrons, dont les physionomies n'étaient pas aussi douces que leurs propos, interpellaient M. de Charost, qui leur avait confié une fort belle paire de pistolets à deux coups, et lui expliquaient enfin le véritable motif de leur sollicitude pour la conservation de ses armes. « Vous avez peut-être des assignats, lui disaient-ils; ces dames en ont peut-être aussi. — Oui, j'ai encore quelques uns de ces chiffons-là, je crois. — Ça n'a pas cours en Angleterre; ça vous est inutile; vous devriez bien nous les donner. — Vous les donner! n'êtes-vous pas payés? n'avons-nous pas remis au capitaine Descarrières le prix convenu?—Aussi ne vous demandons-nous pas d'argent. — Que me demandez-vous donc? — Des chiffons, des papiers qui vous sont inutiles et qui nous serviront à nous. — Mais arrivé là-bas, j'en compte bien tirer parti. — Avec qui, s'il vous plaît? — Allons, Monsieur, c'est assez raisonner, dit le patron qui tenait le gouvernail; vos assignats, ou nous virons de bord, et nous vous remettons en France. Après cela vous vous en tirerez comme vous pourrez. — Coquins! mes pistolets! » Que pouvait faire M. de Charost? Ses pistolets étaient dans le meilleur état possible, mais ils n'étaient pas sous sa main; on les avait enfermés sous clef et à double tour de peur de la rouille. « Il fait joli frais; dans deux heures nous serons en France, » répétaient les matelots, en lui riant au nez. Le bon gentilhomme s'exécuta; sa compagnie fit de même, et nous suivîmes ce noble exemple, car les quêteurs ne nous oublièrent pas. Il me restait quelques *corsets* (19). Je les donnai sans me faire prier; je les donnai gaiement même, ne croyant pas payer trop cher la comédie dont ils venaient de me régaler. Là se bornèrent les aventures de cette nuit. A un quart de lieue de Douvres, un canot anglais vint nous prendre et nous jeta sur la plage où nous fûmes happés au débarquer par deux ou trois gros douaniers, qui d'abord promenèrent avec assez de rudesse leurs lourdes mains sur nos vêtemens, mais dont, conformément à l'avis qui nous avait été donné, nous nous débarrassâmes avec quelque argent.

Nous nous fîmes conduire à *Kings-Head*, où le capitaine Descarrières avait retenu pour nous une chambre, une seule, jugeant que ce qui nous avait suffi à Boulogne nous suffirait à Douvres. Notre bagage nous attendait dans cette auberge, qui avait été indiquée à ma sœur par son correspondant de Londres; mais le correspondant ne l'y attendait pas; il eut tort.

On lui écrivit de venir au plus vite. Il vint très-vite sans doute, mais pas trop, mais pas assez; quand il arriva, plus de frère, plus de sœur à *Kings-Head,* quoique nous y fussions encore.

Las de l'attendre à Douvres depuis trois jours, nous étions décidés à partir le lendemain pour Londres, et notre voiture était retenue. Comme nous soupions, ou plutôt comme je soupais, car par suite d'une querelle qu'elle m'avait faite pour nous désennuyer, ma ci-devant sœur n'avait pas voulu se mettre à table; comme je soupais donc, la porte de la salle s'ouvre avec fracas: *Quoi! c'est vous?* s'écrie-t-on de part et d'autre. On s'embrasse, et je suis présenté au nouveau venu.

On a deviné quel était l'homme qu'on recevait ainsi : son arrivée ne m'étonna pas. Mais ce qui m'étonna un peu ce fut de voir avec cet honnête Monsieur que je ne connaissais pas un Monsieur honnête aussi que je connaissais beaucoup.

Ce camarade-là était un homme à aventures s'il en fut. Celle qui le poussait en Angleterre était aussi singulière que tragique. Appartenant aux deux classes que les révolutionnaires poursuivaient avec le plus de fureur, ses opinions aristocratiques l'avaient fait dénoncer doublement à sa section, où il était déjà signalé par son caractère apostolique. En conséquence, on vint, à la fin du mois d'août, pour l'arrêter dans l'hôtel garni où il demeurait. Sa présence d'esprit le sauva. « Laissez-moi mettre des bottes et passer une redingote, » dit-il aux sbires qui l'avaient surpris en toilette du matin; et il entra dans un des cabinets au milieu desquels était placée son alcôve. Ce cabinet avait une porte de dégagement sur l'escalier; mon homme s'évade par là, descend dans la rue en robe de chambre de basin et en pantoufles, comme il est, et se jette dans une voiture de place, qui le conduit chez un ami, où il reste quelques jours. Mais bientôt le tocsin sonne, les visites domiciliaires recommencent; il n'était ni hors de France, ni hors de Paris : comment l'en faire sortir?

Méhée, alors greffier de la commune de Paris, y remplissait les mêmes fonctions que Grumeaud le tailleur à Maisons près Charenton; c'était lui qui délivrait les passeports. Cet homme avait de mauvaises opinions, mais il n'était pas un mauvais homme. On lui demande s'il ne peut pas sauver un aristocrate. « Pourquoi pas? répond-il; l'important est de purger la France de ces sortes de gens. J'aime mieux les faire fuir que les voir tuer. Sait-il monter à cheval votre abbé? car c'en était un. — Il a été capitaine de dragons. — A merveille! Je l'expédierai en courrier pour Londres. » C'est de Londres en effet, où il était arrivé sain et sauf, que, profitant de la voiture de l'homme obligeant que nous attendions, ce courrier revenait à Douvres réclamer sa valise qui lui avait été adressée là depuis son départ.

Au premier coup d'œil il devina tout. Je m'en aperçus à l'expression moitié gaie, moitié maligne de sa figure; expression qui devint plus vive quand l'aubergiste, à qui l'on demanda un logement, répondit que toutes ses chambres étaient occupées. Force fut à ces Messieurs d'aller coucher au *Schips*, au *Vaisseau*, auberge du voisinage. Après avoir pris leur part d'un assez bon souper dont je leur fis les honneurs, et être convenus que le lendemain nous partirions ensemble au point du jour, ils se retirèrent donc en nous souhaitant une bonne nuit; vœu qui fut exaucé.

Le lendemain à la pointe du jour, la voiture était à notre porte. Le lecteur me saurait peu de gré de lui faire la description des objets que je rencontrai sur une route décrite par tant de voyageurs. Sans le forcer à s'arrêter à Kenterbury où nous nous reposâmes, sans le traîner à la fameuse cathédrale où Thomas Bequey, depuis canonisé, tonna contre son ancien ami Henry Plantagenet, je le conduirai donc à la ville par excellence, à Londres où, sans avoir été mis à contribution par les gentilshommes de grand chemin, nous arrivâmes le jour même. Là nous descendîmes dans un logement que notre maréchal des logis avait retenu dans Adelphy, non loin du Strand, mais où nous ne restâmes que trois jours.

Pendant six semaines nous attendîmes à Londres le résultat des événemens qui s'accomplissaient en France. Je rencontrai dans cette grande ville nombre de Français qui, ainsi que nous, étaient venus y chercher un refuge; mais je ne me liai avec aucun d'eux, et après m'être séparé d'un ménage que je me serais fait scrupule de troubler depuis que le chef m'avait admis dans son intimité, et logé pendant quelques jours près de *Sommerset-House*, je me mis en pension avec le camarade dans la cité, près de la Bourse, et cela par économie autant que par délicatesse; mais tous les soirs nous venions prendre le thé avec nos amis.

J'avais pris à Paris une lettre de crédit sur un banquier de Londres, nommé Lecointe. J'allai la lui présenter. Après y avoir fait honneur, il m'invita à dîner pour le dimanche suivant. « Nous serons entre Français seulement, » me dit-il avec un accent qui n'était rien moins que français; ce qui n'étonnera pas quand on saura que, bien qu'il se tînt pour Français, il était aussi Anglais et plus même que les princes de la maison de Brunswik; sa famille, française d'origine, étant établie en Angleterre depuis la révocation de l'édit de Nantes, c'est-à-dire depuis cent sept ans, à l'époque où j'eus l'honneur de faire sa connaissance.

Le dimanche, à l'heure dite, je me rends à Devonshire-Square, dans le beau milieu de la cité. Comme je demeurais alors dans le Strand, il me fallut pour cela traverser la ville dans une grande partie de sa longueur. Je ne regrettai point mes pas. Le dîner où je me trouvai avec plusieurs émigrés français fut égayé par un incident assez bizarre pour être raconté.

Au nombre des convives était un abbé dont j'ai oublié le nom, et qui paraissait très-familier avec les maîtres de la maison. La conversation roulait sur les affaires de France; on parlait à tort et à travers; on parlait de tout le monde. Pas un personnage un peu marquant dans le parti révolutionnaire qui n'ait été mis à son tour sur la sellette. Je ne sais auquel d'entre eux on faisait le procès, quand l'abbé, enchérissant sur le mal qu'on en disait, ajouta: Enfin *c'est un ladre, un fesse-mathieu.*

A ces mots, prononcés de l'accent le plus

ferme et le plus élevé, Mme Lecointe, qui faisait les honneurs de la table, se lève le visage tout en feu, sort de la salle, et son mari la suit en nous laissant dans une vive inquiétude sur la cause d'une retraite si précipitée. Au bout de quelques minutes, il revint dissiper nos appréhensions, mais ce fut pour nous jeter dans une surprise non moins grande, quoique moins sinistre. « Vous me demandez, répondit-il à l'abbé qui s'enquérait des causes de la subite disparition de Mme Lecointe, vous me demandez si *mon* femme *être* indisposé? Oui, Monsieur, elle *être* indisposé, grandement fort indisposé de ce que vous avez dit devant elle. — Et qu'ai-je dit qui ait pu l'offenser? — Vous avez dit ce qu'on ne dit jamais devant une femme honnête.— Moi, mon cher Monsieur! — Vous-même, M. *habbot*. — En vérité, M. Lecointe, je ne sais si je rêve. Plus je cherche ce que j'ai pu dire, moins je reconnais avoir rien dit dont la délicatesse d'une dame ait droit de s'offenser. J'en appelle à la société entière. — Et moi aussi. Monsieur ne a-t-il pas dit que M. *Mathious il était un fesse?* Mme Lecointe est-elle faite pour entendre ce mot-là? un mot pareil se dit-il devant une femme que l'on respecte? *un jambe*, à la bonne heure. Mais encore fait-on bien de ne parler de ces choses qu'après que les dames sont sorties, et qu'en buvant le claret; et de plus, un *habbot* ferait mieux de n'en parler jamais. »

Nous étions loin de nous attendre à cette explication : chacun de nous étouffait de rire. Nous tâchâmes de faire entendre raison à M. Lecointe qui, de fait, n'entendait rien aux finesses d'une langue qu'il n'avait apprise que dans les livres. Ce n'est pas sans peine que nous parvînmes à lui faire comprendre que l'expression qui choquait si fort Mme Lecointe n'avait pas un sens immodeste dans le cas dont il s'agissait; qu'il n'y pouvait pas être suppléé par le synonyme proposé, et que *jambe-mathieu* signifierait tout autre chose que *fesse-mathieu*, qualification qu'on donne en France aux gens entachés de sordide avarice : pour preuve on lui présenta le dictionnaire de l'Académie où cette définition est consignée, et qu'il se hâta de porter à Mme Lecointe, laquelle eut bien de la peine à ne pas trouver l'Académie aussi impertinente que M. l'abbé.

CHAPITRE III.

Du théâtre anglais. — Départ pour Douvres. — Singulier voyage. — Je m'embarque pour Ostende.

Mon voyage en Angleterre ressemble fort aux tragédies anglaises; ce n'est guère qu'une série de bouffonneries amenées par une circonstance grave.

Pendant mon séjour à Londres, je ne négligeai pas, comme on l'imagine, de visiter les théâtres. J'allai voir d'abord les petits spectacles. C'est la première ressource des étrangers à qui la langue du pays n'est pas familière; ce que l'oreille ne comprend pas les yeux l'interprètent. Cela est surtout applicable aux spectacles où domine la pantomime; tel celui qu'Astley avait établi près de Westminster-Bridge. Il n'est pas absolument nécessaire de bien savoir l'anglais pour saisir le sens des saillies dont les bouffons d'écurie égaient leurs exercices. Elles sont assez brèves et assez rares pour qu'un voisin qui sait mal le français ait le temps de vous expliquer celle qui vient d'être dite pendant que l'improvisateur en médite une autre.

Je ne vis rien là, en fait de voltige, que je n'eusse vu à Paris, où Astley avait aussi un cirque qu'il venait occuper pendant l'hiver.

Aux exercices d'équitation succéda une pantomime mêlée de vaudevilles. Elle représentait les premières victoires remportées par les Anglais sur Tippo-Saëb. On nous a reproché avec quelque raison de nous louer beaucoup en face de nous-mêmes sur nos théâtres lorsque nous y représentons des faits contemporains. En cela, comme en d'autres choses, nous n'avons pas l'initiative sur les Anglais. Il y aurait injustice à leur refuser sur cet article aussi le brevet d'invention; mais je crois que nous avons droit au brevet de perfectionnement.

Je choisis pour aller aux grands théâtres les jours où l'on y jouait des pièces de Shakespeare. *A Drury-Lane*, je vis *Henri V* ou *la conquête de France*; et je le vis comme les étrangers voient nos tragédies, le livre à la main. Les bouffonneries dont ce drame est semé me frappèrent peut-être plus que ses beautés ; et cela se concevra si l'on pense qu'elles étaient singulièrement exagérées par le jeu des acteurs. Langue universelle, la pantomime suffisait pour me faire comprendre les intentions de *Fluellen* dans la scène où ce Gallois fait manger un poireau cru au vieux *Pistol*. Mais quoique je susse quelques mots d'anglais, je ne traduisais pas assez promptement les passages vraiment nobles qui se rencontrent dans le rôle de Henri pour en pouvoir apprécier sur l'heure tout le sublime. Vint toutefois une scène qu'à mon grand étonnement je compris presque tout entière. C'est celle où la belle Catherine, cette fille de France qui fut accordée par Charles VI son père au vainqueur d'Azincourt, se fait donner une leçon d'anglais par une de ses dames d'honneur. La conformité que la prononciation établit entre certains mots anglais dont le sens est très-modeste, et certains mots français dont le sens l'est si peu qu'ils ne sont pas même enregistrés dans le dictionnaire, n'étonna pas médiocrement mes oreilles, qui pourtant ne sont pas bégueules ; et cependant c'est sur un grand théâtre de

Londres, c'est en présence de femmes de toutes les conditions, et de Mme Lecointe peut-être, qu'on débitait ces propos qui, même aujourd'hui, seraient à peine tolérés chez nous en mauvais lieu.

Nous n'avons qu'un seul exemple d'ingénuité pareille dans notre théâtre ; il se trouve dans la *Comtesse d'Escarbagnas*. S'attachant plus au son qu'au sens, cette bonne dame comprend tout de travers la phrase latine que M. Bobinet fait répéter à son noble élève. Molière, tranchons le mot, outre-passe en cela les bornes que la décence prescrit à la gaieté comique ; il dit devant le public assemblé ce qu'il n'eût pas osé dire dans une société particulière ; mais encore n'est-ce que dans une saillie sur laquelle il ne revient pas, et puis, la *Comtesse d'Escarbagnas* n'est pas une tragédie.

John Kemble me parut fort noble dans le personnage de Henri V. C'est un des rôles où il était le plus goûté du public, qui toutefois lui trouvait moins de chaleur et de profondeur qu'à Garrick, dont la mémoire était fraîche encore.

A *Covent-Garden* je vis représenter *Roméo et Juliette*, celui des drames de Shakespeare que j'ai toujours le plus affectionné à la lecture; c'est aussi celui que j'ai vu jouer avec le plus de plaisir. Comme j'en possédais tous les détails, comme je connaissais et le motif et les traits de ses principales scènes, il ne me fut pas difficile de retrouver à travers l'anglais les sentimens et les pensées que je savais en français; aussi cette représentation m'attacha-t-elle beaucoup plus que celle d'*Henri V*; d'ailleurs l'action de ce drame, qui repose sur des développemens de passions si touchans, sur un amour si ingénu d'une part et si profond de l'autre, est conduite avec un art si supérieur à celui qui ordonne l'autre drame, composé de scènes qui se succèdent sans combinaison, dans le rang où l'histoire a placé les événemens qu'elles retracent!

Tout en admirant *Roméo et Juliette*, je regrettais pourtant, non que la nourrice de Juliette s'y montrât, mais qu'elle y mêlât ses caquetages et ses grimaces aux situations les plus pathétiques; j'étais bien loin d'imaginer alors que ce qui me déplaisait si fort serait un jour admiré à Paris, et que cette caricature, qui n'est pas moins éloignée de la nature que l'emphase de nos anciens capitans, nous serait jamais proposée comme un perfectionnement qui manquait à notre système dramatique.

A la tragédie succéda une pantomime intitulée *Blue-Beard*, la Barbe-Bleue, arlequinade qui fut exécutée par des sauteurs. Aucune des circonstances du conte original n'avait été omise dans cette farce, où les atrocités les plus révoltantes étaient alliées aux plus extravagantes bouffonneries. On y voyait entre autres le cabinet où six femmes décapitées attendaient la septième que leur bourreau s'apprêtait à réduire à leur mesure. C'était du romantisme en action, du romantisme sans paroles; ce n'est pas le plus mauvais.

Tels étaient mes plaisirs du soir. Le matin je passais mon temps à courir la ville, à visiter les monumens, Saint-Paul, Westminster; à me promener, soit au parc Saint-James, soit à Hyde-Parc, soit à Kensington, tout en travaillant comme d'habitude. Je fis aussi quelques excursions à *Black-Heath*, à *Greenwich*. Je me rappelle être revenu de ce dernier endroit dans une voiture à quatorze roues, espèce *d'omnibus*, où vingt-quatre voyageurs se trouvaient fort à l'aise, et que quatre chevaux menaient train d'enfer, sur une route aussi unie à la vérité que les plus belles allées du jardin le mieux soigné.

Cependant les affaires changeaient de face sur le continent. Les Français non seulement résistaient à l'invasion, mais ils poursuivaient les envahisseurs. Battus à Valmi et gorgés de nos raisins, les Prussiens se retiraient avec la plus ridicule des maladies. Les armées républicaines, car la république avait été proclamée sur les débris de la monarchie, les armées républicaines, se répandant hors de notre territoire, occupaient déjà plusieurs places sur celui de ses ennemis. Montesquiou était entré dans Chambéry, Anselme dans Nice, Custine dans Mayence et dans Francfort; les Autrichiens avaient été obligés de lever le siége de Lille; Dumouriez menaçait Mons. Attestés par les journaux anglais, ces succès l'étaient aussi aux coins de toutes les rues de Londres par de nombreuses caricatures où le duc de Brunswik et le roi de Prusse n'étaient pas ménagés, et surtout par les injures du peuple, qui en général n'était pas favorable aux émigrans comme on disait alors, ou aux émigrés comme on dit aujourd'hui.

Je me rappelle à ce sujet un propos du portier du théâtre de Covent-Garden. *French king, à le lanterne,* me dit-il en baragouin anglo-français, au lieu de me donner un renseignement que je lui demandais. Ce mot me fit penser à Charles Ier.

La prolongation de notre séjour à l'étranger, d'après le train que prenaient les choses, n'avait plus de motif raisonnable; elle pouvait même avoir de graves inconvéniens, la Convention nationale, qui venait de remplacer l'Assemblée législative, s'occupant d'une loi qui fermerait à jamais la France aux Français fugitifs. Nous fûmes d'avis à l'unanimité, dans un conseil tenu avec le ménage à ce sujet, qu'il nous fallait reprendre au plus tôt la route de Paris. Ce fut aussi l'avis du camarade, qui se désolait de ne pas pouvoir nous suivre.

Pauvre homme! plus d'un motif contribuait à sa douleur : sans fortune sur une terre étrangère, que deviendrait-il? De plus, il laissait en France, à ce qu'il m'avait fait entendre, un objet de l'affection la plus vive, une dame enfin avec laquelle il était aussi intimement lié qu'un grand-vicaire le puisse être avec une dame depuis le concile de Trente.

Le ménage ayant retenu, faute de mieux,

une voiture à trois places, à l'*Ours-Blanc*, chez un loueur de Picadilly, le désir que nous avions de ne pas nous séparer me détermina à prendre une place sur l'impériale de cette voiture, manière de voyager dès lors en usage dans les trois royaumes.

Placé sur cet observatoire ambulant, je vis mieux le pays en m'en allant que je ne l'avais vu en venant. Rien ne gênait ma vue; et quoique nous fussions à la fin d'octobre, malgré quelques averses qu'il me fallut essuyer, je n'eus pas regret d'avoir pris ce parti. Il y avait place pour deux sur ce siége. Je le partageai successivement avec divers compagnons qui s'y plaçaient pour faire quelques lieues, et m'abandonnaient ensuite. Un d'eux donna lieu à un incident qui égaya fort les voyageurs sur la tête desquels il se passa, et auxquels je me réunissais dans les auberges pour prendre le repas.

D'humeur un peu plus communicative que les autres, un de ces oiseaux de passage voulut absolument lier conversation avec moi. La chose était assez difficile; je ne savais que peu d'anglais, et lui ne savait pas du tout le français. Il ne s'en obstina pas moins à me provoquer, voulant me forcer à convenir qu'en France on ne mangeait pas d'aussi bonne viande que celle dont il portait un échantillon dans son mouchoir où était enveloppé un carré de mouton qu'il étalait avec un orgueil tout national. Je ris d'abord de cette prétention, sans lui répondre. Mon insulaire d'insister, et de me demander si les grenouilles dont nous nous repaissions valaient ses côtelettes. Gardant toujours le silence, comme j'affectais de ne pas l'écouter, il en prend de l'humeur, et m'attaquant avec un coude des plus anguleux, il prétend me tirer de ma rêverie et m'arracher l'aveu qu'exigeait son patriotisme. La patience m'échappe enfin; après lui avoir rendu avec le poing dans l'estomac ce qu'il m'avait donné dans les côtes avec le coude, je le pressai vigoureusement contre une rampe qui régnait autour de l'impériale et nous servait de garde-fou, pièce assez utile dans la circonstance, et me glissant derrière lui, je me plaçai de manière à lui prouver que j'étais maître de le détrôner et de le précipiter sous les roues. Cela mit fin à la discussion. Reconnaissant le droit du plus fort, il me tendit la main en signe de réconciliation, et ne me montra plus que de la déférence jusqu'au prochain relai où il descendit, et voulut absolument me faire goûter de son mouton pour me convaincre de la vérité de ce qu'il avait avancé, démonstration à laquelle je me refusai.

C'est là qu'en dînant je racontai la chose aux voyageurs qui avaient fait la route sous notre champ de bataille. Ils ne concevaient pas d'où provenait le mouvement qui avait si vivement agité nos jambes ordinairement pendantes, et d'où provenait le bruit qui tout à coup s'était fait entendre au-dessus d'eux, ne s'imaginant pas qu'on pût boxer sur une impériale, tout en courant la poste.

Il était dix heures du soir quand nous arrivâmes à Douvres. Le paquebot de Calais ne devait partir que le lendemain matin; celui d'Ostende partait à l'instant même. Je pars pour Ostende, dis-je; je profiterai de l'occasion pour voir la Belgique, pour visiter Bruges, Gand, Bruxelles, Anvers et la Hollande peut-être. J'aurai là des nouvelles positives des princes; je règlerai ma marche sur la leur: c'est le plus sage.

Au lieu de descendre à l'auberge, à *Kings-Head*, où je n'aurais pas occupé probablement la chambre qui m'y avait été antérieurement retenue par le capitaine Descarrières, je me fis conduire droit au paquebot, et sans trop songer au temps qu'il faisait, je me couchai pendant qu'on mettait à la voile.

CHAPITRE IV.

Arrivée à Bruxelles. — Rencontre tout-à-fait romanesque. — Théâtre de Bruxelles. — M. de Beaumoir. — Départ pour la France.

Pendant que je dormais, le vaisseau marchait, et marchait vite, car le vent d'équinoxe soufflait de l'ouest avec une violence extrême. Je ne m'en inquiétais guère; mais les passagers qui ne dormaient pas s'en inquiétaient pour eux, et ils s'en inquiétaient pour moi les amis que j'avais laissés à Douvres où l'on croyait le paquebot assailli par tous les dangers d'une tempête.

Je ne me réveillai qu'au grand jour, et grimpai tout aussitôt sur le pont. Il était couvert de passagers français, prêtres *insermentés* pour la plupart, qui allaient chercher sur le continent une hospitalité un peu moins coûteuse que l'hospitalité anglaise. J'eusse mieux fait de ne pas quitter le lit, le mal de mer, auquel j'avais échappé jusqu'alors, ne m'y aurait pas assailli. Ce mal est communicatif. Entouré de gens qu'il torturait, j'en fus atteint, et je n'en guéris qu'en mettant pied à terre à Ostende, où nous abordâmes après douze heures de traversée. La tempête nous avait favorisés au lieu de nous nuire.

J'achevai ma journée dans cette ville, où je m'ennuyai fort; et le lendemain, dès quatre heures du matin, je pris avec quelque plaisir la diligence, qui me conduisit à Bruges, où je m'embarquai sur le canal de Gand.

Rien de plus agréable que cette manière de voyager, qu'on a encore perfectionnée depuis. Pendant que la barque cheminait, réunis dans un salon, les passagers, qui avançaient sans se mouvoir, pouvaient s'occuper à leur gré comme dans le salon d'un club. De plus, ils y trouvaient, pour un prix modique, un excellent dîner. Je fis ainsi, non seulement sans fatigue, mais en me reposant, sur ce chemin qui marche, les huit lieues qui séparent la ville de Bruges de celle de Gand, où la barque arriva d'assez bonne heure pour que je me déterminasse à partir aussitôt pour Bruxelles.

Un vieux berlingo où je fus entassé avec cinq autres personnes, parmi lesquelles se trouvait un théologal des plus gras, et où je n'eus pour siége que mon sac de nuit, et pour dossier que la portière, m'y voitura tout d'une traite, mais non lestement, car il était quatre heures du matin quand j'arrivai dans la capitale du Brabant, lequel était alors province autrichienne.

Je descendis à l'auberge où notre cocher avait fait marché de conduire ses voyageurs; car on sait que les voyageurs sont comme les paquets un objet de trafic pour les cochers.

Je ne connaissais qu'une personne à Bruxelles, c'était Charlotte La Chassaigne, fille de l'actrice de ce nom, et actrice elle-même au théâtre de cette ville. Mon premier soin fut de me présenter chez elle. Elle me reçut de la manière la plus affectueuse, et m'invita à venir souper après le spectacle, car elle jouait ce jour-là. Par nécessité autant que par goût, j'allai passer ma soirée au spectacle.

A l'orchestre, où je me plaçai, se trouvait un grand nombre d'émigrés français. A leur maintien on ne les eût certes pas pris pour des débris d'une armée battue. Les officiers autrichiens, qui s'y trouvaient en grand nombre aussi, ne paraissaient pas les voir de très-bon œil; ils leur lançaient, avec une feinte bonhomie, des railleries que plusieurs de ces étourdis ne justifiaient que trop à la vérité par leurs ridicules.

Tel était un houzard long et sec comme don Quichotte, et sur le visage duquel deux moustaches se dessinaient en point d'interrogation. Entrant après le commencement de la pièce, il dérangea deux fois, pour aller prendre possession au milieu de l'orchestre de la place qu'il avait fait occuper par son laquais, la totalité des personnes qui se trouvaient entre cette place et la porte par où il était entré et par où son laquais devait sortir. Dieu sait que de sarcasmes lui attira cette double importunité. Loin de le protéger contre eux, son équipement belliqueux les provoquait. « Quelles moustaches! disait l'un; je n'en ai pas vu de pareilles en Turquie où pourtant on en porte de belles. — Quelle sabretache! disait l'autre; quel dolman! Ce Monsieur vient de Hongrie assurément. — Monsieur, disait un troisième, prenez garde à vos mouvemens; si les pistolets que vous portez à votre ceinture venaient à tomber sur vos pieds, cela pourrait vous blesser. — Ils ne sont pas chargés, » répondit naïvement l'homme aux moustaches qui, au mépris des bienséances, se présentait en effet au théâtre avec des pistolets.

Quand ce héros fut placé, les plaisanteries s'arrêtèrent, mais ce n'était qu'une trêve. Pendant l'entr'acte, le feu recommença plus vivement. J'eus lieu de reconnaître alors qu'il y avait plus de niaiserie que d'impertinence dans l'individu auquel elles s'adressaient.

Ce talpache, disait-on, est un bas Normand, riche propriétaire, qui, tourmenté du désir d'être colonel, a demandé aux princes l'autorisation de lever à ses frais une légion à laquelle il donnerait son nom. Ayant obtenu, non pas sans peine, la permission de se ruiner, depuis ce moment-là il ne quitte pas le harnais; s'identifiant avec son uniforme, qui tient à lui comme la peau tient au corps, il use jusqu'à l'abus du droit d'être ridicule, droit qu'il a payé de toute sa fortune, et s'en donne, comme vous voyez, pour son argent.

Non loin du groupe d'où me venaient ces explications, je crus cependant reconnaître un jeune homme qui, depuis quinze mois, était sorti de France. Je cours à lui; nous avons bientôt renoué connaissance. « Vous voyez, me dit-il, un houzard noir, un houzard du régiment de Mirabeau *Tonneau*. La campagne que nous avons faite n'a pas été des plus brillantes. Après avoir attendu je ne sais combien de mois, dans le plus triste des cantonnemens, le jour de gloire au-delà du Rhin, nous sommes enfin entrés en France à la suite des Prussiens. Vous savez ce que nous y avons gagné; m'en voilà revenu; au diable si j'y retourne. Mes bagages ont été pillés, et je n'ai rapporté de là, avec ma gloire, qu'un uniforme troué, un sabre qui ne m'est plus bon à rien, et un couplet que le bel-esprit du régiment a fait sur notre colonel. Le voici ce couplet, il est sur l'air du vaudeville *de la Rosière de Salency.*

> Le colonel nous promet bien
> De nous mener droit en Champagne;
> Le colonel n'en fera rien,
> Il est en pays de Cocagne.
> L'horreur de l'eau, l'amour du vin,
> Le retiendront aux bords du Rhin.

« Mais à propos, où demeurez-vous?— A l'hôtel des Pays-Bas.— Quittez cette auberge, venez dans la mienne. C'est l'hôtel de l'Empereur;

nous y tiendrons ménage ensemble. » J'acceptai avec empressement la proposition, et le lendemain, dès le matin, j'occupais avec lui un appartement où nous nous mîmes sur un pied semblable à celui où j'étais avec le camarade que j'avais laissé à Londres.

Mon nouveau commensal m'avait conté ses aventures. Je lui devais le récit des miennes; je le fis : ce fut l'objet de notre première conversation. Je n'oubliai, comme on le pense bien, ni le voyage de Boulogne, ni la rencontre de Douvres. Il en rit à se pâmer, et surtout au chapitre de la reconnaissance qui se fit entre moi et le camarade du légitime propriétaire de la dame qui voyageait sous ma garde. « C'est un roman, » s'écriait-il. Le roman n'était pas encore fini; lui-même allait y ajouter un chapitre. « Et le camarade, reprit-il, quel est son nom, s'il vous plaît? — Vous ne connaissez que lui, répondis-je en lui nommant le camarade. — Comment, c'est...! et il riait encore plus fort. Vous a-t-il donné des nouvelles de ma femme? — Il ne m'en a pas parlé. — Vraiment? — Vraiment. — Il ne vous a pas dit qu'elle avait quelques bontés pour lui? — N'est-elle pas bonne avec tout le monde?

— De cette façon-là? non, pas même pour moi. On ne commande pas à son cœur, et ce n'est pas pour moi que le sien s'est déclaré. Ne savez-vous donc pas qu'ils s'aiment à la fureur? — En êtes-vous bien sûr? — Si j'en suis sûr! Au reste, c'est leur affaire, et vous voyez que cela ne m'afflige guère. — Alors il n'en est pas de même de lui. Tout gai qu'il soit naturellement, il était quelquefois fort triste. — D'être séparé de ma femme. — Il portait à son cou un cordon de cheveux. — De cheveux de ma femme. — De cheveux blonds cendrés. — Couleur des cheveux de ma femme. Quoi! vous ne saviez rien de tout cela? — Rien, je vous le jure. Non seulement je ne m'en doutais pas; mais quoique nous eussions l'un dans l'autre une confiance que je croyais sans réserve, il ne m'en a jamais parlé. Il est sur cet article un peu plus discret que vous. — Il est bien bon de s'en gêner. Après tout, où est le mal? Si Madame ne m'aime pas, je n'aime pas Madame. Nous n'avons pas d'enfans; nous sommes presque débarrassés d'une chaîne qu'au fait nous n'avons pas formée de notre gré. Et puis, au train dont vont les choses, le divorce sera bientôt décrété. Madame se mariera de son côté; moi je me remarierai du mien, si la fantaisie m'en prend. La révolution a du bon, quoi qu'on en dise. »

Tout ce qu'il me contait était réellement nouveau pour moi. Cela s'était passé sous mes yeux sans que j'y fisse attention. Je me mêle rarement de ce qui ne me regarde pas, et pas toujours de ce qui me regarde. Je pris le parti, avec un homme qui riait de tout, de rire d'un fait qui n'aurait pas fait rire tout le monde à sa place, et de rire surtout du hasard qui me mettait avec lui dans une intimité pareille à celle où j'avais été avec son vicaire.

J'avais pris à Londres, à tout hasard, une lettre de recommandation de l'abbé de Montesquiou pour le prince Auguste d'Aremberg, alors comte de la Marck. Sachant que ce seigneur était à Bruxelles, j'allai la lui porter. Il y fit honneur avec une extrême politesse, et m'invita à dîner pour le surlendemain. Je ne parle de cette circonstance que parce qu'elle constate qu'en 1815 je n'étais pas inconnu de l'abbé de Montesquiou, et qu'il n'ignorait pas les preuves d'attachement que j'avais données en 1792 à la cause royale.

Je trouvai à dîner chez le comte de la Marck le marquis de Bonnet, dont l'esprit me frappa autant par sa justesse que par sa finesse. Sa conversation était d'un grand intérêt; celle du comte était d'un grand intérêt aussi. Ami de Mirabeau, et cependant dévoué à Marie-Antoinette, comme il avait été médiateur entre la cour et ce tribun, sa position l'avait initié dans d'importans secrets. Il était, il est encore curieux à entendre sur cet article, quelque discrétion qu'il mette à le traiter.

Comme je le priais de me dire franchement ce qu'il pensait de Mirabeau sous le rapport moral, il me répondit par cette phrase qui est d'un grand sens : « Mirabeau eût été le premier des hommes s'il eût su vivre avec deux mille écus de rente. »

Par suite de mon goût dominant, et de la seule relation familière que j'avais à Bruxelles, je vis assez souvent la première cantatrice du théâtre, soit chez Charlotte, soit chez elle où Charlotte me conduisait. Je rencontrais là fort bonne compagnie : plusieurs chevaliers français formaient la société de ces dames, qui toutes deux étaient Françaises. Le duc de Duras surtout ne sortait pas de chez la *prima donna*, fort bonne femme, chez qui il était fort bon homme. Il préférait ce salon à ceux de la cour, et il avait raison, on s'y amusait davantage. Je soupais tous les soirs avec lui, tantôt chez l'actrice qui parlait, tantôt chez l'actrice qui chantait; et la gaieté de ces soupers me faisait croire quelquefois que j'étais à Paris.

Le directeur du théâtre, M. Adam, était quelquefois des nôtres. On me demandera peut-être pourquoi, par suite de ces relations, je ne fis pas représenter mes ouvrages à Bruxelles? La cause en est simple. Le gouvernement autrichien, sous lequel la Belgique était récemment rentrée, redoutant tout ce qui pourrait réveiller l'esprit de liberté dans des têtes à peine refroidies, ou plutôt toujours chaudes, ne permettait plus qu'on représentât de tragédies; et comme *les douceurs exhilarantes de l'harmonie* lui paraissaient propres *à adoucir, à lénifier, à accoiser l'aigreur des esprits prêts à s'enflammer**, *il avait* mis les Brabançons au régime auquel les médecins mettent le gentilhomme limousin, et les tenait à l'opéra-comique.

Il tolérait cependant la représentation de quelques comédies. Mais il fallait qu'elles fussent du genre le plus innocent; aussi le répertoire co-

* *M. de Pourceaugnac*, acte 1er, scène xi.

mique du théâtre de Bruxelles était-il plutôt emprunté aux boulevards qu'à la Comédie-Française. On en écartait les pièces qui n'avaient pas subi antérieurement à la révolution l'épreuve de la représentation à Paris. Les pièces d'un seul auteur, grâce à l'insignifiance de son talent, étaient affranchies de cette condition; c'étaient celles de M. de Beaunoir.

Deux mots sur lui. Il était fils d'un M. Robineau, notaire anobli par l'emplette d'une charge de secrétaire du roi. Mais trouvant que le nom paternel ne résonnait pas assez noblement, il avait imaginé de le changer sans le quitter, et de Robineau il avait fait Beaunoir qui en est l'anagramme. Il fut pendant quelques temps abbé sous ce nom, et remplissait alors un petit emploi à la bibliothèque du roi. Cependant il travaillait aussi pour les théâtres du boulevard qui lui doivent *les Pointus*, famille dont l'histoire n'a pas fourni moins de sujets de drames à la scène bouffonne qu'à la scène héroïque la famille des Atrides (20). L'archevêque de Paris, jugeant cette dernière occupation peu compatible avec le petit collet, somma M. l'abbé d'y renoncer. M. de Beaunoir renonça au petit collet; mais comme la condition de fournisseur des théâtres forains semblait peu compatible avec la dignité d'un *quasi-bibliothécaire du roi*, et qu'il lui avait été fait aussi des observations à ce sujet, M. de Beaunoir, qui s'était marié, mit sous le nom de sa femme les pièces qu'il composa depuis, et entre autres *Fanfan et Colas*, la meilleure de toutes, ou plutôt la seule bonne.

La fécondité de cet auteur est surprenante. Le fait suivant, que je tiens de Millin de Grand-Maison, en donnera une idée. Feu *Nicolet*, fondateur du théâtre *des grands Danseurs du Roi*, dit théâtre de *la Gaité* depuis qu'il est triste, écrivit un jour à M. de Beaunoir : « Monsieur, l'administration que je préside a décidé qu'à l'avenir, comme par le passé, vos ouvrages seraient reçus à notre théâtre sans être lus, et qu'on continuerait à vous les payer dix-huit francs la pièce ; mais vous êtes prié de n'en pas présenter plus de trois par semaine. »

M. de Beaunoir, qui laissait sa femme se qualifier de comtesse à Paris, était allé à Bruxelles dès 1789, dans le but d'y exploiter les opinions aristocratiques. Il avait émigré pour prouver sa noblesse qu'il s'efforçait de soutenir avec un talent des plus roturiers.

Cependant les émigrés qui avaient fait partie des corps licenciés par suite de la retraite des Prussiens affluaient à Bruxelles, et me confirmaient par leurs récits tout ce qui m'avait été dit par tant de voix. La plupart d'entre eux avaient cru que les affaires se termineraient en une seule campagne et s'étaient arrangés pour cela. Voyant leurs ressources épuisées, ils ne cachaient pas leur regret de ne pouvoir rentrer en France pour s'y accommoder au temps. Désespérant d'une cause dont ils désespéraient eux-mêmes, je me déterminai à rentrer au plus vite par la route de Dunkerque, les communications par Lille ou par Valenciennes étant coupées.

Mon nouvel associé, à qui je fis part de cette résolution, l'approuva tout en regrettant de ne pouvoir m'accompagner; et quand je montai en voiture pour me rendre à Gand, où je reprendrais la barque: « Je veux, dit-il, que vous emportiez un gage de mon souvenir. Prenez cela, » et il me remit son sabre de houzard.

La loi par laquelle la Convention bannissait les émigrés à perpétuité et prononçait la peine de mort contre ceux qui rentreraient en France pouvait être promulguée d'un jour à l'autre; mais comme une disposition de cette loi portait une exception en faveur des Français voyageant à l'étranger dans l'intérêt des sciences et des arts, me fondant sur cet article et sur mon passeport signé Grumeaud, je montai sur la barque de Gand avec une sécurité qu'aujourd'hui j'ai peine à concevoir.

CHAPITRE V.

La barque de Gand. — Association malheureuse. — Furnes. — Examen de conscience. — Arrivée à Dunkerque. — Votre passeport? — Je suis incarcéré — Incident comique. — On me donne la ville pour prison.

Il y avait sur la barque société nombreuse, mais je n'y rencontrai personne de ma connaissance. Deux voyageurs entre lesquels j'étais placé à table me témoignèrent néanmoins quelque désir d'entrer en conversation avec moi. Ils allaient en France; leur empressement redoubla quand ils surent que tel était aussi le but de mon voyage. Ils me parlèrent alors des difficultés qu'on pouvait rencontrer à la frontière. « Je n'en redoute aucune, leur dis-je avec assurance, je suis en règle; j'ai un passeport. »

La conversation en resta là pour le moment. Mais après le dîner, me tirant à part, ces Messieurs me demandèrent si je voulais leur rendre un grand service. « Je le veux, si je le puis. Parlez. — Les opinions que vous professez si hautement, me dit le plus âgé, nous ont inspiré une confiance sans bornes. Nous ne vous ferons donc pas mystère de notre position : je suis major dans le régiment de Condé; mon camarade est garde-du-corps. Je m'appelle *le Camus*; il s'appelle *de la Bonne*. Les corps dans lesquels nous servions étant désorganisés, nos épées devenant inutiles à une cause perdue, et les princes ne pouvant plus nous solder, nous usons de notre liberté pour nous occuper de nos intérêts privés, et nous retournons chez nous pour prévenir la confiscation de nos biens. — Vous n'avez, je crois, rien de mieux à faire pour le présent. — Sans contredit. Mais comment rentrer en France? nous n'avons point de passeports. — Je conçois votre embarras; mais je n'y vois pas de remède. — Il y en a un pourtant, si vous êtes aussi obligeant que vous le paraissez. — Lequel? — C'est de nous laisser voyager avec vous. Nous passerons pour vos domestiques, et votre passeport servira pour tous. — Mais il ne m'est donné que pour moi seul. — Tout voyageur n'a-t-il pas le droit d'emmener ses gens ? — Mais mon passeport ne m'y autorise pas. — Cela va sans se dire. — Ma foi, si vous voulez courir la chance, je ne m'y oppose pas. Mais avec deux laquais tournés comme vous, ne m'exposai-je pas à être pris pour un seigneur ? C'est quelquefois un sot rôle, surtout par le temps qui court. N'importe ; il faut s'entr'aider. Abandonnons-nous à la Providence ; les circonstances nous inspireront. »

Tout en jasant nous étions arrivés à Gand. Nous y louâmes à frais communs, pour Dunkerque, une voiture qui le soir même nous mena coucher à Furnes sur l'extrême frontière. En soupant nous fîmes le plan du roman que nous débiterions si nous étions interrogés par les autorités locales ; et pour ne pas nous embrouiller ou nous contredire, nous le fîmes le plus court et le plus simple possible. J'avais rencontré mes domestiques à Londres, où leurs anciens maîtres les avaient laissés sur le pavé, et où j'avais été obligé de chasser mes gens. Le plus jeune de ceux-ci, M. de la Bonne, était mon valet de chambre ; et le plus âgé, M. le

Camus, mon cuisinier, mon cocher, que sais-je! Le lendemain, non sans avoir répété notre leçon en déjeunant, nous prenons la route de Dunkerque.

De Furnes à cette ville il n'y a guère plus de quatre lieues. A mesure que nous en approchions, la sécurité, qui était montée avec nous en voiture, s'évanouissait devant les inconvéniens manifestes de notre plan. « Prenons bien garde, dit M. le major du régiment de Condé, de rien conserver qui puisse démentir ce que nous dirons et dénoncer notre véritable condition. Quel porte-manteau avez-vous là, M. de la Bonne? C'est, Dieu me pardonne, votre porte-manteau de garde-du-corps du roi! »

Cela était vrai. M. de la Bonne d'arracher à la hâte les galons blancs et les fleurs de lis blanches qui se détachaient sur le drap bleu de sa valise, et qui auraient pu lui tenir lieu de cartouche de congé. « Mais vous, me dit-il tout en s'exécutant, qu'avez-vous là vous-même? — Un sabre qu'on m'a donné. — Un sabre d'uniforme! un sabre de l'armée de Condé! Cela se reconnaît sans peine à l'ornement qu'il porte. » En effet, semblable à un crapaud qui se serait cramponné au pommeau de ce sabre, une large fleur de lis de cuivre mat se détachait en relief sur l'acier poli, dont la poignée était fabriquée. Il n'y avait pas moyen de la faire disparaître. Je pris le parti de jeter ce sabre dans les champs, où il aura sans doute été ramassé par quelque brave, qui s'en sera paré comme d'un trophée conquis. Le beau gage d'amitié qu'on m'avait donné là!

La route, quittant la campagne, finit par longer les bords de la mer. Nous les suivîmes jusqu'à Dunkerque, où nous arrivâmes vers deux heures après midi.

Jusque là, mes gens et moi, nous avions vécu sur le pied de l'égalité la plus parfaite. Contribuant à la dépense dans la même proportion, nous jouissions dans la même proportion des avantages attachés à certaines circonstances. Ainsi dans notre voiture, où l'un de nous était obligé de s'asseoir sur le strapontin, le maître n'avait pas de privilége, et, au bout du temps convenu, cédant la place du fond, il allait remplacer un de ses valets sur la sellette. J'y siégeais quand, arrivés à la porte de Dunkerque, un officier du poste vint nous reconnaître et nous demanda nos passeports.

J'exhibai celui dont j'étais porteur. A l'aspect de ce passeport griffonné sur du papier à sucre, sans respect pour le cachet qui y était plaqué, ni pour la signature avec paraphe dont il était souscrit, le militaire me regarda avec l'expression d'un homme qui croit avoir affaire à un mauvais plaisant; puis, s'adressant à mes camarades de voyage: « Et vous, Messieurs, je veux dire citoyens, vos passeports? — Nous sommes les domestiques de Monsieur. — Comment! — Ces Messieurs sont mes domestiques. — Vos domestiques? — Oui, mes domestiques; vous riez! en douteriez-vous? — Je n'en doute pas, citoyen, et je les félicite de leur condition; ils ont affaire, ce me semble, à un maître accommodant; car non seulement ils ne sont pas derrière la voiture où d'ordinaire les domestiques se tiennent, mais ils occupent dans le fond, sur de bons coussins, la meilleure place, tandis que leur maître est assis sur une mauvaise planche. — C'est par mon ordre. J'aime les planches, moi. Je suis bien libre, je crois, d'en user comme je l'entends avec mon monde. — Je n'en disconviens pas. — Vous prêchez l'égalité, et moi je la pratique. — C'est à merveille. — Veuillez donc ne pas nous retenir plus long-temps, et nous permettre d'aller dîner; il est l'heure. — En effet, il est deux heures : je voudrais de tout mon cœur vous laisser passer; mais malheureusement je ne le puis. Le cas où vous vous trouvez présente une difficulté sur laquelle le général Pascal lui seul peut prononcer. Je vais la lui soumettre. Prenez patience; sa réponse ne se fera pas attendre. » Il dit; et après nous avoir recommandés à la surveillance du poste, il disparaît emportant avec lui mon passeport.

Nous nous regardions depuis quelques minutes, et sans nous être dit un mot, nous nous comprenions fort bien, car nous pensions tous la même chose, quand l'officier de retour : « Citoyen, dit-il, le général ne croit pas pouvoir prononcer. Votre affaire regarde la municipalité. Cocher, conduisez les citoyens à la municipalité : un caporal et quatre hommes pour accompagner la voiture ! »

Les inquiétudes que cet incident me donnait ne m'empêchaient pas de remarquer l'affectation avec laquelle cet homme substituait au nom *Monsieur* le mot *citoyen*. Ignorant qu'il obéissait en cela à un décret de la Convention, je ne savais qu'en conclure.

La voiture, au pas des fusiliers, traverse une partie de la ville, et s'arrête à la porte d'une église. C'est là que le sénat dunkerquois tenait ses séances. Il était assemblé dans le chœur, occupant les stalles où siégeaient antérieurement les chanoines. On nous traduit à la barre. J'expose le fait. Après m'avoir écouté sans m'interrompre, les pères conscripts nous invitent à nous retirer pour qu'ils en délibèrent. Préalablement on nous sépare, et chacun de nous est conduit dans une chapelle, où on l'abandonne à ses réflexions.

Elles n'étaient pas gaies, à en juger par les miennes, qui furent interrompues au bout d'un quart d'heure par l'intervention d'un membre de la municipalité. S'asseyant dans un confessionnal, la mission qu'il remplissait alors lui en donnait le droit, il m'interroge sur certaines circonstances de ma déposition qui, disait-il, ne paraissaient pas d'une extrême clarté à ses collègues. Il s'agissait de ma rencontre avec mes nobles valets. Je réponds de mon mieux; mais, à chaque réponse, embarrassé par les observations de l'inquisiteur, je sentais que mes valets et moi nous étions loin d'avoir prévu tous les points par lesquels nous étions vulnérables. Quand il n'eut plus rien à me demander, ou plutôt quand il vit que je n'avais plus rien à répondre, l'inquisiteur se retira, disant qu'il allait faire son rapport au corps qui l'avait délégué.

A sa place revint presque aussitôt M. Thiéri, maire de la commune. Comme on m'avait rendu mes camarades, il était évident que c'était sur notre sort commun qu'il allait prononcer. Avant qu'il parlât, je lus notre arrêt sur son honnête figure. « La municipalité, me dit-il, ne trouve pas votre passeport en règle; mais peut-être passerait-elle là-dessus, si votre association avec les deux individus qui voyagent avec vous ne compliquait pas votre affaire: leurs réponses ne concordent pas avec les vôtres; on pense qu'ils ont une qualité très-différente de celle qu'ils prennent. En conséquence, le conseil municipal a décidé qu'il en référerait au ministre de l'intérieur, pour savoir si on devait leur permettre ainsi qu'à vous l'entrée de la république, et que vous seriez détenus jusqu'à l'arrivée de sa réponse. »

Nous n'avions rien à objecter à cette décision. Nous nous bornâmes à le prier d'obtenir qu'on ne nous séparât pas. Il se retira en nous promettant de présenter cette demande à ses collègues.

Je ne sais trop qui nous conduisit à la prison, qui était à peu de distance du local où siégeait le corps municipal. Le geôlier nous accueillit avec une joie évidente, avec la joie d'un chasseur qui rencontre du gibier. Après avoir parlé un moment à l'écart avec notre conducteur : « Le citoyen maire consent, dit-il, à ce que vous soyez logés ensemble ; voilà votre chambre, on va la meubler. »

Deux mauvais lits, entre lesquels étaient placés un hamac, une table et trois chaises, tel était notre mobilier. Après nous avoir installés dans ce taudis le plus sale et le plus étroit qu'on puisse imaginer, il se retira, et fermant la porte sans toutefois nous enfermer : « Vous êtes libres.... nous dit-il, de vous promener dans les corridors. » Puis il ajouta que nous trouverions chez lui tout ce dont nous pourrions avoir besoin, et pour preuve il nous fit donner, en nous apportant nos effets, une cruche d'eau presque limpide.

Dès qu'il fut parti, nous délibérâmes sur notre position. Elle n'était pas bonne ; mais ces Messieurs ne pouvaient s'en prendre qu'à eux-mêmes. C'était par l'effet de leur volonté qu'ils se voyaient atteints par une loi qu'ils connaissaient avant d'avoir quitté la Belgique. Quant à moi, c'était par suite de ma complaisance que je me trouvais associé à leur sort. Ils le sentirent, et me déclarèrent que notre association ne pouvait pas durer plus long-temps, que je devais dorénavant ne songer qu'à me tirer d'affaire, et que, pour qu'on ne me rendît plus solidaire des griefs qu'on leur imputait, ils étaient résolus à déclarer la vérité au maire sur tout ce qui était relatif à notre rencontre, ne doutant pas qu'on ne me relâchât aussitôt. En effet, ils firent sur ce fait la déclaration la plus véridique à M. Thiéri qui, sur leur invitation, s'était hâté de la venir recevoir. Mais le mal était irréparable. Le conseil municipal, à qui il s'empressa de rendre compte de cet incident, nous fit dire que cette rectification était trop tardive; que le conseil s'engageait à la faire insérer dans le rapport qu'il adresserait à l'autorité supérieure; mais qu'il ne pouvait révoquer l'ordre qui me mettait provisoirement en arrestation. Il fallut en conséquence se résigner; ce que je fis.

Dans ma prison, je n'eus d'abord d'autre

plaisir que celui que m'apportait à toutes les heures le retour du carillon de Dunkerque. Ce que je redoutais le plus après ce plaisir c'était l'ennui; il engendre l'humeur; l'humeur engendre les querelles; une prison alors devient un enfer. Pour échapper à cette maladie et à ses suites, je songeai à me procurer des livres. Il y a des écoliers de Juilly partout. Je me rappelai avoir vu au collége un nommé Gamba, fils d'un négociant de Dunkerque, et qui avait la réputation d'être un *bon enfant*. Je pensai que peut-être il l'était encore dans le monde. Quoiqu'il eût été mon condisciple et non mon camarade, je me hasardai à lui écrire. Il y avait quelque courage à se mettre en rapport avec un prévenu d'émigration. Cette considération ne le retint pas. Il m'envoya d'abord des livres; puis il vint concerter avec moi ce qu'il y avait à faire pour abréger ma captivité, tout en s'occupant de l'adoucir.

Je frappai dans ce but à plus d'une porte. Plus heureux que ne l'ont été tant de personnes, je dois le dire et je le dis avec un sentiment qui, après quarante ans, a encore pour moi toute sa vivacité, tout son charme, aucune des portes auxquelles je frappai ne m'a été fermée.

Je reçus même des preuves de l'intérêt le plus généreux et le plus efficace de la part de quelques individus qui n'ont pas toujours été accessibles à la pitié, et qui me savaient des opinions tout-à-fait opposées aux leurs (21).

Pendant qu'ils agissent, je vais tâcher de me rappeler ce que je faisais sous les verroux. Notre vie, comme on l'imagine, était variée par peu d'incidens. Les repas que nous prenions en compagnie, à la table du geôlier, en rompaient seuls la monotonie. Le reste du temps, nous le passions, soit dans nos chambres, soit dans les corridors, seule promenade qui nous fût ouverte. Pour qui n'aimait pas la lecture, ou ne portait pas en lui-même les moyens de s'occuper, il fallait dormir le reste du temps ou se quereller pour dissiper l'envie de dormir, ce qui arrivait bien quelquefois à mes camarades. Comme beaucoup de militaires, leur état excepté, ils ne pouvaient guère s'occuper de rien; hors des camps ou de la garnison, c'étaient des poissons hors de l'eau. J'échappai à la nécessité de recourir à ce genre de distraction par le travail autant que par la lecture. Je me remis à la composition d'une tragédie de *Zénobie*, dont j'avais fait le premier acte partie à Paris, partie à Londres. Dès que je me réveillais, ce qui avait lieu long-temps avant le jour, car du défaut d'exercice naissait pour moi le défaut de sommeil, dès que je me réveillais, je me mettais à l'œuvre, et je gagnais ainsi, en changeant de rêves, l'heure du lever, l'heure où se dissipaient mes illusions; car de ma fenêtre, où l'on voyait la haute mer, j'apercevais les bâtimens qui s'éloignaient à toutes voiles de la terre où j'étais captif. Combien, à ce spectacle, le sentiment de ma position me devenait pénible! Le bannissement auquel j'avais voulu échapper me semblait alors la liberté même.

Pour m'en distraire, je recourais vite à mes livres; c'est ce qu'on peut faire de mieux en cas pareil; les livres sont des amis qui ne nous manquent jamais.

Mes camarades de chambrée m'étaient de peu de ressource. Il n'y avait point de rapport entre leurs goûts et les miens; il y en avait beaucoup au contraire entre mes goûts et ceux de mon camarade du dehors.

M. Gamba, si comme je me plais à le croire il vit encore, qu'il me pardonne de le nommer, M. Gamba me visitait souvent. Un jour que, parlant des plaisirs que l'on pouvait rencontrer à Dunkerque, je lui demandais s'il y avait un théâtre dans cette ville : « Nous en avons un, dit-il, qui n'est pas grand. — Et vos acteurs? — Nos acteurs sont proportionnés à notre théâtre. — Que jouent-ils? — Mais tout, la comédie, l'opéra-comique, le vaudeville. — Et la tragédie? — Quant à la tragédie, jamais ils ne se sont avisés de la jouer, et c'est fâcheux; car une représentation de votre *Marius* serait d'un bon effet ici dans la circonstance. Si cependant vous aviez un exemplaire de *Marius*, on pourrait.... mais il n'est pas imprimé. — Je porte avec moi un exemplaire de *Marius* partout où je vais. — Comment! en auriez-vous une copie dans votre valise? — J'en ai l'original dans ma tête. Si vos comédiens étaient de force et d'humeur à le jouer, je l'aurais bientôt jeté sur le papier. — Vraiment? — Vraiment. »

La conversation sur cet objet n'alla pas plus loin. Le lendemain matin Gamba revient; il n'était pas seul. Avec lui se trouvait un petit homme à la figure épanouie, à la panse rebondie. « Permettez-moi, dit Gamba, de vous présenter le directeur de notre théâtre, M. Oyer.

— Oui, Monsienr, me dit M. Oyer, sans

préambule, je suis directeur de la troupe de cette ville. Mes acteurs sont à votre service ainsi que moi; ils brûlent du désir de jouer votre *Marius*. — Mais ils ne savent que chanter. — Savoir chanter, c'est savoir déclamer. Et puis à Dunkerque on n'y regarde pas de si près. Fiez-vous-en à nous; donnez-nous votre pièce; nous la jouerons; cela vous sera utile et à nous aussi. L'intérêt que la ville entière prend à votre situation ne peut que s'en augmenter. Où est la copie dont vous pouvez disposer? — Vous l'aurez dans deux jours. Je ne demande que le temps de la transcrire; après-demain je vous la remettrai. — Y aurait-il de l'indiscrétion, Monsieur, à vous prier d'en faire lecture à haute voix? — Aucune. — J'amènerais avec moi mes acteurs; ils prendraient ainsi connaissance de l'esprit de leurs rôles et de vos intentions. — Amenez-les; cela peut être utile. — Il est fâcheux que la copie ne soit pas à votre disposition dès aujourd'hui. — Pourquoi? — Parce que nous avons aujourd'hui relâche. Après-demain nous jouerons; retard de quarante-huit heures en conséquence pour la lecture. — Vous êtes libres aujourd'hui; que la lecture ait lieu aujourd'hui. Amenez votre monde; je vous réciterai l'ouvrage. S'il vous convient, je le transcrirai ; sinon vous m'aurez évité la peine de le transcrire. — A tantôt donc. — A tantôt. »

Le jour même, à quatre heures du soir, Gamba, qui n'avait pas entendu ce dialogue sans rire, me ramena M. Oyer avec une escorte aussi héroïque que puisse l'être celle d'un directeur de troupe ambulante ou d'un roi de théâtre. Elle se formait de huit personnages, c'est-à-dire de sept acteurs et de leur mémoire personnifiée dans la personne du souffleur. Ces Messieurs se placèrent comme ils purent, c'est-à-dire trois sur deux chaises, et quatre sur les lits avec mes camarades de chambrée. MM. Oyer et Gamba s'assirent sur la table, et moi, guindé sur mon hamac d'où je dominais l'assemblée, je leur débitai de mémoire et sans hésiter les trois actes de *Marius*.

La lecture n'ayant pas refroidi le zèle de ces Messieurs, les rôles furent distribués sur-le-champ d'après les aptitudes de chacun. Celui de Marius père fut réclamé par la basse-taille, et par la haute-contre celui de Marius fils; on ne put le leur refuser. Le *Caillot* voulut absolument jouer le Cimbre, et on le lui céda. Les autres rôles furent donnés au *La Ruette*, au

Trial et au *Michu*; les *Elleviou*, les *Martin* et les *Dozinville* ne régnant pas encore (22), je dis donnés, je devrais dire promis, car il fallait préalablement transcrire la pièce, ce que je fis en deux jours, comme je m'y étais engagé. Je tuais le temps à coups de plume.

La troupe s'occupa incontinent d'apprendre les rôles, et le bruit se répandit dans la ville qu'au premier jour l'opéra-comique jouerait une tragédie d'un prisonnier.

Il y avait déjà douze jours que je végétais sous les verroux, attendant une réponse de Paris, quand arrivèrent à Dunkerque les citoyens Bellegarde, Cochon et Doulcet, commissaires de la Convention. Mon beau-père qui, à la première nouvelle de ma mésaventure, était accouru d'Amiens pour me réclamer, espéra trouver dans des législateurs plus de hardiesse que dans des municipaux. Il leur demanda une audience, et l'obtint. Sa bonhomie me servit plus que toute la finesse imaginable. Sur le simple exposé des faits, les proconsuls, qui pourtant n'osèrent pas ordonner tout-à-fait ma mise en liberté, décidèrent qu'on ne pouvait refuser de me donner la ville pour prison, en attendant que le *comité de sur-*

veillance de la Convention, qui devait prononcer en définitive sur mon sort, eût envoyé sa décision. La municipalité, qui avait agi moins par malveillance que par peur, accorda sur cette autorisation ce que nous réclamions. Ma prison n'eut plus pour murs que ceux de la ville, et même il me fut permis d'aller me promener sur le bord de la mer, pourvu que je rentrasse avant la clôture des portes.

La latitude était grande. Je l'avouerai pourtant, cet assujettissement me fut insupportable. Pendant dix jours qu'il dura, l'enceinte de la ville me parut une prison plus étroite que celle dont je n'imaginais pas qu'il me fût possible de sortir, et je souffris plus de ne pas jouir de ma liberté tout entière que je n'avais souffert pendant treize jours d'être privé de toute ma liberté.

CHAPITRE VI.

Théâtre de Dunkerque. — Rencontre encore plus romanesque que les deux autres. — Liberté définitive. — Quelles sont les personnes à qui j'en suis redevable. — Lille. — M. André, maire de cette ville. — Retour à Paris.

Le premier usage que je fis de ma liberté, M. Gamba étant absent, fut de courir me promener au bord de la mer, sur l'*estrand*; j'y restai jusqu'au dîner; après dîner, j'allai au spectacle.

On donnait ce jour-là l'*Intrigue épistolaire* et *Renaud d'Ast*. Quoique médiocrement jouées, ces pièces me divertirent beaucoup. Il n'est chère que d'appétit. Je sais me contenter de ce qui est passable; je le trouve bon même quand je ne puis avoir mieux. D'ailleurs la première pièce était toute nouvelle pour moi; quoiqu'elle repose sur une donnée un peu forcée, l'auteur en fait sortir des situations si plaisantes qu'on ne peut, ce me semble, la voir sans un vif intérêt de curiosité. Il s'y trouve aussi un rôle, celui du peintre, où l'on ne peut pas méconnaître la création d'un esprit essentiellement original. Dessiné d'après le caractère de Greuse, avec une fidélité égale à celle que cet artiste mettait à copier la nature, ce rôle est un des plus vrais et des plus plaisans qui aient été mis en scène depuis Molière. Cette pièce est de *Fabre d'Eglantine*. Quand on songe qu'il est auteur aussi du *Philinte de Molière*, on ne peut nier qu'il ne fût doué d'un génie essentiellement comique. Malgré l'imperfection d'un style qui pouvait s'épurer, à quelle hauteur ne se fût-il pas placé par la puissance de ses conceptions s'il ne se fût pas manqué à lui-même, si, quittant la carrière où il avait déjà rencontré la gloire et où une gloire plus grande l'attendait, il ne se fût pas jeté dans la carrière au bout de laquelle il voyait le pouvoir, ou du moins l'opulence, et n'a rencontré que l'échafaud!

Renaud d'Ast ne fut pas absolument mal chanté. Je trouvai mes acteurs tragiques passables dans l'opéra-comique : il y en a tant qui ne le sont nulle part!

L'intérêt qu'avait pour moi ce qui se passait sur la scène fut moins vif toutefois que celui d'un incident qui vint m'en distraire, que celui que me fit éprouver une certaine figure qui m'apparut tout à coup au milieu de cette salle.

Aux premières loges, juste en face du théâtre, était la loge du maire. Ce magistrat, que je ne connaissais que trop, l'occupait avec sa famille. Il était placé sur le devant avec des dames. Derrière lui étaient quelques hommes, et parmi eux un individu dont l'aspect me jeta dans une étrange perplexité. J'ai peine à croire qu'un même individu puisse être présent au même instant en plus d'un lieu, quoique cela soit arrivé à saint Nicolas. « C'est lui, me disais-je, non pas en parlant de saint Nicolas ; mais non, ce n'est pas lui ; la chose est impossible. Il faut convenir qu'il y a des ressemblances bien singulières ; celle-ci est à me faire croire aux *Ménechmes*. »

Pour savoir positivement à quoi m'en tenir : « Ce Monsieur-là quel est-il ? » demandai-je à un de mes voisins, homme obligeant, biographie parlante, qui, pendant les entr'actes, m'avait nommé tous les visages et raconté la vie de chacun. « Ce grand Monsieur en habit brun ?

— Précisément. — Quelque parent du maire, probablement. Il n'est ici que depuis quelques jours; mais il ne quitte pas le maire; on les voit partout ensemble. Je crois qu'il demeure chez le maire; je crois qu'il couche chez lui, ou même avec lui; il ne le quitte pas plus que son ombre. — Comment s'appelle-t-il? — Je l'ignore. Je vous dirai même que j'ai fait pour le savoir des perquisitions inutiles. Mais l'ouverture commence; écoutons. »

L'opéra-comique achevé, je me hâte de sortir pour me placer dans le vestibule et considérer de près la tête parisienne que j'étais si étonné de trouver sur des épaules dunkerquoises. Je m'embusque à cet effet au bas de l'escalier par où devait descendre le maire et sa noble compagnie. Il arrive en effet, et me salue. Empressé de lui rendre sa politesse, je m'approchais de lui pour le remercier, quand le personnage dont la présence excitait si fort ma curiosité se retirant adroitement derrière le groupe dont il faisait partie, me regarde en plaçant son index sur ses lèvres, puis se détachant de sa société comme s'il en avait été séparé par la foule : « Où demeures-tu ? me dit-il en passant ? — A la Conciergerie (tel était le nom de mon auberge, qui, au fait, était encore une prison pour moi). — Demain j'irai déjeuner avec toi; aujourd'hui je ne te connais pas. » Et il va rejoindre son monde, qui déjà s'inquiétait de ce qu'il pouvait être devenu.

Le lendemain il tint parole. Mais quel était cet homme, me direz-vous? Le camarade qui s'était échappé si adroitement de sa chambre, et si à propos de Paris, lors des massacres de septembre; le camarade que j'avais retrouvé d'une manière si imprévue à Douvres; le camarade que j'avais laissé si involontairement à Londres en partant pour la France, où il ne semblait pas possible qu'il rentrât jamais. Ses ressources épuisées, il avait préféré les risques douteux auxquels il s'exposait en rentrant en France, à la misère inévitable qui l'atteignait en Angleterre, et il avait employé le peu d'argent qui lui restait à payer son passage à Calais. Ne manquant ni de présence d'esprit ni d'adresse, comme on a pu en juger, quoique sans papiers, il avait trouvé le moyen d'entrer à Calais; et muni d'une recommandation de je ne sais qui pour le maire de Dunkerque, il s'était présenté chez ce brave homme qui l'avait accueilli et le traitait en ami de la maison.

Nous rîmes beaucoup de notre situation respective, qui était tout justement inverse de ce qu'elle devait être. « Qui se serait jamais imaginé, quand nous nous séparâmes, qu'au bout d'un mois nous nous retrouverions à Dunkerque, où je serais prisonnier et émigré, et toi libre et commensal du maire? »

De quels embarras ne s'est-il pas tiré? Quoiqu'il eût pour le parti régnant tous les caractères de la réprobation, non seulement il retourna à Paris, mais il y habita pendant tout le temps de la terreur, faisant tantôt un métier, tantôt un autre, et se tirant toujours d'affaire. A une époque où je le croyais caché, je ne fus pas peu surpris de le rencontrer au Palais-Royal, empaltoqué dans une houppelande, embéguiné d'un bonnet à poils où flottait une longue queue de renard: Il faisait alors le commerce de bois.

Dans le narré que je lui fis de ce qui m'était arrivé depuis notre séparation, je n'oubliai pas la rencontre que j'avais faite à Bruxelles, et la confidence que j'y avais reçue du secret qu'il avait cru devoir me taire. « Puisque la personne la plus intéressée à le garder le divulgue, me dit-il, je ne la démentirai pas. Je ne repousserai pas non plus les conseils qu'elle me donne. »

En effet, un an après, la femme qu'il aimait, devenue veuve d'un mari vivant, changea de nom et reçut sur les registres de l'état civil celui du camarade qui, en le lui donnant, usa d'un droit que n'a pas abrogé l'Église grecque, et dont plus d'un apôtre avait usé aux temps de la primitive Église.

Cependant on s'occupait activement à Paris de ma délivrance définitive. Le pouvoir n'était pas encore exclusivement tombé dans les pates sanglantes des terroristes. Quelques gens qui avaient provoqué le pire en voulant faire le mieux se trouvaient encore en place, et s'efforçaient, en réparation du mal fait aux masses, d'adoucir celui des individus.

De ce nombre n'était pas l'exécrable Bazire. Celui-là fit traîner en prison ce pauvre Méjan, qui, sans songer à son propre danger, était allé le solliciter pour moi. Mais Fabre-d'Églantine, que Mlle Contat avait trouvé le moyen d'émouvoir en ma faveur, mais Tallien que mon ami Maret avait intéressé à mon sort, mais le ministre Rolland, auprès de qui ma pauvre mère avait trouvé accès, se montrèrent plus humains;

ils se réunirent à Pons de Verdun pour me tirer de la position dangereuse où je m'étais si étourdiment jeté, et pour empêcher que la loi fatale ne me fût appliquée. Ils y réussirent, et firent décider par *le comité de surveillance* de la Convention que, voyageant dans l'intérêt de la littérature, et particulièrement de l'art dramatique, j'étais dans le cas de l'exception portée par cette loi. C'est toutefois sur une lettre du ministre à la municipalité de Dunkerque qu'elle me délivra un passeport pour Paris.

Je quittai Dunkerque le lendemain même. Peu d'heures après mon départ, la municipalité, qui avait hésité à me relâcher sur la lettre ministérielle, reçut à cet effet l'ordre absolu de la Convention. Il est à remarquer que dix-huit mois après cette époque quatre des signataires de cet ordre, souscrit par six personnes, étaient morts sur l'échafaud.

C'est principalement à l'amitié de Mlle Contat que je dus ma délivrance. Quoiqu'elle professât hautement des opinions opposées au système qui prévalait, elle exerçait par son talent, son esprit et sa beauté, sur la plupart de ces âmes féroces, un ascendant sous lequel elles fléchissaient, tout en s'en étonnant.

Je répondis par les vers suivans à la lettre par laquelle elle me donnait avis du succès de ses démarches.

> Vos doigts de rose ont déchiré
> Le crêpe étendu sur ma vie.
> Par vous, belle et sensible amie,
> De mes fers je suis délivré.
>   Je ne suis plus seul sur la terre :
> Je redeviens, par vos bienfaits,
> Fils, époux, citoyen et père,
> Je redeviens surtout Français.
>   Me savaient-ils cette existence,
> Ceux qui m'avaient calomnié ?
> Riche et fier de votre amitié,
> Pouvais-je abandonner la France ?
>   Ami de la tranquillité,
> Je ne suis ni guerrier ni prêtre.
> J'ai fait quelques héros peut-être,
> Mais je ne l'ai jamais été.
>   C'est depuis qu'elle m'est ravie
> Que j'estime la liberté.
> Elle ressemble à la santé
> Que le seul malade apprécie.
>   Mille fois heureux qui par vous
> Recouvre ce bien que j'adore ;
> Mille fois plus heureux encore
> Qui peut le perdre à vos genoux !

De Dunkerque je me rendis à Lille avec mon beau-père. Nous nous arrêtâmes là trois jours chez le maire, qui était son parent et conséquemment le mien.

M. André, qui avait fait dans le commerce une fortune honnête dans toutes les acceptions du terme, et s'était enrichi sans compromettre sa probité, avait été porté à cette magistrature par l'estime publique. Il s'en montra digne. On eut lieu de reconnaître en lui à quel degré le sentiment du devoir peut élever un cœur simple. Les militaires, chez qui le courage est obligatoire et qui n'en manquèrent certes pas pendant le bombardement de cette place, n'en montrèrent pas plus en cette circonstance que ce citoyen qui, pendant cinquante ans, ne s'était fait remarquer que par des vertus paisibles. Se transportant à toute heure, sans considérer le danger, partout où sa présence était réclamée par l'intérêt public, c'est lui surtout qui, par l'exemple de sa généreuse résignation, avait contenu une population que les assiégeans s'étudiaient à réduire au désespoir; car le bombardement avait été particulièrement dirigé sur le quartier habité par la classe la plus nombreuse et par conséquent la plus pauvre, sur le quartier Saint-Etienne, qui n'était plus qu'un monceau de ruines. De toutes les vertus, la plus communicative est sans doute le courage; celui que déployait ce brave homme avait gagné les femmes elles-mêmes. Honteuses d'en montrer moins qu'un vieillard, elles rivalisaient d'empressement avec les hommes pour éteindre le feu que les boulets rouges répandaient dans tous les quartiers de la ville. Elles avaient même fini par se familiariser à tel point avec ces désastreux projectiles que, dès que la fumée indiquait leur séjour en quelque endroit, portant une casserole de la main droite, elles couraient les extraire du lieu qu'ils incendiaient, et les plongeaient dans un seau plein d'eau qu'elles portaient de la main gauche; explication que je tiens d'une simple servante.

Pendant mon séjour à Lille, j'allai au spectacle. Quelle pièce donnait-on ce jour-là? Je ne sais. Mais ce dont je me souviens fort bien, c'est qu'on y exécutait cette scène fameuse où Gardel avait mis *la Marseillaise* en action. Je n'étais rien moins que révolutionnaire; mais, au sentiment avec lequel j'entendis cet appel fait à la vengeance nationale au milieu des ruines dont la jalousie autrichienne avait couvert une de nos plus belles cités, je reconnus que j'étais Français.

Cet appel ne s'était pas fait entendre en vain. Nos bataillons, en répétant ce chant héroïque, avaient vengé dans les champs de Jemmapes les malheurs de Lille et de Valenciennes ; cette victoire leur livrait la Belgique, et la cour de Bruxelles allait chercher un refuge à Vienne contre des malheurs qu'elle avait si cruellement provoqués.

Je ne terminerai pas ce chapitre sans dire ce que devinrent mes compagnons de prison. Peu de jours après mon départ parvint à Dunkerque l'ordre de mettre à exécution la loi sur les émigrés, laquelle, à dater du jour de sa promulgation, avait contre eux tout son effet. Mais comme cet effet ne pouvait être rétroactif, les émigrés rentrés antérieurement en France furent déportés à la frontière, qu'ils ne pourraient plus dépasser désormais sans encourir la peine de mort.

Quel a été depuis le sort de MM. Le Camus et de La Bonne? Je ne sais. Je n'ai jamais eu de leurs nouvelles même indirectement. La loi qui les frappait menaçait aussi en France les amis avec lesquels ils auraient conservé des rapports. C'est sans doute à leur reconnaissance que je dois attribuer leur apparent oubli.

Et *Marius*? *Marius* fut chanté quelques jours après mon départ, à la grande satisfaction des amateurs de Dunkerque, et aussi à celle du directeur, qui reconnut qu'il y avait quelquefois du profit à faire une bonne action.

Cependant je poursuivais ma route à franc étrier; et quatre mois après être sorti de Paris, j'y rentrai presque aussi content de mon voyage que *Scarmentado* l'a été des siens (23).

NOTES.

(*a*) D'après ce programme, M. de *Buona-Parte*, d'Ajaccio en Corse, n'était pas de la première force en latin, car il y est dit qu'il ne répondra que sur l'histoire, quoique la classe dont il faisait partie dût être interrogée aussi sur les langues anciennes. M. Fauvelet, c'est le nom que portait alors M. de Bourrienne, y est inscrit parmi les élèves qui expliqueront *Horace*; ce qui prouve qu'il était en latinité supérieur à son condisciple. Quant à ce qui concerne les sciences exactes et la danse, ils y réussissaient également tous deux, comme le constate le même programme; ce qui n'est pas peu honorable pour M. de *Buona-Parte*.

Cette pièce, où le général Nansouty figure comme chanteur et comme danseur, m'a été communiquée par M. de Coupigny, homme recommandable à plus d'un titre.

(*b*) Aux erreurs de M. de Bourrienne, et elles sont nombreuses, il faut ajouter celles qui ont été introduites dans ses *Mémoires* par leur éditeur. Cette note, extraite de la *Revue de*

Paris, fait connaitre combien cet éditeur s'est fait peu de scrupule de plier la vérité aux intérêts de sa spéculation.

« L'éditeur des *Mémoires de Bourrienne* avait besoin, pour
« compléter son troisième ou quatrième volume, d'une ou deux
« feuilles supplémentaires; car n'ayant tout juste de la copie que
« pour quatre volumes, et en ayant promis six au public, l'édi-
« teur était trop consciencieux pour n'en pas donner au moins
« douze. Or Napoléon racontait volontiers des histoires bien
« noires, à la manière du *Moine* ou du *Confessionnal des Péni-*
« *tens noirs;* faisons-lui raconter une histoire que M. de Bour-
« rienne aura retenue en secrétaire fidèle. Un conte de ce genre
« était au nombre des articles publiés par un *Magazine* de Lon-
« dres; on l'apporte tout traduit à l'éditeur; voilà son affaire; le
« conte est mis dans la bouche de Sa Majesté Impériale; lisez
« *Giulio*, et vous jugerez avec quelle facilité Napoléon traduisait
« la langue anglaise. Bientôt les *Mémoires de M. de Bourrienne*
« obtiennent un succès européen; les *Magazines* de Londres en
« rendent compte, et entre autres celui à qui avait été emprunté
« *Giulio*. Le critique de s'extasier sur le talent de Napoléon
« comme conteur, et de retraduire le conte de *Giulio* comme ce
« qu'il y avait de plus remarquable dans la livraison de M. de
« Bourrienne ! Et c'est ainsi qu'on écrit l'histoire ! »
(*Revue de Paris*, 27 février 1830.)

(c) Les erreurs *volontaires et involontaires de M. de Bourrienne* ont donné lieu à deux volumes *d'observations par MM. les
généraux Belliard et Gourgaud, les comtes d'Aure, de Sur-
villers, Boulay de la Meurthe et de Bonacossi, les barons
Meneval et Massias, le ministre de Stein, le prince d'Eckmühl,
et par M. Cambacérès*, lequel, je crois, était prince aussi.
Paris, chez Heideloff, quai Malaquais, et Urbain Canel, rue
J. J. Rousseau, 1830.

A ces noms on pourrait ajouter celui de M. Collot, aujour-
d'hui directeur de la Monnaie, et antérieurement fournisseur
des vivres et viandes à l'armée du général Bonaparte. Dans une
lettre dont l'original est entre les mains de Mme la duchesse
d'Abrantès, et dont le hasard m'a donné connaissance, ce finan-
cier dément de la manière la plus positive certaines assertions
de M. de Bourrienne, lequel pourtant ne le traite pas en ennemi.

M. Collot paraît ne pas trop aimer *Bonaparte*, mais il aime la vérité. Rien ne le prouve mieux que cette lettre ; la voici* :

« Madame la Duchesse,

« Il y a plus de quatre ans que je n'ai vu M. Bourrienne, et il y a plus de vingt ans que je le vois très-peu. Il ne m'a consulté en rien pour ses *Mémoires*. Je ne lui ai jamais dit un mot qui ait autorisé en aucune manière le propos que vous me rapportez. *Ce propos est faux.* J'en dis autant de celui qu'il prête à *Bonaparte* dans une conversation que *ce premier consul* eut avec moi en présence de Bourrienne. Celui-ci affirme que *Bonaparte* m'a dit : Donnez 300,000 fr. à tel ministre, 200,000 à tel autre. *Bonaparte*, maître de la France, avait trop le sentiment des convenances pour vomir ces turpitudes. Certes je ne suis pas *payé* pour faire le panégyrique de *Bonaparte*, mais je dois à la vérité de purger sa mémoire de pareilles vilenies. Je les aurais désavouées dans nos journaux, si je n'avais pas une répugnance extrême à y faire parler de moi.

« J'aurai l'honneur d'aller vous voir, et si l'attestation que je vous donne dans cette lettre ne suffit pas, j'y ajouterai tout ce qui vous paraîtra désirable pour repousser l'injuste inculpation faite à la mémoire de votre mari.

« Agréez, Mme la duchesse, l'hommage de mon respect affectueux. « *Signé* COLLOT.

« Paris, le 30 juin 1829. »

(*d*) Dans sa discussion sur l'exécution des prisonniers de Jaffa, M. de Bourrienne semble dépouiller l'esprit de malveillance qui d'ordinaire dicte ses jugemens sur les actions de son ancien condisciple ; mais c'est un tort qu'il n'a pas souvent avec lui-même.

(1) L'ABBÉ LOUCHART. C'était un homme instruit et judicieux. Après avoir fait successivement plusieurs éducations particulières, il est entré dans l'instruction publique, et a rempli avec distinction les fonctions de censeur au lycée de Liége. Mis à la retraite lorsque le département de la Roër fut séparé de la France, il est mort en 1832.

* Tome IV, page 340 des *Mémoires de Bourrienne*.

(2) Au lieu de cinq élèves, lisez six. En tête de cette traduction on lit :

STEPHANO, ALEXANDRO, VIEL,
PRESBYTERO,
IN ACADEMIA JULIACENSI.
STUDIORUM OLIM MODERATORI
HOC IPSIUS OPUS
QUOD TYPIS MANDARI RELLIGIOSÈ CURAVERUNT
AFFEREBANT,
AMANTISSIMI ET MEMORES ALUMNI.

AUG. CREUZÉ DE LESSERT.	J. M. E. SALVERTE.
J. B. ERRIÈS.	A. V. ARNAULT.
J. A. DURANT.	EUSEBIUS SALVERTE.

(3) LE P. MANDAR. Son éloquence tant soit peu brusque se ressentait de l'austérité de son caractère. Appelé à Versailles, en 1782, pour prêcher devant la cour, il toucha moins son auditoire qu'il ne l'effaroucha. C'était Jonas à Ninive. Il n'y parut qu'une fois. Chargé depuis de remplacer le P. Petit à Juilly, il fit beaucoup moins bien que lui en voulant faire mieux. La révolution ne le trouva pas disposé aux complaisances qu'elle exigeait du clergé. Il aima mieux s'exiler que de prêter le serment imposé aux ecclésiastiques par la constitution de 1791. Il est mort en 1803, en Angleterre, où il avait été recueilli par des familles catholiques, dont les chefs, tels que les *Howard*, les *Talbot*, avaient été élevés à Juilly. Il est plusieurs fois question du P. Mandar dans les *Confessions* de Rousseau, avec lequel il eut quelques rapports à Montmorency. C'est lui qui donna l'idée à ce grand prosateur de traiter, sous la forme de poëme, le sujet du *Lévite d'Ephraïm*.

(4) LE P. BAILLY. Avant d'être élu député à la Convention, cet ex-oratorien avait exercé les fonctions d'administrateur du département de Seine et Marne. Il était prêtre, et prêtre marié ; mais cela ne l'empêcha pas d'honorer ceux qui respectaient des engagemens sur lesquels il avait cru pouvoir revenir, et de protéger en toute occasion les ecclésiastiques qui se montraient plus scrupuleux que lui. En 1795 il affronta, pour les défendre, les ressentimens du comité de sûreté générale. Sa modération au

milieu des partis furieux, le fit accuser plusieurs fois de royalisme. Après avoir administré quatorze ans avec autant de sagesse que d'intégrité le département du Lot, compromis par des agens moins intègres que lui, il avait été remplacé; et bien qu'il se fût justifié, il n'était pas encore réintégré quand arriva la restauration. Un accident affreux hâta sa fin en 1819. Une voiture publique, dans laquelle il revenait de Rouen, ayant versé, il eut les deux poignets cassés par cette chute. On crut le sauver en les lui coupant. Est-ce du mal ou du remède qu'il est mort?

(5) Le P. Gaillard, homme propre et prêt à tout. Après avoir passé par diverses fonctions dans le corps enseignant, entré dans la carrière civile, il fut successivement administrateur, législateur et juge. On ne pourrait que le féliciter de son habileté, si elle ne lui avait mérité la confiance du R.P. Fouché. Ce ministre n'eut pas en 1815 d'agent plus actif, plus délié et plus dévoué à la cour de Gand.

(6) Les Bérulliens. La congrégation de l'Oratoire de Jésus, congrégation essentiellement vouée à l'enseignement, avait été instituée en 1613 par Pierre de Bérulle, qui depuis fut fait cardinal. Composée d'hommes que des vœux n'enchaînaient pas, et qui pouvaient en sortir à volonté, cette société différait surtout de celle d'Ignace de Loyola, en ce qu'exclusivement française, elle était régie par un Français qui résidait, non pas à Rome, comme le général des jésuites, mais à Paris. Des hommes célèbres, de grands hommes même sont sortis de l'Oratoire. Pour le prouver, s'il ne suffit pas de nommer le P. Quesnel, nous nommerons Mallebranche. Opposés en tout aux jésuites partisans du molinisme et du despotisme, les oratoriens étaient jansénistes et républicains.

(7) Haüy. C'est le fait auquel cette note se rattache qui lui fit embrasser avec une infatigable ardeur l'étude des sciences naturelles. « Dès lors, dit Cuvier, Haüy semble vouloir devenir un homme « nouveau; mais aussi quelle magnifique récompense accordée à « ses efforts! Il dévoile la secrète architecture de ces productions « mystérieuses, où la matière inanimée parait offrir les premiers

« mouvemens de la vie, où il semblait qu'elle prit des formes si
« constantes, si précises par des principes analogues à celles de
« son organisation ; il sépare, il divise par la pensée les maté-
« riaux invisibles dont se composent ces étonnans édifices ; il les
« soumet à des lois invariables ; il prévoit par des calculs les ré-
« sultats de leur assemblage, et, parmi des milliers de calculs,
« aucun ne se trouve en défaut. Depuis ce cube de sel que tous
« les jours nous voyons naître sous nos yeux, jusqu'à ces saphirs,
« ces rubis, que des cavernes obscures cachaient en vain à notre
« luxe et à notre avarice, tout obéit aux mêmes règles ; et parmi
« les innombrables métamorphoses que subissent tant de substan-
« ces, il n'en est aucune qui ne soit consignée d'avance dans les
« formules d'Haüy. Comme il n'y aura plus un autre Newton,
« parce qu'il n'y a pas un autre système du monde, on peut dire
« aussi, dans une sphère plus restreinte, qu'il n'y aura pas un autre
« Haüy, parce qu'il n'y a pas une deuxième structure de cristaux. »

Haüy était prêtre, et n'a jamais cessé de remplir les fonctions du sacerdoce, même dans la prison où il avait été jeté après le 10 août. Protégé par le respect que commandaient son génie et sa simplicité, il fut mis en liberté avant les massacres de septembre. Il est mort le 3 juin 1822, à quatre-vingts ans.

(8) *La musique est un art que je n'ai jamais pratiqué.* J'ai pourtant eu le père de Kreutzer pour maître de violon. Il a trouvé en moi un élève moins habile que son fils, soit dit sans vanter ce dernier.

(9) *Ma dextérité.* Mon service n'en exigeait pas beaucoup. Les officiers qui concouraient à la toilette du prince étaient multipliés bien au-delà du besoin. Rien de plus juste que ce qu'en dit le grand Frédéric dans ce dialogue transcrit par Champfort.

« *Le roi.* — Allons, Darget, divertis-moi ; conte-moi l'étiquette du roi de France : commence par son lever. »

Alors Darget entre dans tout le détail de ce qui se fait, dénombre les officiers, leurs fonctions, etc.

« *Le roi* (en éclatant de rire).—Ah ! grand Dieu ! si j'étais roi de France, je ferais un autre roi pour faire toutes ces choses-là à ma place. »

(10) Voici ce quatrain :

> Dans le temps des chaleurs extrêmes,
> Heureux d'amuser vos loisirs,
> Je saurai près de vous appeler les zéphyrs ;
> Les amours y viendront d'eux-mêmes.

Ce joli quatrain se trouve dans les diverses éditions des œuvres de Lemière, à commencer par celle de 1774; et c'est en 1783 ou 1784 que *Monsieur* le transcrivit de sa main quasi-royale sur l'éventail de la plus gracieuse et de la plus infortunée des reines. Il n'en est pas d'un ouvrage d'esprit comme d'une province qui reste en définitive au prince qui s'en empare. Un poëte qui en pille un autre n'est pas conquérant, mais plagiaire, titre moins honorable. En lui donnant ce quatrain qu'il avait emprunté, les éditeurs des œuvres de Louis XVIII l'ont calomnié. Cette note a surtout pour but sa justification.

(11) *Vers sur la tragédie de Charles IX*. Dans *l'Esprit des Journaux*, compilation qui pourrait faire croire que les journaux n'avaient pas d'esprit, et qui s'imprimait à Bruxelles chez Weissembruck, on trouve à la suite de ces vers la note suivante :

« Les vers qu'on vient de lire faisaient partie de la *Correspondance littéraire* de La Harpe. L'auteur en obtint de l'éditeur la suppression, à l'instant où les tomes V et VI allaient être mis en vente; on substitua aux vers de M. Arnault le conte de M. Andrieux, intitulé : *le Moulin de Sans-Souci*. Il n'existe peut-être pas deux exemplaires du tome VI de la *Correspondance* de La Harpe dans lesquels on trouve la pièce de M. Arnault. *L'auteur contre qui elle est dirigée n'existant plus, nous n'avons vu aucun inconvénient à la publier.* »

Étrange délicatesse que celle de l'imprimeur Weissembruck ! Se croire en droit de publier une pièce surprise à son auteur, parce que la personne qui s'y trouve attaquée n'existe plus ! Est-ce bien au mort que cette publication-là pourrait nuire? La délicatesse de M. Beuchot est d'une tout autre nature, c'est celle d'un homme de cœur et d'un homme d'esprit.

(12) Gorsas. Dans les déclamations qui remplirent sa feuille à cette occasion, il prétendait que *Mesdames* ne possédaient rien en propre; que leur bagage, propriété nationale, appartenait à tout

le monde, excepté à elles. « *Vous emportez mes chemises!* » s'écriait-il avec l'emphase la plus bouffonne. A en croire l'auteur de la chanson, les officiers municipaux *d'Arnai-le-Duc* ont pris la chose au pied de la lettre, et l'arrestation de ces princesses n'aurait eu pour but que de vérifier si les réclamations du journaliste étaient fondées. Le procès-verbal de cet inventaire fut publié sur l'air *Rendez-moi mon écuelle de bois*.

Si Gorsas fut ridicule, il ne fut pas atroce. Il eut l'honneur de mourir avec les girondins.

(13) CAZALÈS pensait à la vérité que cette souveraineté ne se manifestait que par l'acte qui confiait le pouvoir au prince que le peuple se choisissait ; il ne trouvait pas cela incompatible avec le principe de la légitimité que son parti fondait sur le droit divin.

(14) *Le maître de la garde-robe*, un des premiers officiers de la maison des princes. Chez nos rois, le grand-maître de la garde-robe était ce que fut dans l'antiquité ce *proto-vestiarius*, qui avait le soin et la direction de tout ce qui concernait le vestiaire des empereurs d'Orient. Cette charge, exercée par les plus grands seigneurs, était depuis 1718 dans la famille de La Rochefoucauld. Le duc de Liancourt était grand-maître de la garde-robe de Louis XVI.

(15) « Avant d'aller plus loin, dit l'auteur du *Voyage à Coblentz*, il est bon d'observer que mon premier valet de chambre couchait toujours dans ma chambre, ce qui semblait être un obstacle à ma sortie, à moins de le mettre dans ma confidence. Mais je m'étais assuré par une répétition faite deux jours avant, que j'avais beaucoup plus de temps qu'il ne m'en fallait pour me lever, *allumer de la lumière*, et passer dans mon cabinet avant qu'il fût déshabillé et revenu dans ma chambre. »

(16) *Il m'habilla*, et quand je *le fus*. Cette licence n'est pas la seule que se soit permise l'auteur du *Voyage à Coblentz* ; tantôt il se dit un peu trop lourd pour *monter* ou descendre facilement *de cabriolet* ; tantôt il *allume*, non pas une bougie, mais de la *lumière* : ces négligences prêtent sans contredit du naturel à son style, mais peut-être a-t-il poussé sous ce rapport la recherche un peu loin. Voir, pour s'en assurer, les observations publiées sur

le *Voyage à Coblentz*, le 1ᵉʳ avril 1825, par l'un des plus spirituels et des plus indulgens rédacteurs du *Miroir*, journal qui ne fut supprimé par ordre de Sa Majesté qu'un mois après.

(17) Despréaux *qui n'est pas Boileau*. Il s'agit ici de Despréaux, d'abord danseur à l'Opéra, puis auteur de chansons, de vaudevilles et de parodies; celle de *Pénélope* est son *Cid*. Il y avait dans tout cela plus de bouffonnerie que de malice, et plus de naturel que d'élégance. Despréaux, qui a fait un poëme sur l'art de la danse (parodie de l'*Art poétique* de Boileau), s'étonnait qu'on n'eût pas créé dans l'Institut, classe des beaux-arts, une section d'académiciens dansans. Il se fondait pour cela sur des argumens presque aussi forts que ceux dont se prévaut le maitre de danse de M. Jourdain pour démontrer l'excellence de son art. Sur tout autre article, il parlait en homme d'esprit.

Les vers de ce Despréaux-là étaient classiques pour l'auteur du *Voyage à Coblentz*. Il les cite comme ceux d'Horace et de Quinault. Voyez audit *Voyage*, page 46.

(18) *Les causes grasses* servaient de matière à des procès fictifs qui, pendant les jours gras, s'instruisaient et se plaidaient à la basoche, tribunal sans appel en carnaval.

(19) *Quelques* corsets. Ainsi, du nom de leur signataire, se nommaient certains assignats. *Corset*, comme Améric-Vespuce, a donné son nom à ce qu'il n'avait pas inventé ou trouvé; l'un et l'autre en latin sont synonymes.

(20) Les Pointus. *Jérôme pointu*, *Eustache pointu*, *Boniface pointu*, n'ont pas été moins célèbres que les *Agamemnon*, les *Thyeste* et les *Oreste*. Leur immortalité, il est vrai, a duré moins long-temps.

(21) Ainsi, les révolutionnaires, à qui je n'avais cessé d'être hostile, m'ont été moins durs en 1792 qu'en 1815 ne le furent les princes pour lesquels je m'étais si gravement compromis.

(22) On désignait dès lors les divers emplois de l'opéra-comique par le nom des acteurs qui avaient excellé ou qui excellaient dans ces emplois.

(23) Tout le monde connait les voyages de ce philosophe dont Voltaire nous a transmis l'histoire. Après avoir couru le monde, *je résolus de ne plus voir que mes pénates*, dit Scarmentado. Cette résolution prouve qu'il avait tiré quelque profit de ses courses.

Scarmentado vient de l'espagnol *escarmentado*, qui veut dire redressé, corrigé par l'expérience. L'analogue de ce mot manque au français.

TABLE DES MATIÈRES.

Des Mémoires en général, et de quelques Mémoires en particulier. — Du but que je me suis proposé en publiant ces *Souvenirs* v

Réflexions générales. Enfance de l'auteur. — Premières impressions. — Mort de Louis XV. — Ses funérailles. — L'Éducation domestique. — Le collége. 35

Juilly. — Des oratoriens qui dirigeaient cet établissement.— Le P. Petit, le P. Viel, le P. Dotteville, le P. Mandar, le P. Prioleau, le P. Bailly, le P. Gaillard, le P. Fouché (de Nantes), le P. Billaud (de Varennes), et autres. 46

Les huit années les moins heureuses de ma vie. . . 75

Mes camarades et moi. — Portraits. — Anecdotes. . 91

Mon entrée dans le monde. — Etudes spéciales. — Goûts dominans. — Mon Parnasse. — Mes sociétés. — Musée de Paris 107

Académie française. — La Harpe. — Ducis. — Beaumarchais. — Anecdotes sur *le Mariage de Figaro*. . . 121

Premières amours. — Werther. — Marie-Joséphine-Louise, Madame, m'attache à sa personne. — Voyage à Amiens. 135

Je me marie. — De la Maçonnerie. — Mes premiers essais dramatiques. 145

J'achète une charge chez Monsieur. — Pourquoi. — Anecdotes sur ce prince. 163

Des événemens qui se sont accomplis, du 5 mai au 7 octobre 1789, à Versailles. 175

Hiver de 1789. — Représentation de *Charles IX*. — Anecdotes. — Portraits : Rhulières, Champfort, Lebrun. — L'hôtel de l'Union. — Amitiés de jeunesse : MM. Maret, Ducos, Méjean. — Liaisons politiques : d'Esprémesnil, Cazalès, l'abbé Maury. 195

Marius à Minturne. — Marly. — M. de Larive. — Mme Suin. —M. de la Porte, secrétaire souffleur de la Comédie-Française.—Première représentation.—Anecdotes. — Fête de Voltaire. 229

Faveur sans résultat. — Monsieur accepte la dédicace de *Marius*. — Il part pour Coblentz. — Je perds la finance de ma place 250

Tragédie de *Lucrèce*.— Artistes et poètes : David, Vincent, MM. Percier, Fontaine, Alexandre le fondeur.— Du costume tragique.— La *Mort d'Abel*, *Henri VIII*, *Abdélasis et Zuleïma*; Murville, Masson de Morvillers, Fontanes, le baron de Clootz. 264

Mlle Contat. — Sa société. — M. Lemercier. — Vigée. — Desfaucherets. — Maisonneuve. — Florian. — Première représentation de *Lucrèce*. — Mlle Raucourt. . . . 295

Journée du 20 juin. — D'Esprémesnil assassiné. — Il est sauvé par l'acteur Micalef. — Mot de d'Esprémesnil à Pétion. — Je suis conduit avec lui à l'Abbaye. — Fête de la patrie en danger. 321

Je suis employé à la fabrication des assignats. — Journée du 10 août. — Aventures particulières. — Massacres de septembre.— Anecdotes. — Je fuis de Paris. . . . 333

Voyage à travers champs. — Contraste singulier. — J'arrive à Amiens. — Je pars d'Amiens pour Boulogne. — Aventures qui ne sont rien moins que tragiques. . 353

Trajet de France en Angleterre. — Séjour à Douvres. — Rencontre quasi-romanesque. — J'arrive à Londres. — Anecdotes 372

Du théâtre anglais. — Départ pour Douvres. — Singulier voyage. — Je m'embarque pour Ostende. 388

Arrivée à Bruxelles. — Rencontre tout-à-fait romanesque.
— Théâtre de Bruxelles. — M. de Beaunoir. — Départ
pour la France. 400
La barque de Gand. — Association malheureuse. — Furnes.
— Examen de conscience. — Arrivée à Dunkerque. —
Votre passeport? — Je suis incarcéré. — Incident co-
mique. — On me donne la ville pour prison . . . 415
Théâtre de Dunkerque. — Rencontre encore plus roma-
nesque que les deux autres. — Liberté définitive. —
Quelles sont les personnes à qui j'en suis redevable. —
Lille. — M. André, maire de cette ville. — Retour à
Paris. 434
Notes. 447

FAUTES A CORRIGER.

Page 103, ligne 8. Après *qui n'y veut pas voir davantage*, ajoutez ce vers, *Sans troubler sa tranquillité.*

Page 112, ligne 7. Gelidis in vallibus *Hemi*, lisez *Hæmi*.

Page 204, ligne 20. M. Roger, mon confrère à l'Académie, m'a remis *celui* qu'il possédait, lisez *celle*.

Page 220, ligne 24. *Si ce n'était* pour accroître les prérogatives de la magistrature, lisez *sinon*.

Page 255, ligne 5. Ne pouvait pas être admis devant le comité *examinateur*, placez avant *examinateur* la virgule qui se trouve après, et change tout le sens de la phrase.

Même page, ligne 11. Non seulement parce qu'il avait soufflé Lekain, mais parce que, lisez mais *encore* parce que.

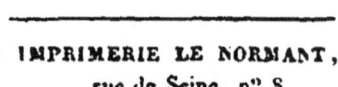

IMPRIMERIE LE NORMANT,
rue de Seine, n° 8.

www.ingramcontent.com/pod-product-compliance
Lightning Source LLC
Chambersburg PA
CBHW051817230426
43671CB00008B/737